アッ！とおどろく宇宙論

…文明はどこに行こうとしているのか…

一休ス兵衛
Hitoyasumi Subeh

風詠社

はじめに

"THE NEVER ENDING STORY"という映画をご覧になった方があると思います。これはミヒャエル・エンデの世界的に有名なファンタジー小説を、米・西独合作で映画化したものでした。母を亡くした主人公のバスチアン少年が、街の古書店で、映画と同じ題名のズッシリと分厚い本に出会い、夢中になって数奇なファンタジーの世界に引きこまれていく物語でした。「本がほしい」と持ってきた少年に古書店の主人が言います。

・・・これは危険な本だから気をつけなさい。

この本は、物理学や天文学で研究されている、宇宙の様々な謎を題材としていますが、それらに関するすでに確立された最先端の知識を解説する本ではありません。著者が独自の視点から研究して確立したばかりの、出来たてホヤホヤの宇宙論とセットになった新しい物理学理論を、はじめて公開する本です。タイトルは「アッ！とおどろく宇宙論」ですが、内容は宇宙論や物理学に留まらず、その応用展開は生命論から文明論にまでおよびます。本書は、応用展開の文明論に重点を置く構成にすることによって、一つの「ノンフィクション作品」に仕立て上げることを試みたものです。

最初に私が独自の視点から構築した宇宙論（第1章）と「ＳＳＴモデル」と称する独自の物理学理論（第2章）に関する解説を行うわけですが、本作品では大幅にダイジェストされます。理論は誰にでも直感的に理解可能な単純なものですが、しかし、驚いたことに、現代宇宙論の謎である暗黒物質や暗黒エネルギーの成因も、真空空間に替わる「拘束運動系空間」の概念や「鋳型重力場」ＭＢ（mold body）という概念を用い、とても簡単に説明してしまいます。それだけでなく、無謀にも、標準理論という現代物理学の一大牙城にも迫り、電磁力、強い力、弱い力、重力という「4つの力」について、定性的ではありますが、これまたとても分かりやすく記述してしまいます。

さらに定量的研究も行われ「SSTモデルの定量的検証」と題する論文（補遺A〜C）が掲載される予定だったのですが、事情があって、これは編集段階で削除されてしまうことになりました。

このように、ノンフィクション作品としてのとっつき易さや紙数の関係もあり、「宇宙論」と「新物理学説」は大幅にダイジェストいたします。これらはいずれ発行する本書の双子姉妹編「続・アッ！とおどろく宇宙論」に全部を収録する予定です。

第3章から本書の主題部に入ります。SSTモデルの応用展開として生命論と文明論の領域に分け入ることになりますが、第1章と第2章を一つのサイエンスファンタジー（フィクション）とすれば、第3章はフィクションの拠って立つ「事実」を探し求めつつ新しい法則性を発見していく旅となります。まず、3・1章ではSSTモデルを生物に適用し、発生や進化、ならびに病気と治癒、あるいは生と死のメカニズム等に関し何が見えてくるかを記述します。ここでも活躍する物理概念は右のMBですが、生と死の記述を見て気分を害する読者が多いかも知れません。・・・MBは霊魂だと思ってるだろう？　なぜそうだと言わないんだ！と。

そう解釈されても仕方がないMBという物理的実体に関し、本書ではあくまでも物理的な記述が可能なことを示します。いわゆる「精神世界」といわれる領域にはじめて物理的実体モデルが提供されるのかも知れませんが、あまりに大それたことなので、慎重な態度をとることにしましょう。

次の3・2章、3・3章では、MB概念を人間の集団に適用したところ、驚くべき社会国家論、経済論、戦争論、文明論、時事問題論が飛びだすことになります。まさに「アッ！と驚く文明論」になったかも知れません。

全ての事柄、概念の「男女性別」を明らかに論じただけですが、これが思いがけず合理的かつ有効であることが発見されるわけです。ここでは、これまでの旧文明「プライドの文明」に対置すべき新文明、「命の文明」の概念が提示され、はじめて著者の現実的主張が明瞭になります。私たちはあらゆる手立てを講じ、命の文明期を生きて迎えなければならないということです。

そのために、文明に関するSSTモデルは、「アワシマ文明」と称する日本文明が大きな役割を担うことになるということも予言するのですが、私としては、それについてはあまり声高には言いたくないのが本音です。大きな役割を担うというのは、ある種の「災難」であるともいえるからです。

第4章は、基本的に一つのサイエンスフィクションですが、本書のサブタイトル「文明はどこに行こうとしているのか」に関し、私たちは大きな岐路に立たされていることを描いてみました。

そして「命の文明期」と命名した新文明に移行するための過渡の大動乱期を、人類が滅亡することなく、生きて乗りこえることができれば、私たちの前には、考えたこともないような素敵な命の文明期が「物理学的必然」として待っているというSFコメディを展開してみました。

さて、本書にはネタ本があります。「スピン空間論的宇宙のおはなし」(1)という題名で、第Ⅰ部「物質論」、第Ⅱ部「生命論」、第Ⅲ部「生命論検証編」の三部構成ですが、著者が自分で書き、印刷し、製本した私版本のことです。お世話になった人々に差しあげることにしています。

このネタ本がプロの編集者の手でまとめられて、はじめて出版されるのがこの本です。第Ⅰ部「物質論」については第1章の宇宙論と第2章の新しい物理学の概念についてお喋りしますが、ここは説明したとおりかなり大胆に圧縮します。次いで、第Ⅱ部「生命論」、第Ⅲ部「生命論検証編」について、第3章と第4章で詳しくお喋りいたします。

お喋りと言いますように、とある会場で講演会が開催されるという設定になっています。会場には色んなキャラの聴衆がいてヤジが飛んだり、突っ込みが入ったり、果ては、第3章と第4章ではプロの噺家が演壇を占拠して勝手にお喋りするなど、大変なドタバタ講演会になってしまいました。

読者の皆さんが、中学か高校で教わった理科の知識を少しでも覚えていたら、あるいは、コンビニでも売ってる宇宙や科学の本を立ち読みしたことがあれば、十分にお楽しみいただける内容です。何しろ本邦初公開、世界ではじめて、いやいや人類史上はじめてという学説が確立される過程を、フムフムなるほどと、著者と一緒にたどって行ける筈です。

そのうち皆さま、数奇なファンタジーの世界をさまよっている自分を発見されることでしょう・・・この本もかなり危険な本なんで、古書店の主人がバスチアン少年に忠告したように、みなさま十分に気をつけてください。

この本が出版の運びにまで来られたのは、どんな駄作でも売ってやると豪語するオバQ編集長があったからです。オバQ編集長が「スピン空間論的宇宙のおはなし」の三部作を、このとても読みにくいネタ本を、辛抱強く読みといて、困難な編集の仕事を引きうけてくれました。彼は本書でもときどき登場するキャラの一人ですが、心からの感謝をささげます。もちろん、この本をお買い上げいただいた読者の皆さまにいちばんの謝意と敬意をささげます。しつこいと言われそうですが、・・・申しあげたように、本書には著者が渾身の力をふりしぼって書いた「補遺SSTモデルの定量的検証」という論文が付いていました。ところがオバQ編集長のいわく、・・・本というのは200ページ前後でないと製作費がかさみます。新人がデビューするには本の値段は安くないといけません。だから第1章と第2章の物理学なんぞはグーッと圧縮しましょう。補遺なんて、・・・こんなのは諦めることですなとバッサリ切られてしまいました。補遺は、科学論文にしては扱う分野が広すぎるのですが、プロの物理学者が読めば、こんな単純な理論、単純な数学で、こんな結論が導きだせるものかと、思わず天を仰いで絶句するような内容だと自負しています。

悔しいので、補遺の目次と冒頭の要約だけは巻末に載せました。ときどき「補遺何々　参照」というのがあって、幻の補遺怨霊が化けて出ます。一応、この記述にはこんな根拠があるんだと胸を張ってみたいわけでございます。読者の皆さまにはご迷惑をおかけしますが、どうかご勘弁くださいませ。ご迷惑ついでに、続編もお買い求めいただけますよう、お願い申しあげます。

最後に、一休ス兵衛（ひとやすみすべえ）などと、トボけたペンネームで姿をくらまして登場する著者のことをお話しさせていただきます。あと5年もすれば後期高齢者の仲間入りをさせられる老人でございます。ス兵衛の大好きな親父ギャグ・・・真っ赤なウソをホントのように喋るのが政治屋のおハコなら、ホントのことを真っ赤なウソのようにお喋りするのが物理屋のおハコじゃよ、などと嘯いてこの本を著しました。がしかし、もし万一この本がよく売れたりしたら、悪者たちに襲撃されて、体力・気力・知力すべてが衰えた老人は一たまりもなく殺されてしまうでしょう。とくに、超頭のよい人がたくさんいるアカデミズムからの集中砲火を浴びる羽目に陥ったりしようものなら・・・などと、バスチアン少年のように夢想し、恐れ、かつ期待もしているようでございます。

目次

はじめに ………… 3
第1章　アッ!と驚く宇宙論、SSTモデルとは ………… 14
1・1章　SSTモデルの理論的基盤 ………… 15
1・2章（抜粋）多宇宙の物理モデル、宇宙と宇宙の間隙を埋める「空間0」 ………… 18
1・3章　宇宙を開き、支えつづける「コアスピンエンジン」 ………… 20
1・4章　粒子創生の原理「渦流メカニズム」 ………… 21
1・5章（抜粋）宇宙開闢の模様とその後を描いてみよう ………… 22
第2章　SSTモデルは4つの力の概念を革新する ………… 28
2・1章（抜粋）SSTモデルが生んだ万能の概念「実体的重力場」 ………… 28
余談ですが、・・・真打の師匠がご案内 ………… 32
第3章　SSTモデルの応用展開、生命論と文明論 ………… 34
3・1章　SSTモデルを通した生命現象の見え方 ………… 34

3・1・1章　中枢神経系はヒトの行為の指揮者ではない……39
3・1・2章　発生のSSTモデル・・・単細胞から多細胞、高等生物へのプロセス……43
3・1・3章　進化のSSTモデル・・・MBは捕食関係で進化する……45
3・1・4章　雌雄のSSTモデル・・・MBは両性具備の重力場である……49
3・1・5章　生と死のSSTモデル・・・MBはあなたが死ぬまではたらく……52
3・2章　文明の本質はMB振動体（生命体）である……59
3・2・1章　畏るべきものとは、怖れるべきでないものとは？……60
3・2・2章　MB振動が発生する原因に関するSSTモデル……61
3・2・3章　ソリトン直列に伴う長期的気候変動と文明変動との関係……70
3・2・4章　西洋文明史による検証……78
3・2・5章　短周期グループのMB振動・・・日本の近現代史による検証……89
3・2・6章　血塗られた文明史の総仕上げをしたローマ文明……94
3・3章　命の文明とは、私たちはそこに行けるだろうか……100
3・3・1章　命の文明をささえる経済学……100
3・3・2章　命の文明における戦争論……111
3・3・3章　命の文明に至るまでの現実問題……122
3・3・4章　近代国家の戦争論から脱却しなければならない……137
3・3・5章　近代国家超克への道……154
3・3・6章　地方分散は安全保障戦略のかなめである……161
3・3・7章　命の文明・・・総括……169

第4章　文明の分水嶺、生か死か？……172

４・１章　世界の終末、ネガティヴシミュレーション……175
４・２章　ＳＦコメディ　世界最終戦争……182
エピローグ……197
参考文献……201
補遺　ＳＳＴモデルの定量的検証……203
要約と結論……204
あとがき……206
あとがき　追記……209

装幀　2DAY

アッ！とおどろく宇宙論

・・・文明はどこに行こうとしているのか・・・

第1章　アッ!と驚く宇宙論、SSTモデルとは

この本のタイトルになっている「アッ!とおどろく宇宙論」をはじめます。はじめるに当たって、ちょっと困った事情があることについてお話ししなければなりません。

はじめに紹介したように、この本には「幻の補遺A～C」というのがあって、それがときどき顔をのぞかせます。そこを参照してくれと書いてあったりするのですが、巻末に目次と要旨があるだけで肝腎の中味はありません。

この本は物理学の本でございます。物理学である以上、数字や数学を使って「定量的に」ものを言わなければなりません。これが理論物理学というファンタジーの分野であっても、最終的に、実験や観測で定量的に検証できなければ物理学とは言えません。

そう思って、一生懸命がんばって補遺A～Cを書き上げたのですが、はじめに述べたとおりのちょっと困った事情があって、こうなってしまいました。

たいへん困ったので、肝腎の中味をバッサリ落とした極ワルオバQ編集長に泣きついたところ、・・・ならばこの際ネタ本と同じように落語調で行きましょう。ネタ本に出てくる何人か何匹かのキャラクターもそのまま使えばよいでしょう。著者と読者が、一対一で対話する形式より、著者が複数のキャラと対話するのを読者が聴くという形式のほうが、ある程度学問的客観性があってよいかも知れない。そうすれば、定量的検証とやらがないことも、少しぐらいは勘弁してもらえるでしょう。

ただし、おちゃらけが過ぎたり下品なところは極力直して読者に不快感を与えなくてすむようにしましょう。そうすれば、ネタ本のコピペでよいところも増えて編集の手間も省けるし、まあ、物理学的厳密さとやらや論文発表は諦めることですな。・・・こん畜生っ!

という訳でございまして、以下の舞台設定は、著者のス兵衛が、とある会場で講演するというスタイルになりました。講演の内容が、かなり奇想天外なものだから、聴衆のヤジが飛びまくり、野次馬と受け答えせざるを得ないような場面もあります。

１・１章　SSTモデルの理論的基盤

ＳＳＴモデルは、スピン空間論（spinning space thery、略してＳＳＴ）と名づけた宇宙論を、物理学的に検証できるように設計製作された宇宙の模型、つまりモデルである。モデルの製作材料はプラスチックではなく、さまざまな仕掛けがしてある物理学概念でございます。

まずＳＳＴモデルの理論的基盤について説明します。少し取っつきにくいと思いますが、モデルの根底にある基本思想などについてお話しするのは、最初の手続き、あるいはセレモニーとして必須の事柄ですから、いたし方ありません。

１．SSTモデルの基本思想

通常の物理学思想では、物質という実体が存在し、物質の空間内での運動が現象であるとします。スピン空間論はこれに異を唱え、空間こそが存在する唯一の実体であり、物質はスピンする特異的空間領域(atomic spin、略してＡＳ）が作り出す現象の一つにすぎないとします。これがＳＳＴモデルの基本思想となります。要するに物質の材料は「空間そのもの」だということです。物質が創生される原理は、空間そのものが強烈にかき混ぜられてできる「渦」が独立したものです。

2. 空間の幾何学的な形

では、存在する唯一の実体である空間はどんなものかと言えば、幾何学的には9次元の空間となります。なぜ次元数を9つにしたのか？　ひも理論(2)でまともな計算結果を得るには、空間次元の数は8以下でも10以上でもなく、9つでなければならないことを知ったからです。ここでス兵衛のノーミソにはピーンと来た。三次元空間が3組あるんだ！というわけでございます。空間次元の座標軸は互いに直交していればいいので、空間次元の数が9つだったらお互いどうし完全に直交し、お互い目にも止まらず余計なお邪魔も干渉もせず、仲良く共存して暮らせる三次元空間が、ちょうど3組できるじゃないか。私たちが暮らす現宇宙の三次元空間にはあと2組の三次元空間が重なって存在する。この両隣のお隣さんと現宇宙との距離はゼロだから、私たちには見えないんだけど私たちは四六時中見ている。経験していると認識できないけど四六時中経験しているはずだ。つまり私たちは3組の三次元空間で暮らしている！　この3組には、「良い空間」、「悪い空間」、「普通の空間」と名前がついてるそうですよ。

・・・空間は3次元ではなく時間軸を入れた4次元時空じゃないイカのウン玉！

会場には、ワタツミ国竜王さまのお使い番、イカのウン玉くんがお見えです。そしてありがたいことに鋭い突っ込みを入れてくれました。ひも理論の先生たちも空間次元の3つに時間次元を加えて考えるクセがついてるから、ひも理論は9次元ではなく10次元で組立てることになる。10は4では割り切れないので、残念ながらSSTモデルのようなスッキリした空間像は生まれようもなくなったじゃないイカのウン玉君！　・・・いっそのこと12次元で組立てたらよかったのにね。

じゃあ、時間はどうするんだ。もう時間がないなどと言って逃げようたって許さないぞ！　ス兵衛の答えていわく、いやいやそのとおり！　面白い神様（3）があってね「時間というのはない。強いていえばパラパラまんがだね」と言ったそうだよ。

3．SSTモデルにおける時間の概念

いま神様が言った「パラパラまんが」モデルで時間の問題を片付けましょう。先の１・３章の「コアスピンエンジン」は、次の１・２章の「空間０」からエネルギーを汲みあげ、３組の三次元宇宙に順々に、ピュピュピュッ、ピュピュピュッ、・・・、と時間をおいてエネルギーを注入しているのである。なぜ時間をおくのかと言えば、１組の三次元宇宙がエネルギーを受入れて、宇宙にくまなく配り、次のエネルギーを受入れる態勢になるには、ある程度時間が必要だからだ。流通業者の倉庫が満杯なのに、次の商品を仕入れる訳にはいかないのと同じことですよ。

ＳＳＴモデルにおける時間の最小単位は、ピュピュピュッ、という三拍子のビートが打たれる間の時間である。その単位時間量は、現在のビッグバン理論で宇宙の温度がおよそ１０３２Ｋに下がる（！）のに要した時間、いわゆるプランク時間と呼ばれる10のマイナス43乗秒、あるいは、その整数倍ぐらいではないかと予想される。私たちが見ている刻々と変化する宇宙の森羅万象というのは、１枚がプランク時間程度の速度でめくられるパラパラまんがを見ているということでございます。パラパラまんがの１枚１枚では、何んと！　時間は止まっている。森羅万象は、全く変化せず凍りついているということです。ピュピュピュッの間に１枚ずつ描かれたパラパラまんがは、宇宙開闢から現在まで延々と積み重なって、さらにドンドン厚みを増しつつある。そのうち山崩れが起こるだろう・・・とイメージするのは、パラパラまんがを１ページずつしか見ることができない、三次元空間の住人である私たちである。そのために９つの空間次元を用意したのだ。九次元空間の存在なら、パラパラまんが全体を見ることができて、それがどんどん厚みを増す様子を

観察できるだろう。これと似たような問題は、補遺C・6でも考えることになる。

1・2章（抜粋）多宇宙の物理モデル、宇宙と宇宙の間隙を埋める「空間0」

宇宙の創生工事は、準備の第0工程、コアスピンエンジン創生の第1工程、インフレーションによるAS創生の第2工程、同じくインフレーションによるAS構造の維持メンテナンスを行う第3工程の4つの工程で行われます。第1工程と第2工程は、時間的にはほんの一瞬で終わるので、ふつうはこれを宇宙創生と称します。

しかし、第3工程のAS構造の維持メンテナンスは、138億年経ったいま現在も延々と続けられている。これらの模様は、次の1・3章以下で語りますが割愛します。

第0準備工程は、たったの138億年間ではなく、悠久の過去から未来永劫まで延々と続けられると推定されますが本章のメインテーマなので以下少し詳しくご案内いたします。

空間0を私たちの宇宙空間のスケールから見れば、空間0は9つの空間次元がすべてプランクスケール（10のマイナス35乗メートル）まで縮められた空間だと言うことができます。こんな信じがたい空間0の概念はどうやって発明されたかの種明かしをすれば、3組の三次元宇宙と同様に、これもひも理論のパロディである。ただし「無限大とは閉じた円のことである」という禅問答の答えみたいな概念を一つ付け加えました。

宇宙が果てのない閉じた空間であるということは、アインシュタインが一般相対性理論で明らかにしたことです。しかし「果てがない」という空間の属性は、宇宙にかぎらずこの地球の表面も、パチンコ玉の表面も同じです。「どこまで進んでも果てがないということと、距離無限大とは等価である」とすれば、すべて辻褄が合うのです。私たちが無限大と認識している空間次元のx、y、z軸の端から端までの距離は、じつは、両端が連続的につながっているため、どこまで進んでも果てがないだけのこと。つまり、閉じた円の端から端までの距離は無限大です。・・・閉じた円でありさえすれば、宇宙であっても、ひも理論でプランクスケール程度とされる微小な「ひも」であっても、空間のサイズとは関係なく、「空間次元の端から端までの距離は無限大」なのである。

ひも理論では、９次元のうち、３つの次元が無限大に伸びたものが三次元空間であり、他の６つの次元はプランクスケールに縮小しているとされる。これに対しス兵衛の皺のない麗しきノーミソでは、次元は伸び縮みなどしない。空間が占める容積の大小とは関係なく空間次元のサイズはすべて無限大である。これから述べる空間０でも微小なひもでも空間次元の端から端までの距離である空間次元のサイズはすべて無限大なのだ。

さて空間０の物語の舞台装置を下の図に示しておこう。プランクスケール程度であったはずの空間０の中に、またしても現代物理学の「多宇宙モデル」のパロディが描かれる。空間０の細かい粒々は無限小サイズの空間要素。つまりビッグクランチで消滅した宇宙である。大小様々な無数の宇宙は、創生後の時間経過により、膨張しつつあったり縮小しつつあったりする。宇宙の中心に描かれたのが、次の１・３章の主役「コアスピン core spin」と、それが作りだすコアスピンエンジンである。

・・・宇宙からみて極小サイズの空間０があり、その空間０の中に極大サイズの宇宙が無数に存在しているなんて、いったい全体なんなのだろうか？

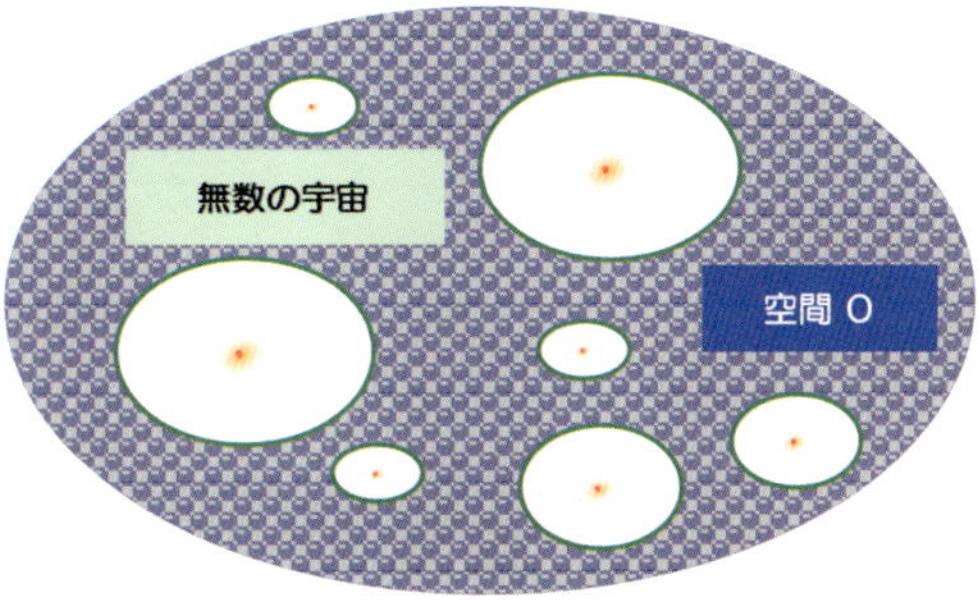

ここから先は急ぎましょう。空間0には「反転ならず者」というのが登場し、空間0の空間要素（村人たち）を、際限もなく呑み込んで太り、ついには呑み込める村人が近くにはいなくなって、ならず者の周りには深い真空の溝が形成される。真空の溝には空間要素がないのだから、そこは空間ではなくなるということです。それは空間0との相互作用ができなくなることだから、反転ならず者は、空間0の村人たちの前からフッと消滅してしまう。この消滅事件が私たちの宇宙の開闢となります。

次の**1・3章　宇宙を開き、支えつづける「コアスピンエンジン」**では、次のページの図のとおり、宇宙空間に出現したコアスピンが「インフレーション衝撃波」を放つ様子が説明されます。衝撃波が到達する範囲が宇宙だから、宇宙の形は、中心にコアスピンエンジンがあり中心部が凹んだ赤血球のような形になります。

コアスピンエンジンの働き方は、（1）宇宙に出現（2）エネルギー放出（インフレーション）（3）中心部の超高エネルギー粒子回収（4）消滅＝空間0に出現（5）空間0で乱暴狼藉（エネルギー吸入）、次は（1）空間0から消滅＝宇宙に出現ということだから、5ストロークエンジンだということになる。5ストロークなんて見たことも聞いたこともないが、インフレーションの後に、行程（3）で放出したエネルギーの大部分を回収しないとコアスピンがこの宇宙から消えて空間0に移動する事はできないから仕方がない。このエンジンの出力効率はいたって低いものとならざるを得ない。

この後でス兵衛は「衝撃の暴露」をいたします。コアスピンエンジンは宇宙最大の「点滅ホワイトホール」なんだが、これは銀河や星の中心だけでなく原子などの粒子の中にも、大小さまざまな点滅ホワイトホールが存在すると言うのですな・・・まさにファンタジー。信じるか信じないかは皆さまの勝手でございます。・・・

これで講演会場がザワついてしまったので、その証拠が見つかるであろうと予言する次の5段めの話になりました。

5　コアスピンエンジンに関し残された課題について

コアスピンエンジンを稼動させているコアスピン系天体は宇宙のどこにあるか、すなわち宇宙の中心はどこにあるのかという問題が残されている。その有力候補として期待しているのは、およそ110～120億光年の遠方にありながら異様に明るく典型的な銀河の100倍程度のエネルギー放出があるとされるクエーサ群です。最近、ちょうど120億光年ぐらいのところで、飛んでもない質量のブラックホールが発見されました。現在の重力ブラックホールの理論からは、宇宙開闢から18億年ぐらいで、こんなバカでかいのができるとは考えられないので、新規モデルの開発競争で天文学界は沸き立っているそうです・・・バカでかいのと、クエーサ群との位置関係を調べ、それがクエーサ群の中心にあるようなら、それがコアスピン系天体である可能性が高いでしょう。

ＳＳＴモデルは、宇宙のサイズを現代物理学のように難しく考えてはおらず、私たちは現在、中心から120億光年ぐらいの位置で暮らしており、宇宙全体は渦巻き銀河と同じような形で、依然膨張しつつあると考えています。

その次は**1・4章　粒子創生の原理「渦流メカニズム」**。この宇宙論の核心部の記述が続きます。すべて、物理学的にありうる事として記述されますが、現在のところではファンタジーの一部となります。しかし、事実は小説より奇なりと申しますように、まさに「アッ！と驚く宇宙論」が展開されます。これはホントのことなんだから、皆さま

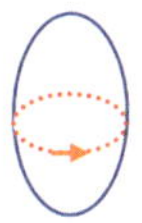

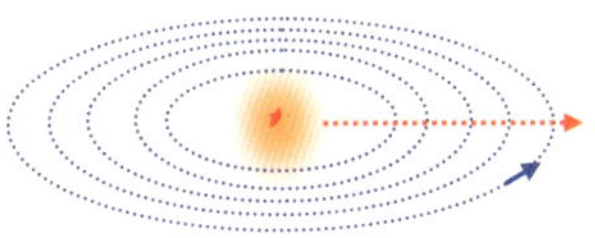

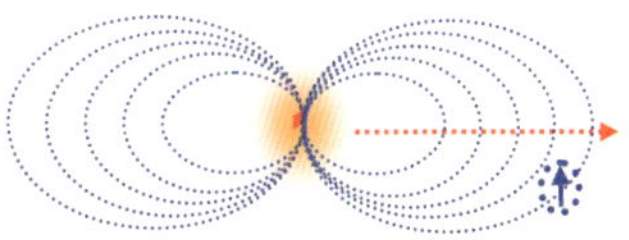

きっと驚いてくださることと（ス兵衛は）確信しております。

しかし、だんだん込み入った内容となるので思いきり飛ばしてしまいます。が、次の１・５章はちょっとだけ面白いし、現代宇宙論（ビッグバン理論）を批判したりするので、少し詳しく見てみましょう。

１・５章（抜粋）宇宙開闢の模様とその後を描いてみよう

本章では、これまで述べてきた宇宙の創生原理によって、実際の宇宙開闢ではどのような現象が生じるのか、その模様をできるだけ具体的に描いてみましょう。

宇宙創生の第０準備工程は、空間０における反転スピンならず者の誕生であった。次の第１工程ではならず者転じて、正転スピンを行うコアスピンの出現により、第２工程の、宇宙開闢の壮大なドラマが開始されました。

１．宇宙創生の前半・・・拘束運動系空間の構築

コアスピンは、最初のインフレーション衝撃波の一押しで宇宙空間の土木造成工事をアッという間に完了してＡＳ^{0}ステージを完成すると直ちに消滅しました。この世から消滅している間、コアスピンは空間０に再び現われて反転スピンならず者に転じ再び乱暴狼藉を働くと、また空間０から消滅する。この世のＡＳ^{0}ステージにコアスピンとして現われると、直ちに、２回めのインフレーション衝撃波でＡＳ^{0}ステージを耕しＡＳ^{1}ステージを構築し、また消滅します。

このようにして、Ｎ回めのインフレーションまでで「拘束運動系空間」が完成します。この空間はサイズ次元が１段ずつ上るＡＳ^{0}～ＡＳ$^{N-1}$というＮ個のステージから成る、階層構造を内蔵します。

各ステージの構成要素は「拘束系粒子」と総称し最上階はヒグス空間（AS$_{N-1}$ステージ）、構成要素はヒグス粒子と呼ぶことにしました。拘束系粒子AS$_{N-1}$は、あの有名なヒグス粒子だと考えているわけです。

以上で、宇宙の創生は拘束運動系空間の構築をもって終了するはずだった。・・・が、そういうわけには行かないので、以上を宇宙開闢前半のドラマということにします。後半は後ほどということで前半で完成した拘束運動系空間を調べてみることにしましょう。

もっとも驚かされるのは、インフレーションというのは、想像を絶する凄まじいエネルギー放出過程でありながら、粒子がランダムに飛び交う熱的現象はいっさい生じなかったことです。当然、爆発や崩落事故などはただの1回も起こらず、極めて整然と秩序正しく拘束運動系空間の創生工事は完了いたしました。

また驚かされるのは、各ステージには、同じサイズの拘束系粒子がびっしりと整列させられ、すべてが同じ方向に運動させられている。まるで大軍団の行進を観ているようです。カメラをズームアップすると下位ステージの同じ姿のちっぽけな兵士たちが、かなりハイスピードの整然たる行進を行っています。上位ステージのバカでかい（彼らにしてみれば）兵士にぶつかりそうになると、整然と巧みに隊列を曲げて行進するので、全体の乱れはまったく生じません。

サイズ次元というのはこういうことだったのだ。上位ステージのバカでかい粒子に対し、下位ステージのちっぽけな粒子の集団は流体としてふるまう。下位ステージを流体としてとり扱えたからこそ、インフレーション衝撃波は渦流メカニズムを施すことができ、ちっぽけな粒子集団を「畳んで丸めて」上位ステージのバカでかい粒子を創生できたわけでございます。

すると、拘束運動系空間の重層構造は、最下位のAS$_0$ステージの回転速度が最大で、ステージを昇るごとに、速度は非対称流体の粘性摩擦（非対称粘性摩擦）で低下していき、最上階のヒグス空間（AS$_{N-1}$ステージ）の回転速度は最低となる。・・・拘束運動系空間というのは「宇宙のオートマミッション機構」

を備えているのだ！

2．宇宙創生の後半（ビッグバン）：慣性運動系の構築

宇宙創生の後半はサラッと見てみよう。拘束運動系空間の最上階層であるヒグス空間に次のN＋1回めのインフレーションが施され、1段上位のAS^{N}ステージが創生されたとき、異変が起こります。

異変の原因は創生された粒子が光子AS^{N}であったこと。それまでの拘束系粒子の構造が下の図の左側のような爆発拡散型だったのに対し、光子の構造は右側のような中心集中型になる。これで中心に点滅ホワイトホールのコアを備え、光子は単独で自立して存在できるだけでなく、スピン軸を自由に回転できるようになった。

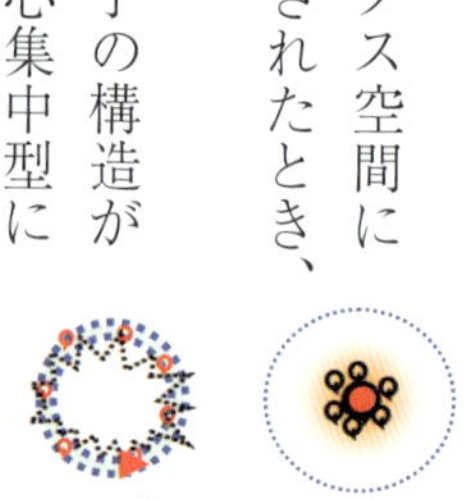

光子のスピン方向は全方角にランダムに変わる対称スピン状態となります。単独で自立して存在し、対称スピン状態の光子は、拘束運動系空間をどの方角にでも自由に運動できるようになりますが、これは拘束系粒子には絶対まねのできない芸当でございます。

光子は慣性運動ができる粒子すなわち慣性系粒子の第1号です。「異変」とは、慣性運動ができる光子群が空間をランダムな方角に飛び交う「熱的現象」がはじめて発生しAS^{N}ステージは凄まじい光爆発の渦に覆われてビッグバンが始まったことです。

ビッグバンは光爆発の「渦」に覆われて始まったのであれば、光子も純然たる粒子として扱う以上ビッグバンのとき光子群は液体状態にあったとしなければならない。ビッグバン状態のAS^{N}ステージという液体には、内部に大小様々な渦ができるのは当然です。宇宙背景放射にゆらぎがあることはビッグバンで光子群が液体状態にあったことの名残りにすぎないのである。粒子である光子が拘束運動系空間を慣性運動すると

き、拘束運動系空間に生じる波動が光として私たちの視神経を刺激する。この場合、光子の運動速度は波動の進行速度と同じなので、光はつねに拘束運動系空間を伝搬する衝撃波として観測されることになる。

しかし有名な干渉縞実験でも、粒子である光子が衝突するのはあくまでも到達した1点だけであり、まわりの干渉縞などは、拘束運動系空間を伝播する波動が引きおこしたものであります。粒子と波動はあくまでも別物だ。アメンボが水上を進むとき水面に波が発生することと本質的に同じことである。アメンボと波は別物だ。しかし、粒子と波動はあくまでも別物であると言ってしまうと、これは量子概念の否定につながり、いろいろと物議をかもすことになるでしょう。

3. 現在のビッグバン理論と原子創生論について

宇宙創生の後半は、建設工事が終了した拘束運動系空間の表面をペンキ塗装するだけの作業であり、コアスピンエンジンシステムを備えた宇宙にはたやすい仕事だった。しかし、以下のように言葉を羅列すると、これはちょっとした難工事に見えます。ビッグバン条件下のＡＳ^{N}ステージにも、次のＮ＋２回めのインフレーションが来て、もう1段上位のＡＳ$^{N+1}$（電子）ステージが創生される。同様にして、ＡＳ$^{N+1}$ステージから、ＡＳ$^{N+2}$（クォーク）ステージが、次にＡＳ$^{N+2}$ステージから、ＡＳ$^{N+3}$（核子）ステージが、ＡＳ$^{N+3}$ステージから、ＡＳ$^{N+4}$（原子）ステージが、・・・という要領で、慣性運動系に属する粒子群が次々と創生されていく。

最後のＡＳ$^{N+4}$（原子）ステージの完成は、1度だけのインフレーションで達成されたわけではないようだ。2・6・1章（割愛）で少し細かく見ますが、原子番号1の水素原子というのは、実は中性子のことであり、陽子と中性子でなるＡＳ$^{N+3}$（核子）ステージに属します。この核子群でなるステージに、Ｎ＋５回めのインフレーションが施され、ＡＳ$^{N+4}$（原子）ステージの創生が始まる。

しかしこのN＋5回めで創生されるのは、水素原子の種々の同位体と原子番号2のヘリウム原子と種々の同位体だけ。N＋6回めで、はじめて原子番号3のリチウム原子と原子番号4のベリリウム原子、および、それらの同位体群が創生される。N＋7回めには、原子番号5のホウ素系、6の炭素系、7の窒素系、8の酸素系といった要領です。

・・・この分では、最初から数えて何回めかのインフレーションで、メンデレーエフの周期律表は、またたく間に完成してしまうわけです。

しかし現在、残念ながら、当時はビッグバン時代だったから、あまりの高温高圧で図体がでかい方の原子は生き残れなかったことにされています。

現在のビッグバン理論では、生き残ったのは、水素原子（中性子）H が大部分で、あとめぼしいのはヘリウム原子He、他はわずかのリチウム原子Liぐらいのものだったそうだ。・・・そうこうしている内に宇宙が冷えてしまって図体のでかい方の原子群は創生されるチャンスを失ったとされております。

現在、ヘリウム以上の大きな原子が大量に創生されるのは太陽などの恒星が水素を出発原料として核融合反応を行う場面だとされます。だからビッグバンからずいぶん時間が経ってから、これらの原子ははじめて創生されたことになります。

太陽の1／2ぐらいの質量の星ではヘリウム原子が誕生するところまでは行ってもそれ以上は無理。太陽の1／2～8倍ぐらいの質量の星で、ヘリウム原子を原料に、炭素と酸素原子までは誕生させる。私たちの太陽もこのクラスの星の仲間なので、炭素と酸素原子までは生産できるがそれ以上は無理。太陽の8倍以上の質量になってはじめて、炭素と酸素原子を原料にする核融合反応も起こせるようになり、大きな原子が次々と製造され、太陽の10倍以上の質量になると、最終的にもっとも安定した鉄原子まで製造できたとされます。

太陽の10倍以上の質量の星が鉄原子まで作ったところで、星の中に原子を「作って蓄える」事業は終了します。星が生まれてからこの事業が終了するまで何百万年か経ったのですが、鉄より重い原子が作られるのは、その後の実に短い時間内だとされています。

重力崩壊というカタストロフィーが一瞬にして起こり、星の中心部は凄まじい衝撃波の嵐に襲われます。その熱でさまざまな核反応が起こり、鉄より重い多くの種類の原子が作られました。しかし、これら様々な種類の原子を生産目標に達するまで作って、倉庫に蓄えるのに許される納期限まで、もう時間的余裕はないのである。

衝撃波が、ニュートリノの助けを借りて星の中心部から表面に到達するまでに、わずか２日間ほどしかありません。納期限までの時間は、・・・徒に高まる緊張と慌しさに加え、終末への予感をはらんだ、さぞや、不気味な時間だったことでしょう（ぺぺン～）超新星爆発は忽然と発し星は表面だけでなく中心部にいたるすべての原子在庫を一挙に（パシッ！）宇宙空間に放出してしまうのです。地道な原子製造メーカーが、いーっぺんに、乱脈きわまる流通業者になってしまうのでございます。

ここまで、ヘリウム以上の大きな原子が創生される宇宙プロセスの話は、野本陽代さんの著書（4）からの受売りに、ほんのちょっとだけ脚色を加えたものでした。野本さんごめんなさい。だけどけっして野本さんを批判したのではありません。ス兵衛としては、現在のビッグバン理論や原子創生論には、少しばかり不満があるのです。

補遺Ｃ・５では、太陽系はビッグバンの一瞬で創生されたことを理論的に検証いたします。太陽系の創生以前に全原子の創生は完了していなければならないので、すべての原子はビッグバンの一瞬で創生されたのである。１・３章で述べたとおり、コアスピンエンジンは放出したエネルギーの大半を回収する出力効率の低いエンジンなので、ビッグバンの温度は、現在のビッグバン理論ほど高くはなく、すべての原子種が十分に生き残ることができたのである。

第2章　SSTモデルは4つの力の概念を革新する

電磁気力、弱い力、強い力、重力は、宇宙で働く根源的な「4つの力」とされています。第2章は、この4つの力について現代物理学とは異なる視点から、単純かつ直感的に理解できる理論を展開し、大変分かりやすく記述してしまいます。物理学の本としては本章がいちばん面白いところですが、飛ばしてしまいます。しかし生命や文明を論じる第3章以下で必須となる物理概念は「MB重力場」と「CB重力場」の2つだけです。だから、それを説明する2・1章だけは、少し詳しく見ておきましょう。

2・1章　（抜粋）SSTモデルが生んだ万能の概念「実体的重力場」

慣性系粒子のコア（点滅ホワイトホール）があれば、拘束系粒子群の流れは局所的に減速され、その減速ポイントを中心とする拘束系粒子群の動的平衡体※としての「渋滞構造」(6)が形成される。下にグラジエントで示す動的平衡体が実体的重力場である。実体的重力場というのは眼には見えず通常の重さもない「非物質的実体」だが大変な利け者で、物質の質量だけでなく、重力、強い力、電磁気力および弱い力という宇宙で働く根源的な4つの力を与える万能の概念である。

※ある空間領域に、外から仲間入りする粒子の数と、外に出ていく粒子の数が同じであれば領域内にある粒子の数は、一定に保たれる。内部にある粒子は入れ替わるけれど、外見は変わらないようなもののことを動的平衡体と言う。私たちの身体や交通渋滞などはその典型例である。

2．実体的重力場の極端な保守性により、鋳型重力場（ＭＢ）が付加される

質量は、物質を構成する粒子1個の質量に粒子の数をかければ求められると考えるのは、ごく自然だし、当たり前のことだ。ところが自然界ではこの当たり前が通らないことが明らかとなり、科学者たちを悩ませてきた。

当たり前が通らない事件は、最初は微細な素粒子を扱う分野で起こり、現在は、巨大な宇宙を対象とする分野で「暗黒物質」の謎となっている。・・・単なる渋滞原理で形成された実体的重力場とは性質の異なる実体的重力場があることが分かった。これを「鋳型重力場 mold body（ＭＢ）」と称する。これに対し、単なる渋滞原理で形成される実体的重力場のことは、「鋳物重力場 casting body（ＣＢ）」と称する。

ＣＢは、鋳型に対する鋳物のような関係で、ＭＢに包まれて存在している。微細な粒子から巨大な銀河などの天体系にいたる、あらゆる慣性運動系の存在（ＣＢ）は、ＭＢに包まれて存在しているのである。

鋳型重力場ＭＢの形成原理は、今のところ定性的にしか表現できないが、次のページに図示するような「実体的重力場の極端な保守性」によるものである。実体的重力場は動的平衡体という「はかない」存在であるが、常に拘束運動系空間という秩序正しい空間から非対称流体力学的相互作用によってコントロールされている。はかない存在でありながら、動的平衡体の形や位置関係がむやみに変化することには頑なに抵抗するのである。

原子が分子という上位構造体に編成されるときも、図のようなＭＢ隊出動はあるが、まだ小規模なので、分子の質量は個々の原子の和であるように見える。太陽系でも似たようなもの。

ところが銀河のように大スケールで複雑な構造体になると少々のＭＢ隊ではまとめきれない。ＭＢの容積が集団の慣性質量を決める※のだから、こうなると、銀河の慣性質量は、個々の構成天体の質量の総和よりずっと大きな値で観測される。これが「暗黒物質」と呼ばれるものの正体である。

※２・２章（割愛）

銀河よりさらに大規模かつ複雑な、宇宙の大規模構造と呼ばれるものになれば、もっと大きな割合の質量をもつMB重力場が必要となる。かくして、宇宙全体の26・8％もの質量を占めるMB重力場、人呼んで、「暗黒物質」が僅か4・9％のCB重力場の集団を束ねているのでございます。

・・・拘束系粒子が、慣性系粒子のコアに、運動を妨害されて受動的に動的平衡体とやらを作るのは分からんでもないが、単独では自立できない拘束系粒子が、コアの妨害もないところで、慣性系粒子の塊りと似たような集団行動をとるなんてこと、できるわけないじゃないイカのウン玉！

さすが！　竜王様お使い番のウン玉くん！　鋭い突っ込みにはまいったよ。これにはさすがのス兵衛も随分と悩んだのじゃ。悩んだ挙句に、次のページの絵のようなアイテムを思いついた。

拘束系粒子にはスピン軸回転の自由度も、並進運動を行う自由度もないが、粒子が密集したところで、周囲の仲間に押されて次のページの下の絵のような重ね餅型の複合体を作らされることが考えられる。

渋滞原理でできたCB重力場というのは、背景の拘束運動系空間にくらべると不自然に拘束系粒子が密集した領域だから、絵のような「MB素子」（三つ重ねかどうかまでは分からない）を多数生みだしているのだ。

MB素子が、慣性系粒子と似たようなスピン軸倒立の自由度を獲得したとする。ただし倒立だけであって自由回転はできない。しかしこれで十分だ。これにより、斥力空間である拘束運動系空間の中に接近引力で強固に結びつくこと

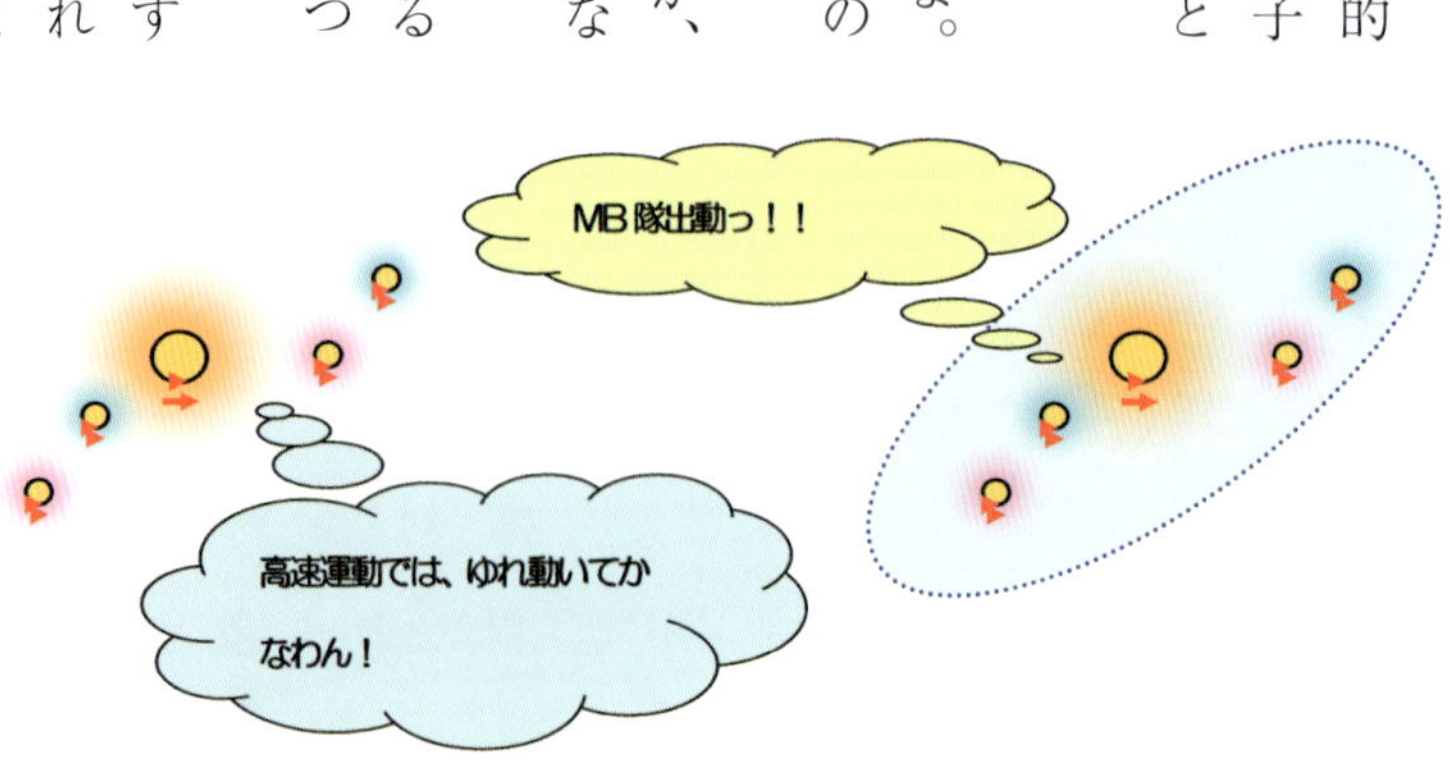
MB隊出動っ！！
高速運動では、ゆれ動いてかなわん！

もできるＭＢ素子の集団を編成する準備が整ったことになる。

斥力空間であるＣＢ重力場ではＭＢ素子は余計者だから、ＭＢ素子を次々と外側に放出してＭＢ重力場が形成されるのだ。ＭＢ素子は、慣性系粒子という「物質的基盤」を持たない粒子だが、その集団は内部には接近引力関係が巧みに配置された、柔軟かつ強靭で自立的な一体化した塊りとなれる。

一体化したＭＢ重力場は、ＣＢ重力場の集団を丸ごと締めつけ統制して、秩序正しく、固く結束した集団に仕立てあげることができる。・・・ＭＢというのは、軍の憲兵（ＭＰ）のような存在でございますな。呼び名までが似ている！

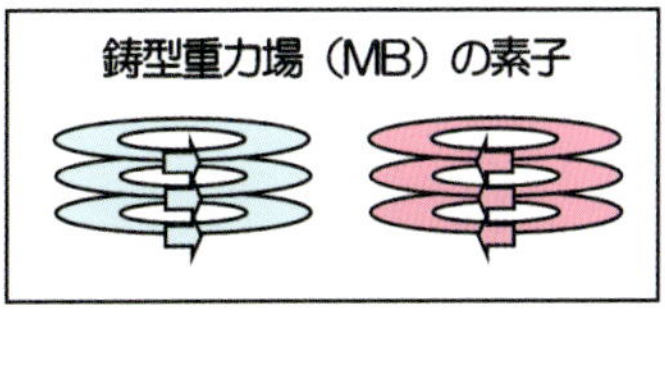

目には見えずヒトの身体（ＣＢ）に憑りついた幽霊のようなＭＢ重力場というのを想像する方もあるかも知れない。あるいは、ＭＢとは霊魂や精霊もしくは精神のことだと解釈する人もあるかも知れない。たしかに、次の第３章になると、そういう機能をもつ存在として取りあつかうことになるのだが、あくまでも物理的実体としてのＭＢ重力場について、物理的記述が可能であることを論じていることを忘れないでいただきたい。

だから、ここのところは、精神やスピリッツなどの美しい言葉を使うのはやめて、憲兵ＭＰのようだというゴッつい言葉でＭＢ重力場の機能は喩えることにいたしましょう。

余談ですが、・・・真打の師匠がご案内

さて余談ですが、ス兵衛はわたくしにこう申しました。・・・この本は、お前さんの話芸のおかげでエロ本にされそうだが、中味は断じてそうではないっ！　この本は、レッキとした物理学の本である。

わたくしは答えました。ハイハイそうですか。だが、よしんばオレさまが、お前さんの物理学を、なあ～んだ！　そういうことかとご納得されたとしてもだ。・・・それがどうした？　お前さんの宇宙の構成原理が正しいとしてもそれがどうしたってんだ？　ＳＳＴモデルで質量や４つの力を統一的に記述し、ＳＳＴ標準モデルとやらができたとしてもだ。

・・・ぜんぶ、珍しいだけが取りえの物理学をデッチ上げただけだ。まあ物理学を少しばかりは進歩させるかも知れんが、それがどうしたってんじゃなイカのウン玉ぁ！

これにはス兵衛のやつグウの音もでなくて凹んじゃったんですねえ。可哀そうでしたよ。しかし翌日になると懲りもせず、次々とこれも喋れと噺の草稿をもってきてできたのが、これから始まる第３章（生命論と文明論）と第４章（文明の分水嶺）でございます。このころは、わたくしと前座の弟子は、ス兵衛に拝み倒されてやむなく代理弁士をやらされていたわけです。ほんとうはこの本、第２章までの物理学だけで終わるはずだったんです。だけど止せばよいのに、次々と持ってきたのが、以下の生命論と文明論でございます。

どうやらス兵衛のやつ、ＳＳＴモデルで世界のあらゆる学問をなぎ倒し世界征服の侵略戦争を企んだらしいですな。

物理学？　それがどうしたという、わたくしの一言で凹まされた口惜しさを晴らすため、孫悟空が金斗雲に乗って、如意棒振りかざして襲いかかって来ますよ。その雄叫びは、

・・・物理学は時代のパラダイムをすべて覆すほどの威力があるんだぞぉ～！

読者の皆さま、そのうち世の中は「横断歩道をわたるときは逆立ちして歩きましょう」となりかねないので、用心いたしましょう。くれぐれも、なあ～んだ！　そういうことかとご納得などなさいませんよう、ご忠告もうしあげておきますよ～。

第3章　SSTモデルの応用展開、生命論と文明論

講演会の途中でシャシャリでて、ス兵衛を散々バカにしてくれる憎っくき噺家のジジイめがおります。・・・が、さすがのス兵衛もここまで演壇に立ち続けて、もうへとへと、声もガラガラでございます。仕方がないので噺家のジジイに講演の草稿だけ渡して、私の代わりに喋ってくれるよう頼みました。ギャラははずむからと申しましたら、快く引きうけてくれましたよ。

・・・私は客席にいて、ヤジ飛ばしたりチャチャ入れたりできる訳ですから、これからは攻守交代、仕返ししてやるのが楽しみでございます。

「生命論と文明論」などと銘打った本章は、次の第4章と合わせて、彼に渡した草稿（例のネタ本(1)です）は、ここまでお話しした講演草稿の3倍ぐらいのボリュームです。だがオバQ編集長からは、この本はぜんぶで200ページぐらいに納めるよう言われてますので、この第3章は100ページ以内で喋ること。だから、134ページに達したら否応なく打ち切ると、時間制限を課してございます。

・・・まあ、彼の画期的な話芸とやらのお手並み、とっくり拝聴と参りましょう。

3・1章　SSTモデルを通した生命現象の見え方

えー、というわけでございまして、ここからは、真打で師匠、有名な噺家のわたくしが高座をつとめさせていただきます。師匠というぐらいでございますから、わたくしは弟子の前座というのを持っております。

ＴＰＯに応じて、ときどき奴にも高座をつとめさせますので、よろしくお願い申しあげます。

今ほどス兵衛の奴めがわたくしの画期的話芸とやらなどとバカにしておりましたが、ここにあります膨大な量の草稿を１００ページほどに圧縮するなど、朝飯前のその前の夕飯前でございます。どうせ中味のうすいホラ話ばかりなんだから、わたくしの正しい評価眼力をもって、あちらこちらをひょいひょいとピックアップしてお喋りするだけでございますからな。

ドン・キホーテは、ようやっと第2章までの物理学を片付け、これから生命の世界の侵略を開始いたします。こうなったいきさつは冒頭で説明いたしました。・・・物理学？　それがどうした？という、わたくしの一言で凹まされたくやしさを晴らすため、孫悟空が金斗雲に乗って如意棒振りかざして襲いかかって来ます。さあ！　デッチ上げ物理学ＳＳＴモデルの如意棒を振りかざし、世界のあらゆる学問をなぎ倒さんとする孫悟空ス兵衛の侵略戦争の旅が、いよいよ始まります。

ヒグス粒子にはスピン軸回転の自由度も並進運動を行う自由度もないが、粒子が密集したところで周囲の仲間に押されて下の絵のような複合体「ＭＢ素子」を作らされる。ＭＢ素子は、粒子という「物質的基盤」を持たないがその集団であるＭＢ重力場は、柔軟かつ強靭、自立的な一体化した塊りとなれるんでございました。

ＭＢ重力場は、ＣＢ重力場の集団（物体）を丸ごと締めつけ統制して秩序正しく固く結束した組織体に仕立てあげることができる。ＭＢ素子で成る鋳型重力場はＭＢ（mold body）と呼ぶ。生命のハードウェアに当たる粒子で成る生物体は、鋳物重力場ＣＢ（casting body）と呼ぶことにいたしました。・・・２・１章の２段めでス兵衛がお喋りし

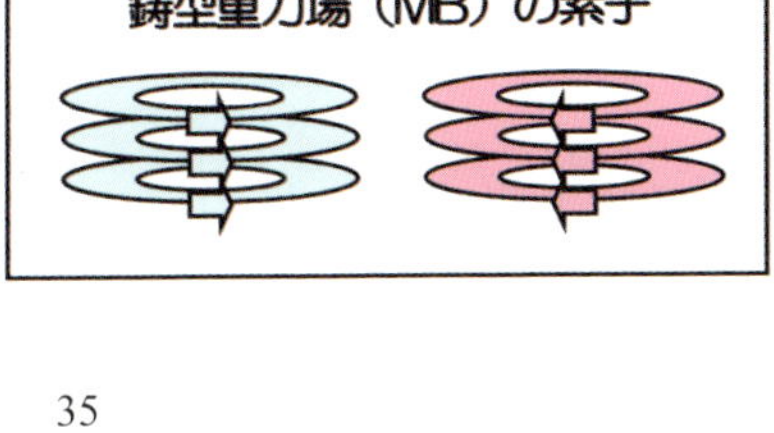

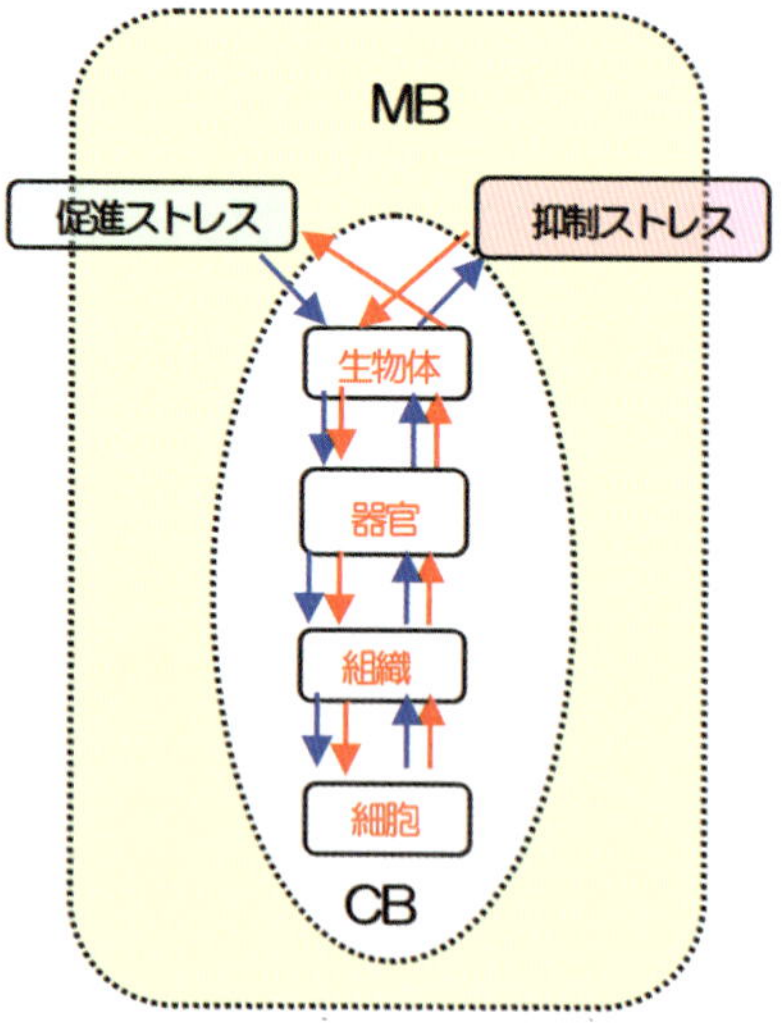

た内容、思いだしていただけたでしょうか？

要するに、生命体というのは上の絵のことです。中の楕円形が、生物体という物質的存在がつくる鋳物重力場ＣＢを示し、ＣＢを包んでいるのが、鋳型重力場という非物質的ケーシングのＭＢでございます。生物の個体は、細胞→組織→器官という階層構造で成ることが知られています。そして、どのレベルの階層もそれぞれのＣＢ重力場をもちそれぞれの全体を包むＭＢ重力場で成る。もっとも重視される器官は脳中枢神経系であり、器官内のあらゆる神経細胞の一つ一つはＣＢ重力場をもち、それらが作る、複雑な脳中枢神経系のネットワークを構成するＣＢ重力場は、隅からすみまで脳中枢神経系の一体化した一つのＭＢ重力場で「被覆」されていることになります。

絵のなかで、抑制と促進2種類のストレスというのがありますが、ＭＢは、このたった2種類のストレス信号でＣＢ集合体をコントロールしているそうです。

わたくしがス兵衛に、ストレス信号というのは神経細胞を流れる電気信号のことだな、と確かめたところ答えはこうでした。・・・電気信号は、神経細胞というＣＢ体を流れる信号のことだ。ストレス信号はＭＢがＣＢに加える純然たる物理的圧力のことである。お前さんはお客さんから圧力がかかってやりにくいとよく言うだろ？　それだよ、それ!!

電気信号はＭＢからのストレス信号指令に従って、神経細胞ＣＢ体に生じる電子の流れにすぎないのだ。・・・だがＭＢ自体にそんな指令を下す意志もなければ力（エネルギー）もない。これがこのモデルのもっとも驚くべきところなんだそうです。

そう言えばＭＢはただの実体的重力場だから、複雑な構造だからといって意志持ちや力持ちだったりするわけはありませんな。では、意志や力はＣＢである生物がもってるんかと訊いた。ス兵衛いわく・・・生物はエネルギーを持つが意志は持たない。何だと！　意志は誰が持つんか？・・・意志など誰も持っていない。神さまだって意志などという偏ったノーミソの使い方はしない。そもそも意志なんてものは存在しない。

・・・なんだとぉ！

あんまり無茶苦茶を言うんで、真打で師匠もさすがに頭にきた。ちょっと意地のわるい噺を作ってやった。・・・昨日の夕方、うちの嫁が「夕飯のおかずにするから、スーパーで大根を1本買ってきて」とわしに命令しやがった。有名な噺家のオレ様がスーパーで大根を買うなど、みっともなくてやれる訳ない！と思ったが、近頃嫁はちっとばかし可愛げもあるから、たまには喜ばせてやろうと思い直した。よし！　大根を1本買ってきてやるか！・・・と、苦渋の決断をもって、わしは意志を発したぞ。

それから、息子に教わって、ネット地図でスーパーへの道筋を調べ、歩いて行けるところか、車で行くのがよいかを検討し、大根を1本買うにはいくら現金を持参しなければならないか、それともクレジットカードを持参すべきか検討した。スーパーに着くと、大根売場を探すため、店員と周到な打合せ会議の頭脳労働をしなければならなかった。おまけに売場ではどの大根を選定すべきか綿密な実地調査研究まで実施しなければならんかった。さらにレジへの帰還ルート探索研究、大根運搬手段の検討。レジにおいてはレジスターマシンの信頼性検証、お釣りの金額と戻された貨幣とが合致しているかどうか計算検証、レジのおネエさまが十分に美人だった頃の年齢推定研究・・・等々、さまざまな肉体労働のみならず、大変な頭脳労働をしなければならなかった。だから大根を1本買って家に帰り着いたら夜の10時近くになって、夕飯はとっくに終わってた。

どうだ！　ス兵衛じいさんよ。大根1本買うのにも、これだけ頭脳を働かせ、調査研究を行って意志決定をしなければならないのだぞ！　とくに、最初の苦渋の決断など、生半可な奴にできることではないじゃなイカのウン玉！

・・・フフン！　お前さんが苦渋の決断をして意志を発したなんてちゃんちゃら可笑しい。おかみさんとお前さんとの力関係の力学法則が作動して、お前さんの中枢神経系に、おかみさんの意志に従うようにとの電気信号が流れただけの話じゃないか。それから、一連の行動を指令する電気信号のドミノ倒しが起こり、最後は目的をはたす事もできず、おかみさんに散々叱られただけの話じゃなイカのウン玉！

この世のことは、生命体のＭＢどうしの力学的圧力が働き、その力関係のネットワークに従って中枢神経系に電気信号が流れているだけのことよ。みんなＭＢどうしの力学的関係に屈服し従って行動させられているだけなんじゃ。

誰一人として「意志を発して」行動することなどできない。他の生命体のＭＢからの圧力に反応して右往左往、運動させられているだけである。他の生命体というのは、生物個体であったり家族であったり法人であったり、社会国家であったりするわけだ。

重要なポイントは、これらの圧力がどうやって遠隔的に伝わるかということだが、小刻みに振動し微かに脈動するＭＢ重力場が拘束運動系空間に発生させる重力波が、他のＭＢ重力場に、圧力を遠隔的に伝えるのである。

要するに、次のページの図（再掲）のＭＢというのは、膨らんだ風船の皮膜が包む内部空間のことだ。風船が何らかの意志をもって促進ストレスや抑制ストレスをＣＢに及ぼしている訳ではないのである。

抑制ストレスを与える締め付ける圧力というのには2種類がある。この生命体の外側から及ぼされた圧力をそのままCBに伝達して及ぼす圧力と、CBが勝手に膨らむのに抵抗して生じる応力としての圧力だ。

同様に促進ストレスを与える緩める圧力というのにも2種類がある。この生命体の外側から及ぼされた緩める負の圧力をCBに伝達して及ぼす負の圧力と、CBが勝手に萎んでしまうのに抵抗して生じる応力としての負の圧力だ。

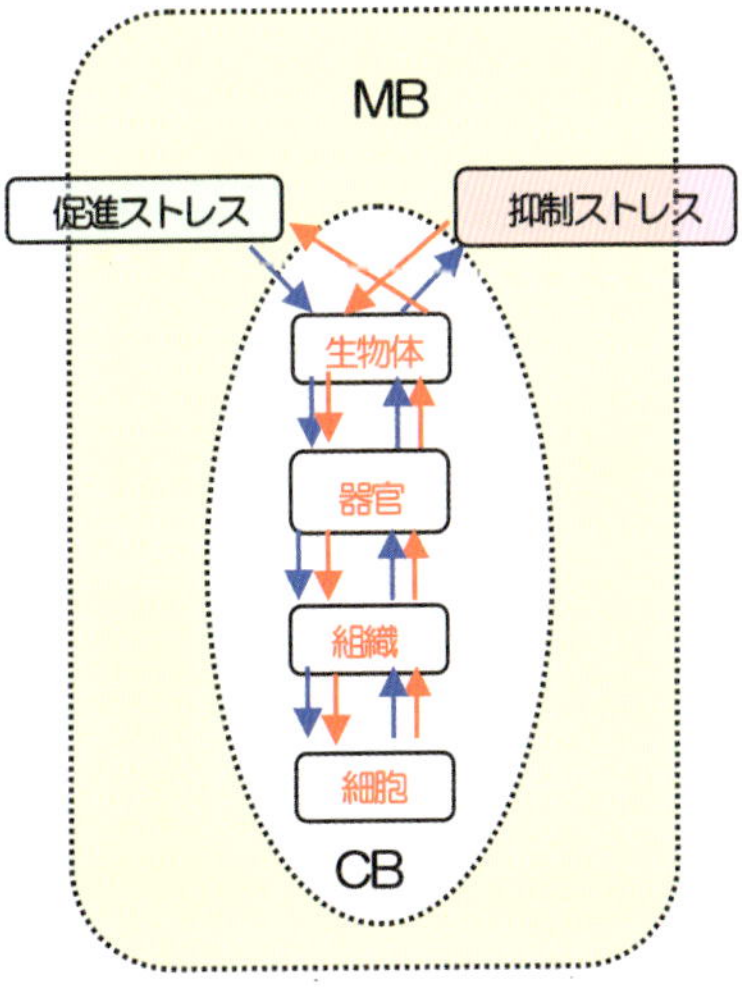

MBに意志があるのではなく、単純に生命体の外からの正負の外圧と、内部からの正負の内圧に、力学法則に従って反応しているだけなのだ。そのうちで内部からの正負の内圧に対する「歪み応力」を発生し、CBの形態を正常に保とうとするのが、MBが行う生命体の恒常性維持のためのメンテナンスオペレーションなのである。

3・1・1章　中枢神経系はヒトの行為の指揮者ではない

・・・師匠はかなりの頭脳労働をやって大根を買ったぜ。中枢神経系が自由意志をもって運動方向をデザインし統一のとれた運動をさせるのは明らかではなイカのウン玉！

中枢神経系というCBは、生物が備える指令センター機能を担うハードウェア設備施設、つまり、通信網インフラストラクチャーを備えた指令センターにすぎない。指令センター自体が指揮者ではないのである。

1．ＭＢが指令センター（神経系ＣＢ）を管制するが、外圧の指示どおり（ポイント1）

すぐ前のページでは、ＭＢ全体が受ける「外圧」というのは、基本的には、内部のＣＢに促進的に作用する負の外圧と、抑制的に作用する正の外圧であると述べました。

もし、促進的な負の外圧が中枢神経系の複雑なネットワーク構造を包むＭＢに伝わってきたとする。だが、ＭＢの複雑な内壁構造のおかげで、あらゆる部分に均等な負の圧力が伝わるわけではない。ネットワークの部位によっては正の圧力となるところもある。

個体全体に負の外圧が加えられたとき、中枢神経系を包むＭＢのネットワーク構造には、圧力の高い領域と低い領域とが錯綜する「天気図」のような複雑なパターンが描かれることになる。下の絵のようなＭＢの天気図パターンに対応して、中枢神経系のＣＢネットワーク上には、複雑な電気信号（エネルギーの流れ）パターンが形成されるのである。負の外圧に対応する、中枢神経系の複雑な電気信号パターンは、生物には「快の感覚」をもたらす。

同じように、抑制的に働く正の外圧が中枢神経系のＭＢに伝わってくると別のタイプの天気図が描かれて、個体には「不快の感覚」がもたらされることとなる。

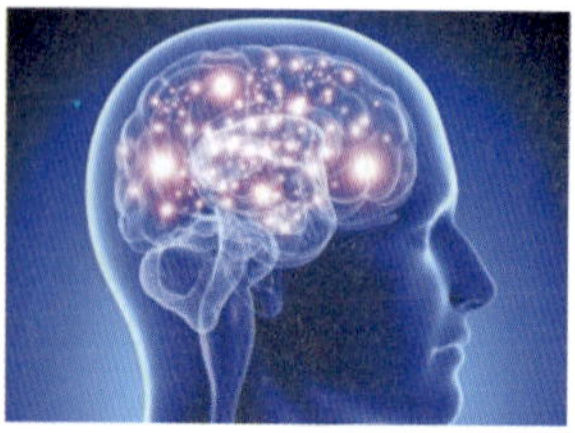

2．古い脳のＭＢのはたらきについて

・・・他に適当な言葉がないので知性 intelligence という言葉をそのまま用いる。ある程度複雑な中枢神経系を備えた生物は知的生物と呼ぶことにする。たとえば、頭の使い方だけでなく身体の使い方が正常である

ことも知性 intelligence があるとします。
ヒトの本能を司るとされる古い脳は、ＭＢを通じて快と不快のマトリックス信号電流を形成する能力をもつ。古い脳は、純然たる圧力の力学法則を感知できる第六感「意」を司り、認識できる第六識「法」を司る※と言うことができるだろう。

※般若心経にある眼耳鼻舌心意（げんにびぜっしんい）６感覚の最後の第六感「意」と、色声香味触法（しきしょうこうみそくほう）の６認識のうち最後の第六識「法」のことである。

神経細胞の本体、軸索とよばれる長く伸びた電線、シナプスと呼ばれる接続部すべての部分がＭＢで被覆されている。被覆自体も神経系と同じく複雑な迷路が入り組んだネットワーク構造となっているので、全体に加えられた圧力が正圧か負圧かの単純な構成であっても、ＭＢのネットワーク構造内では、部位によって異なる高圧領域と低圧領域の分布パターン、すなわち「天気図」が描かれるのだ。この天気図のとおりに中枢神経系ＣＢには、快や不快の電気信号パターンが形成されるのである。

3．ここまでは古い脳の一瞬のしわざ、次に新しい脳の仕事がはじまる

ここまではヒトの行動を指揮するための、最初の一瞬で行われる情報収集と分析活動の、ごく極くはじめの一瞬について述べたものです。ここで収集された情報は、古い脳のＭＢが感知した外圧が、正圧か負圧のどちらであるかということでした。

ヒトに限らず生物は、まず最初に五感ではなくＭＢという非物質的な媒体を通じて、第六感「意」で外部からの情報を収集し、分析・解析して第六識「法」を形成する能力があると言えるだろう。

大脳皮質と呼ばれる新しい脳にはそれができない。新しい脳ではすぐそばの本能を司る古い脳からの圧力しか感知できない。ときにはそれもできなくなるのだ。

新しい脳のMB天気図だけで、情報分析や解析、シミュレーションによるintelligence形成が行われるわけではない。・・・実際には、intelligence形成は古い脳のMB天気図との共同作業で行われる。つまり、古い脳のMB天気図の快パターンを妨害しないパターンだけが、新しい脳のMBには許される。そうでないものは、古い脳に不快パターンを喚起し、この不快パターンが新しい脳のパターンをもみ消すのである。

4．生物のもつエネルギーがintelligenceに安定性を与える（ポイント2）

新しい脳のMB天気図に描かれるパターンがintelligenceだが、新しい脳のMB天気図は、無数の天気図パターンを描きうる「きわめて軽い」媒体である。せっかく描かれたintelligenceパターンでも、一瞬で別のパターンに軽々と変化するのだ。せっかく描かれたintelligenceパターンに安定性がないと、それは存在しないのも同然だ。「生物はエネルギーを持つ」というそのエネルギーが、intelligenceパターンに安定性をもたらす。・・・なぜかの説明はネタ本 (1) にあるが割愛します。

5．では、意志と責任をもつのは誰だ？

ヒトが行為の責任をとること、すなわち、ある一定の方向性をもった意志を発してヒトの言動を制御する指揮をとっているのは何者なんだろうか？　これについては、ヒトの言動の動力である筋肉は脳に、脳はそれを包むMBに、脳のMBは、責任の源泉intelligence形成の担当部署である新しい脳のMBに、新しい脳のMBは古い脳のMBにと責任を押しつけタライ回しする。

最終責任をとってくれそうな最も純真な古い脳のMBまでが、・・・だって、そうなっちゃうんだもーん！　そうさせるのは、ホラァあいつらだよ！　と、他人や世間のせいにする。

結局、ヒトの言動を指揮して責任を負うのは、ヒト個体ではなく、それより上位の生命体、家族から親戚隣近所の地域社会、友人ネットワーク、法人や自治体、そして社会国家という上位生命体だということになる。ヒト個体というのは最小単位なので、責任がないわけではないが、その行為を律する能力や責任能力は、情けないことに、いたって微々たるものというわけだ。

3・1・2章　発生のSSTモデル・・・単細胞から多細胞、高等生物へのプロセス

進化というのは、遺伝子の変容だけで進行したものではない。高等生物となる多様性を備えた細胞の集団が進化させたのは、細胞の上位構造である組織、器官、個体を立体的に構築するための「細胞の集合様式」の設計図である。ただし、細胞の集合様式の設計図には、設計思想を記録して伝承する手段として、遺伝子DNAのような物質的記録媒体は存在しない。

1．細胞集合様式の設計思想を伝承する「語り部のような生きた記憶媒体」MB

結局、「細胞の集合様式」の設計思想を記録して伝承する手段としては、非物質的な記憶媒体しかないということです。非物質的な記憶媒体とはMBにほかならない。

MBはヒグス重力場でできた柔軟かつ強靭な鋳型なので、分裂増殖した細胞集団の容積が膨らんできたら、MBも追随して膨らんでいく。しかし、ある一定の容積になった段階で細胞集団内圧が発生して、その内圧が遺伝子情報の発現過程に影響を与えて、それ以上の分裂増殖を停止させる。MBは分裂増殖する細胞集団全体の形を決める鋳型であるだけでなく、細胞集団内部の「適材適所の人材配置」すなわち分化設計※まで行う。

※分化はMB内壁の「洞窟部位」の奥と入口付近の圧力の違いによると考えているが、詳細は割愛する。

これで例えば魚の幼生のような形態が完成する。これが魚類の発生であれば個体発生はここで終了し、魚の卵は孵化し、めでたく次世代の幼魚の誕生となります。

ところが、両生類、爬虫類、鳥類、そして哺乳類の発生の場合、ＭＢは、もっと多くの重層構造をもち、魚の幼生形態をもった細胞集団はすぐ外側のＭＢの形態に向かい増殖を継続します。こうして進化系統発生の順を再現する個体発生が行われる。

もしも、「細胞の集合様式」の設計思想をＤＮＡのような物質的媒体に記録するとしたら、その情報量は膨大な量となる。そんな設計図をどうやって読むかだけでも大変な問題だ。個体発生の納期は守られず、読み間違いなどによる出来損ないが多発するだろう。

そこで物質的設計図を用いる戦略は採られず「重層テンプレート」ＭＢを用いる工法が採用された。遺伝情報のようなデジタル情報を用いるより、重層テンプレートのようなアナログ工法のほうが、迅速かつ正確な上位構造構築を可能ならしめるのである。

2．重層テンプレート工法に用いられるＭＢは廃棄物利用で調達される

２・１章の２段めを読んでみな。ＭＢはＣＢ重力場から生まれると言ってたな？　生物ＣＢが発生する前にＭＢが先にあるのはおかしいじゃないかイカのウン玉！

いや申しわけない。答えはちゃんとあるんじゃが、あんまり簡単な答えだもんだから、躊躇ってたのじゃ。そこいらに転がってる脱ぎ捨てられたＭＢが再利用されるのである。

・・・うーむ！　どうやらＭＢは生物の死後も保全され、輪廻転生や生まれ変わりが起こるということの

ようだな。それを物理学で述べようというのだからこいつは呆れた！　オレさまが騙されるわけないじゃないイカのウン玉！

さあ、それはどうですかな？　君が騙されないか、それともギャフンと参るか、わたしは知りませんよ、オーッホッホッホ〜！※

※藤子不二雄Ⓐ「笑ゥせぇるすまん」

3・1・3章　進化のSSTモデル・・・MBは捕食関係で進化する

遺伝子レベルの変容は進化の原因ではなく、MBテンプレートが進化した結果であるというのが、SSTモデルの見解である。

1．種の爆発はなぜ起こるのか・・・捕食関係は「ある種の交雑関係」である

2014・12・7のNHKスペシャル「ホットスポット最後の楽園」で、ナビゲータ福山雅治さんの「緑の魔境中米コスタリカの生物多様性は世界一だぜよ」のセリフは聞けなかったが、九州と四国を合わせたぐらいの地域に約50万種もの昆虫類、爬虫類、鳥類、哺乳類などの動物が棲息している様子が取材されました。

なぜこのような「種の爆発」が生じたのだろうか？　取材対象の動物たちは、みな、雌雄交配を行う比較的高等な動物ばかりなんだよ。長らく会わなかった南北両大陸の動物たちが久々に交流したといっても、そんなにうまく、交雑可能な同一種や近縁種どうしの出会いが実現したものだろうか？　たいていの出会いは、交雑関係を結べる種の範疇を逸脱して、捕食関係で結ばれる関係であったと思われるのに。

まして、わずか5000万年ほどの間の変異の蓄積で、このような多様性が出現したはずがない※。

※根拠はネタ本（1）では詳述。

獲物を生きたまま食べる野生動物の行為（ヒトもちょくちょく行う）は、双方のMBどうしの合体を招くことになり、互いに親和性の高いテンプレート部分に相手方の「刻印」が施される。しかる後、食べられた方のMBは、食べられたCBから分離し捨てられる・・・。ブドウの実が食べられて、皮だけがペッと吐き捨てられるようなものですな。

つまり、普通の同一種または近縁種で行われるセックスの場合は、MBの合体と相互刻印がなされるだけでなく、ついでにCBどうしの遺伝子の交雑も行われるわけです。しかし捕食関係で行われる「交雑」では、MBどうしの合体と相互刻印だけが行われる。こちらの場合は、種の範囲とは関係なく、見境いのない点が特徴的です。

食べられて捨てられた方のMBは、そのうち雌の受精卵にとりつき、新しい生物を発生させていく。食べた方のMBも、死亡したら捨てられ同じことを行うというわけだ。

獲得形質は遺伝しないというのが遺伝学や進化論の常識です。しかし、生物がある深刻な経験をした場合にMBの「相互刻印交雑」が起こるとすれば、その獲得形質は世代を越えて継承される。この種の獲得形質の継承は遺伝や進化に対する重要な要因となるのである。

2．捕食関係によるMBの進化は、もっと普遍的で一貫している

なお捕食関係によるMBどうしの交雑は動物だけで起こるものではない。動物が植物を食べることも捕食関係であるからだ。九州と四国を合わせたぐらいの狭い領域に20もの異なる気候地域がひしめき合っていることも、種の爆発をもたらした大きな要因であると考えられる。それぞれの領域ではそれぞれの植生が発達するので、それを捕食する動物たちとのMBの合体・相互刻印による「交雑」も、それぞれ独特の様相と

なって現われることが予想されます。

ホモサピエンス種族が、代々暮らしている大地、すなわち大地の植生の影響を受けて、民族の行為様式（性格）を形成してきたことは十分に考えられます。その国で暮らせば、外国人もいつの間にかその国民と同じような性格を持つようになる。代々の混血を繰りかえせば人種的にも完全に同一民族と化す。たとえば日本民族というのは、そのようにして形成されたことが知られています。・・・これからは、国籍というのは住民票と同じような取扱いをして、その国に住んでいればそこの国民であり、他の国に引っ越ししたら国籍も変わるとした方がよさそうですな。実際にそうだったのだから。

グローバル貿易、とくに、生鮮食料品やペット、種畜などの生きた動物の貿易は、居ながらにして外国の植生・生態系との「交雑」を実現する。効率的な、コスモポリタン育成方法だとも言えますな。

下図のゾウリムシは単細胞微生物、繊毛虫の一種 *Paramecium caudatum* の和名。無性生殖と有性生殖の両方を行うことが知られています。WIKIPEDIA によると・・・無性生殖は分裂による。他の繊毛虫同様、体軸方向の前後の部分に分かれるようにして分裂する。有性生殖としては細胞の接合が行われるが、その方法はやや特殊である。接合に先立ち、大核が消失するとともに生殖核である小核が減数分裂を行い、4つの核に分かれる。この内3つは消失し、残った1つがさらに2つに分裂し、この内の1つの核を互いに交換する。その後それぞれの細胞内の2核が融合することで接合は完了する。この間2個体のゾウリムシは互いに同一方向を向いて寄り添うが、細胞間に連絡を持つだけで細胞そのものの融合は行われない。なお接合後大核は小核を元にして改めて形成される。

・・・単細胞微生物であるゾウリムシが高等動物と同じようにエッチをしていると思いませんか？　繊毛虫類は、群体とは一味ちがう細胞集合様式を進化させた生物だと解釈できるが、ここではすでに、高等動物と同じような「セックスの原型」が認められる。原型というのは、それを可能ならしめるＭＢテンプレート

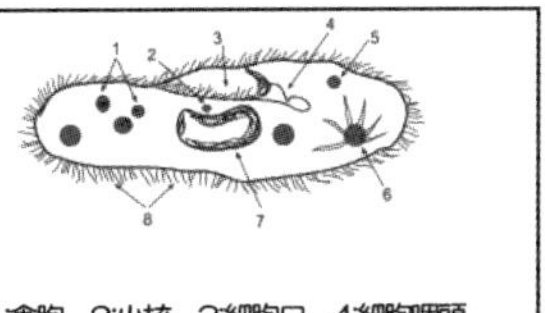

1:食胞、2:小核、3:細胞口、4:細胞咽頭、

を備えているということです。生殖核が減数分裂して4つになり、そのうちの1つが接合相手の1つと融合して遺伝子組換えが完了する。そして、あとは無性的に分裂増殖していく・・・高等動物のセックスによる受精から、それ以後の、受精卵の無性的な分裂増殖による発生過程の最初のプロセスは、まるで、ゾウリムシの増殖プロセスと同じではないか！

さて、アメーバ類はゾウリムシを生きたまま丸ごと捕食する。そのMBテンプレートには、ゾウリムシのテンプレートでペタペタと刻印された領域が存在するにちがいない。そしてそのアメーバ類を生きたまま丸ごと捕食するのは何だっけ？

えーい面倒だ！　一足飛びに・・・殺傷力の強い狩猟具と貯蔵・料理の技術が発明されるまでは、何でもかでも生きたまま（殺してすぐ）食べていたホモサピエンス種族のMBテンプレートには、大きくて立派な生殖器を形成できるエッチの大好きな領域や、大きな、新しい脳を形成できる悪さの大好きな領域、等々が存在するわけである。ホモサピエンス種はあらゆる種の特性をあわせ持つと聞いたことがありますが、さもありなんですな。

進化は地球生命圏の発生プロセスである。進化が、地球という大スケールの全能生命体（MB）から出発し時間的に極めて長期にわたる発生プロセスであるのに対し、生物個体の発生は受精卵細胞という全能生命体から出発する短期間のプロセスであるにすぎない。

進化という発生プロセスを経て地球生命圏という子供を産もうとしているのはガイア女王と名づけたMBです。地球生命圏が愛の結晶として玉のような赤児となって誕生し、健康でスクスクと育ちその将来が嘱望されるようになるのか、それとも、ガイア女王さまが憎悪の妊娠中毒症を発し流産してしまうのか。どちらになるかのカギを握るのは、妊娠の最終期に発生したホモサピエンス種族であると思われます。

3・1・4章　雌雄のSSTモデル・・・MBは両性具備の重力場である

下の図（再掲）を眺めながら、小話を一席・・・2種類のストレス指令の流れはそれぞれフィードバック機構を備えていて、促進、抑制いずれの指令も、相手側に届くようになっている。女性の整備士は「何よ！　そんなに膨らましちゃダメよ！」と収縮ストレス指令を発する。男の操縦士は「それじゃ宇宙船の速度が落ちて戦えんじゃないか！」と慌てて膨張ストレス指令を発します。二人の意見が一致することはなくケンカばかりしているのですが、外部環境の変化によっては二人の力関係が変化いたします。典型例が、夜と昼では交感神経系（雄性ＭＢ）と副交感神経系（雌性ＭＢ）の活性化度が変化して、昼間は男性の操縦士が勝つが、夜になると、女性の整備士が勝つという現象でございます。

ときには、自律神経失調症という名前で男女乗組員の力関係が、外部環境に応じてうまく切り替わらなくなる疾病もある。

・・・この制御モデルの新しいところの一つは、電気生理学的な作用というモデルではなく、これをＭＢがＣＢに及ぼす力学的作用として説明するモデルであることです。

もう一つ重要なポイントは、小話にありますように、ＭＢというのは雌雄両性のＭＢがペアで、両者拮抗しつつ同居しているような重力場であることです。・・・はたして、雌雄2種類のＭＢ重力場がありうるのか、簡単に見てみましょう。

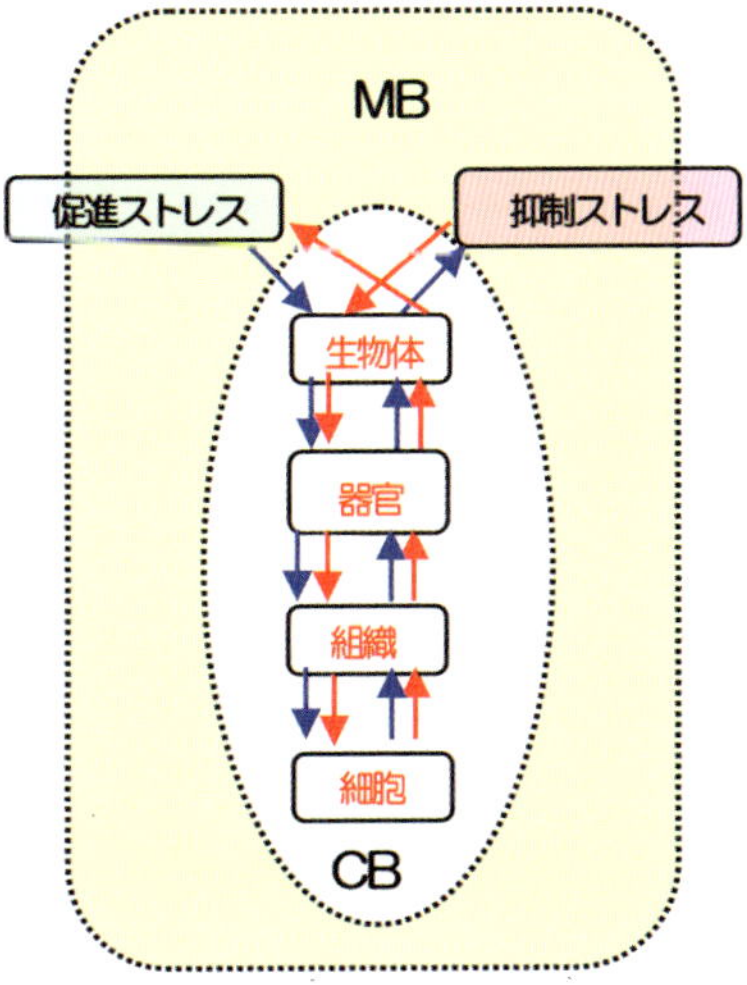

２・１章でお話ししたとおり、下図のようなＭＢ素子の集団であるＭＢ重力場は、柔軟かつ強靭、自立的な一体化した塊りとなれる。ＭＢ重力場は、ＣＢ重力場の集団（物体）を丸ごと包んで統制し、秩序正しく固く結束した組織体ＣＢに仕立てあげることができるということでした。

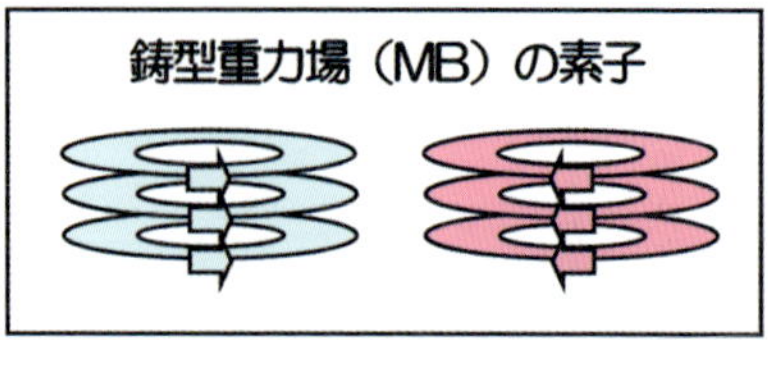

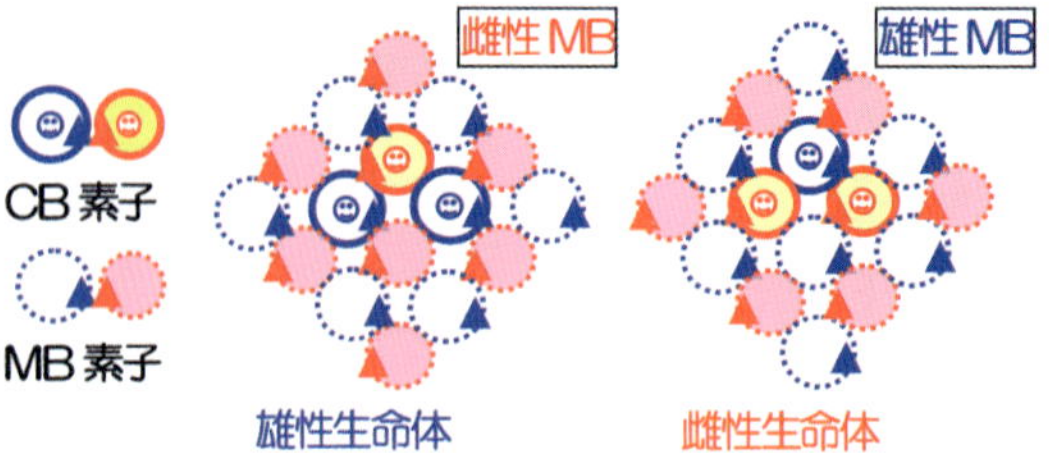

　左上の図は、コンピュータシミュレーションで高等生物の個体を粒子段階から描こうと、素子を組み合わせるルールとして最も初歩的な案を描いたものです。ＣＢ素子は、粒子の重力場だから、中心にニコちゃんが入る。ＭＢ素子は下の絵の重ね餅構造のことで、点線の○で示します。雌雄の異性どうしは接近して、同性どうしはなるべく離れるような配置とし、最外縁は必ず接近した雌雄交互のＭＢ用素子の輪で完結する。この２つのルールで作成したが、ＣＢ素子３個で成る雌雄の生命体は、この２通りしかない筈です。

　点線の○で示すＭＢ素子で成るＭＢ重力場のことですが、左の雄性生命体の「雌性ＭＢ」を、そのまま右の雌性生命体に平行移動し、上下重ね餅になれば、雌雄素子間は分離斥力が働くので、「雄性ＭＢ」と「雌性ＭＢ」は独立的な２つが同居した複合重力場となる。これは、雌雄どちらの生命体でも、雌雄のＭＢが交互に重なった重層構造のＭＢ重力場になっていることを意味します。つまり、ＣＢに対し、雌性ＭＢは締めつける抑制的圧力を勝手に及ぼし、雄性ＭＢも緩める促進的圧力を勝手に及ぼしている。・・・これが、雌雄両性のＭＢがペアで両者拮抗しつつ同居している重力場が形成されるということでございます。

なお右の絵では、これが雌雄生命体だと言われてもピンと来ないかも知れません。なぜなら、左右どちらも、裏返せば雄は雌になるし雌は雄になるから、両方とも同じだと見ることができるからです。これについては、下の絵で納得していただける。３個以上の素子が集合すれば、２つの集合体は立体的に重なり合うことのない、文字どおりの「異性体」であることを理解できるはずです。

ただし、雌雄両性の前姿をみて、おっぱいやイカのウン玉くんを連想するのは、あなたの品性を疑われないためには、慎むべきでしょうな。なお、有機化学で重要となる立体異性体分子も、ＳＳＴモデルでは同じ雌雄異性体の概念で括られることになります。

３・１・２章の２段めで、生物発生時の重層テンプレート工法で使用されるＭＢは、そこいらに転がっている脱ぎ捨てられたＭＢを再利用するということでした。イカのウン玉君はあざ笑ってくれたけど、実はこの廃棄物利用、それが物理学的にありうるかどうかということは、生命論でまじめに追求しようする大きなテーマの一つです。

普通に考えれば、せっかく形成されたＭＢも、それが動的平衡体であるかぎり死んで内部のＣＢを失えば、速やかに拘束運動系空間に拡散し、独自の形態は雲散霧消するはず。普通に考えれば、廃棄されたＭＢが長期間保全されることはありえないのである。

この問題に対する一つの解答が下に示すＭＢ素子の重ね餅複合体であった。要するにＭＢ素子の集合体であるＭＢ重力場は、原子などの粒子で作られる塊りと同様に、柔軟かつ強靭な特性を獲得する。その結果ＭＢ重力場は、物質のように目には見えないが、物質と同じような振舞いができる存在となる。

つまり、通常の観測にはかからないが、生物ＣＢの寿命を超える長い期間、形態が保全されるＭＢという概念は成立しうるのでございました。

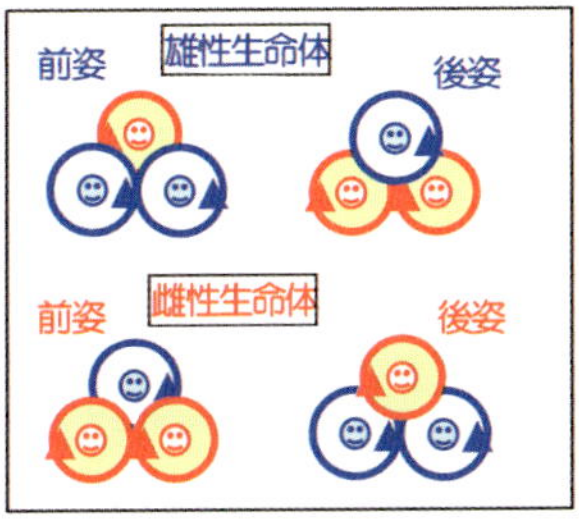

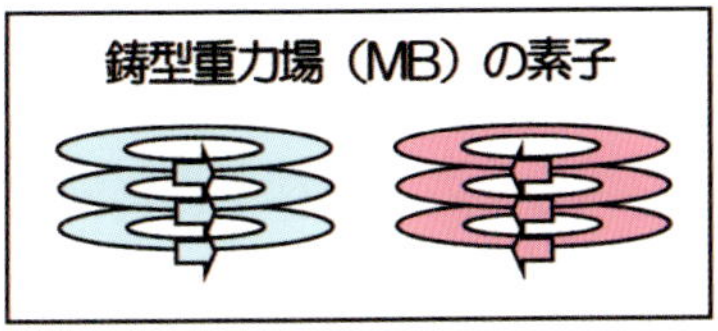

３・１・５章　生と死のＳＳＴモデル・・・ＭＢはあなたが死ぬまではたらく

ＭＢは、あなたの受精卵がお母さんの胎内で発生する時に大変重要な重層テンプレートとして働いたことを３・１・２章の１段めでお話しいたしました。

そしてＭＢはあなたが誕生してからも、今まであなたの身体の恒常性（ホメオスタシス）を維持するための健康管理と、身体と心の病気やケガを治す、いわゆる「自然治癒力」の立役者として日夜一瞬たりと休まず働きつづけています。

あなたが死んでこの世を去るときまで、ＭＢはあなたのために働きつづけることでしょう。・・・いや、この表現はあまり正確ではない。働きづめで疲れ切ったＭＢが、あなたのＣＢ肉体を見捨てて去るとき、あなたに死が訪れるのである。

例えば膝小僧に打撃を受けたら、その部位だけに促進または抑制ストレスを余分に集中しなければならなくなるだろう。その瞬間にＭＢは雌雄とも部分的に形が歪むことになります。この形が歪んだ状態というのは、ＭＢが、打撃を受けた部分に抑制あるいは促進ストレスを集中的に強化するなり弱くするなりして与え、ＣＢの損傷部位を修復しようとするメンテナンス行為に当たる。「自然治癒」と呼ばれる現象を説明する、力学的実体モデルがこれである。

・・・３・１・４章で私たちの身体は女性ＭＢの整備士と男性ＭＢの操縦士が仲良くケンカしながら運転していることが分かった（でしょう?・）。

そして、このドライバーも私たちと同様に、アクセルを踏むかブレーキを踏むかの、たった2つの単純なオペレーションで車のスピードコントロールを行っている。私たちと同じように車のメカは何も知らないで、怪しからんことに無免許で車の運転やってるのだ。

1．病気と治癒のSSTモデル

生物の身体のどこかに、力学的な力か化学的な作用あるいは心理学的な力が及び、生物の身体CB（中枢神経系も含まれる）が損傷した場合、それは、生物のCBの形態に歪みが生じたことを意味する。すると、MBはCBの歪んだ形態に追随して、歪んだ形態に変化しなければなりません。ところが、MBはCBほど流動性に富んでいない。弾力のある金属製のケーシングのようなものだと考えればよい。そうでなければ、グニャグニャとだらしのないCBを支えて立たせられる訳がない。

MBには損傷部位に応じた歪みが生じ、歪みに応じて歪みをもとに戻そうとする「ひずみ応力」が生じてまいります。

こんな状態のとき、MBは全身に非常事態を宣言し、苦痛や不快の非常ベル信号を伝達するよう中枢神経系に指令を発するとともに、全身から修復工事のための資機材・要員を損傷箇所に集めよという指令も発するわけです。・・・以上が病気と治癒のSSTモデルでございます。

膝小僧への打撃が軽度であれば修復は容易でCB、MBともに歪みはすぐ解消するであろう。しかし深い創傷を負い、治ってもケロイドが残ったり、複雑骨折して完全復旧できない場合、CBとMB間の局所的歪みはそのまま固定してしまうことになります。一部では、MBとCB間の、鋳物・鋳型関係を保つことすら不可能となり、MBがCBから部分的に剥がれてしまって、CBが壊死する部分が生じることもある。

生命体が生きていく過程で負傷したり病気したりするたびに、MBの局所的歪みは蓄積されることになります。CBとMBの鋳物・鋳型関係による接着（調和的結合harmonic ligionと呼びましょう）は、しだいに困難となり、あちらこちらで軋轢を生じるようになるわけです。これが個体の老化現象や疾病等による活力減退現象の本質である。そして、MB内の軋轢箇所の数や軋轢の程度が極限に達したとき、個体の死という現象が近づいてまいります。

損傷した器官が作るCBのいびつに変形した形態に、もはやMBが追随しきれなくなり、MBの全身に生じたひずみ応力によって、MBがCBから全面的に剥がれて初めて、個体の死が訪れる。

別の観点から述べれば、MB内に生じる局所的歪みによる軋轢、すなわち、CBの局所的損傷にたいして、MBが私たちの中枢神経系に発する修復指令は、私たちが人生で経験する様々な痛快痒冷温疑信の感覚、喜怒哀楽の感情として認識されていると考えられる。・・・感情は、芸術の素材にすぎないのではなく、生物が生命を保っていくうえで必要不可欠な、私たちに事態を認識させ行動指針を変えよというMBからの指令である。

生命体のMBが完全なharmonic ligionを保って存在している形態は、赤児のような、あるいは信仰的至福または悟りの状態と言うことができるだろう。MB形態の、完全形態からの乖離の程度と乖離様式の相違が、さまざまな喜怒哀楽の感情に対応するのである。

「病気への感謝療法」とか、認知行動療法の精神疾患に対する際立った治療効果、あるいは信仰的奇蹟としての「聖癒」、また医師が首を傾げる「奇跡的ガン縮退」の症例は割に多いと聞いたことがあります。こうした現象の物理的本質が、生命体の「MB完全形態への回帰力学」にあるとしたら、疾患による「感情の負傷」を治療することが身体や精神疾患の治療に効果があることの物理的根拠を与えることになるだろう。また、病気を治す西洋医学に対し、身体を総合的に捉え体質を改善することを主眼とする東洋医学に対しても物理的根拠を与えることになるだろう。

・・・さて、負傷・疾患や加齢、喪失体験などによる「感情の負傷」を治療するとはどういうことなのだろうか？

悲しみに打ちひしがれている人を癒すのは時間しかない、とはよく言われる言葉だが、私たちは、感情という目に見えないものに直接触れて変容させる手段は持っていない。だが、そのための物理的手段はある。それはＣＢである身体の運動をコントロールすることにより、ＭＢの歪んだ形態に対応する感情を癒す方法である。

身体の運動とは文字どおりのスポーツや体操のような運動、あるいは所作作法芸能やセックスも含まれるが、感情を癒す目的に特化された身体の運動もあります。それは「中枢神経系という身体ＣＢの運動」をコントロールする方法です。この場合は身体の運動とは呼ばれず、思考や判断の仕方、つまり、中枢神経系が行う認知や認識活動と呼ばれます。

ＭＢの歪んだ形態である感情を癒す方法は、感情そのものを直接的に治療しようとするのではなく、人間が意識的にコントロールしうる中枢神経系というＣＢの運動様式を変えることである。それは、古来すでに様々な分野で実行されてきた。

たとえば米国の心理療法家アルバート・エリスに始まる認知行動療法は典型的な方法論だ。認知行動療法は、米国では治療効果の高い精神疾患の治療法として認定されています。

イエス・キリストや釈迦、ムハンマドなど、偉大な教祖たちが提唱した方法論も、すべて典型的な感情の治療方法あるいはコントロール方法だ。日常の身体の行為様式（礼拝儀礼、喜捨などの宗教行動、聖典で学ぶ認知認識の様式）を習う事により、ＭＢの歪んだ形態に対応する感情を癒し、ＭＢを完全な形態に近づける方法である。

2．病気と治癒のＳＳＴモデルから現在の医療をながめると

「今の私たちが実証できた」という、限定つきの成果にもとづくサイエンスをもって、そのサイエンスで立証できないものは存在しないとする考え方は大きな誤りを犯す恐れがあります。現在の医薬・医療の業界は、不完全だが最先端であるテクノロジーの「威力」を最大限活用、というより、悪用しているようにも見えるのだ。

プラセボ（偽薬）効果という用語がある。古来より、医療が治癒効果を発揮してきたのはかなりの部分がプラセボ効果という感情の治癒効果なのだ。当然に現代医療もしかり。大きくて豪華な病院があり、立派な国家資格をもつ医師や看護師、検査技師さんがいて、びっくりするほど高価な医療検査設備で検査して貰い、「よく効く薬」を処方してもらい・・・よかったなぁこれで安心だ、もう治ったも同然だと患者たちの感情が癒されて治癒がはじまるのだ。感情の治癒はけっして医療の補助手段ではなく、主要な手段なのである。

新薬の治験では、プラセボ効果を除外するために二重盲検試験というのが実施される。大部分がプラセボ効果と言ってよいかも知れない「薬効」を調べるのに、プラセボ効果を除外するための試験とは、いったい何なのだろうか？

治りさえすればプラセボ効果でいいのだ。それを除外するという誤った努力に、今ほど金と精力を注ぐのは社会的な損失だし、医療関係者の一部だけが儲かる仕組みも問題だ。

3. 意外な展開

楢崎皐月（ならさきさつき　1899~1974）という電気物理学者があった。大地には電子が湧き上がる「イヤシロチ」と、逆に電子を吸い込む「ケカレチ」があるという概念(8)を、大戦後、全国各地12000箇所もの地電流測定を行って確立した。イヤシロチでは、植物がよく育ち農業がうまく行くだけでなく、動物も人間も健康で長寿、建造物や機械・電子機器まで長持ちするそうだ。だとすれば、まさに万能の医療技術と言えるだろう。

地形的にイヤシロチは2つの山の頂上を結ぶ線上に多くケカレチは谷を結ぶ線上に多いそうだ。山の頂上を結ぶ線上とは、2つの山の重力場が重なるのでその密度が高い場所である。「重力場の水平方向への密度勾配」が地中や大気中の電子の流れに（したがって地磁気にも）影響を与えることは十分に考えられる。MBが地球の重力場に反応するのは自明だから、楢崎理論による電気化学的な医療技術はあまり不思議ではない。これにより、生命体や建造物などのMBを水平方向に圧迫する「イヤシロチ」と、あまり圧迫しない「ケカレチ」という原理が考えられるのである。

小保方晴子さんが発見したSTAP細胞の研究に関し、再現性がなかなか得られないというのが騒がれたことがある。これを「研究の病気」と言うのは単なるシャレであるがこの病気も治せるかも知れない。単純な方法だがこれまでのSTAP細胞化実験の成功率を時系列に並べて解析するだけで何か見えてくる可能性がある。

小保方さんの研究所は東経135・215度にあったので、後で述べる「ソリトン通過」は2010年11月上旬（6月夏至を起点）頃だと推定される。実体的重力場の密度が著しく跳ね上がった時期を推定したのだが、この時期に実験の成功率が急に高くなり、以後低下していったとすればこの病気の治療方法が見えてくる。

２０１４・４・15付け新聞記事で、小保方さんは「２０１１年９月ごろまで１００回以上は成功した」と表明しました。この１００回以上の成功は、まさにソリトン通過の時期に、ピッタリ重なっているようだ。細胞のＭＢが高密度の重力場に置かれると、楢崎理論と同じような若返り、ことによると分化の逆行が起こってＳＴＡＰ細胞化が成功するかも知れない。

ＳＴＡＰ細胞化の原因は、彼女が述べた化学的弱酸性ではなく、細胞ＭＢの置かれた環境の重力場密度が原因であるとする仮説である。検証するために実験の場所をＳＳＴモデルで推定される東方に移動したり、あるいは特殊な遠心分離装置※で重力場密度を高めて実験する等の研究戦略が考えられる。

※日本は不思議な国で、この分野にも民間研究者がいる。

しかし彼女をめぐる周囲の人々の言動はまことに残念な結末を招いている。彼女の著書(9)は買ったが、とても読む気になれない。善人づらして保身と権謀術数に明けくれるアカデミズム世界に翻弄される無邪気な人の姿が見えるような気がするからだ。

・・・火炙りに遭った小保方晴子さんのご健闘をせつに祈ります。てめぇアホなこと信じてんじゃなイカのウン玉！　斬新なことはアホから始まる。踊るアホウに見るアホウ、同じアホなら踊らにゃそんそん！てなもんじゃなイカのウン玉君！

3・2章　文明の本質はＭＢ振動体（生命体）である

さて、大急ぎで通り過ぎましたが前３・１章の生命論の旅のぐあいはいかがでしたか？　十分にお楽しみいただけたでございましょうか？

生命とは何かという問いに対しては、鋳物重力場ＣＢ（casting body）と、それを相補的に包む鋳型重力場ＭＢ（mold body）との複合体が生命体（生物）であるというのが、ＳＳＴモデルによる答でございました。ス兵衛のやつは、眼に見えるＣＢより見えないＭＢのほうが生命の生命たる本質であると考えているようでございます。どうやら、皆さまを鬼気迫るおどろおどろしいホラーオカルトの世界に案内する魂胆も垣間見えてまいりました。

本章は、生物学の問題を超えて、ヒト個体の集団がつくる、上位構造である社会国家や文明の問題に焦点を当ててまいります。生物学の流れから、社会国家もＣＢとそれを相補的に包むＭＢの複合体として捉えるのは言うまでもありません。

戦争に限らず、国家レベルの災厄というのは、ＳＳＴモデルで見える社会国家のＭＢを現代物理学で見ることができないばかりに、畏るべきものに全く気づかず、怖れるべきでないものを怖れてあらぬ方角に飛ばされて起こる災厄である。この観点から、以下一つの文明論を描いてまいります。

さて唐突ではございますが、ス兵衛が時事問題を論じている場面がありますので、一部を前もってご紹介いたしましょう。

・・・いま安保法制と憲法改正が論議されています。しかしわが国は、70年前に神武以来はじめて滅ぼされたことを忘れてはいけない。国家再建70年の現在、工期１００年の事業の終盤に来たった現在、昔失敗に終わった男っぽく振舞う近代国家をめざすとは！　ふたたび滅ぼされるために国家を再建するようなものじゃないイカのウン玉君！　国際貢献とかの美辞麗句で飾られてはいるが、未熟な少年が要求するような無理難題に対して日本は、恫喝におびえて盲従するような未熟な少女であってはならないのだ。70年あまり前に、少年が石油禁輸制裁を背景に突きつけたノートのあまりの無理難題ぶりに、最後には逆上してしまった未熟な少女のようであってもならないのである。・・・なんで工期１００年、なんでアメリカは未熟な少年などと言うのでしょうねえ？

３・２・１章　畏るべきものとは、怖れるべきでないものとは？

次のページの図が「畏るべきもの」の正体である。文明には１２８８８年周期をもつ振動が存在し、前半には命の文明、後半にはプライドの文明と名づけてある。なぜこれが畏るべきものかといえば、この振動は宇宙の振動であり、人間の力では変えようもない神の業（わざ）としか言いようがないので、人間はただ畏れかしこむしかないということです。

畏るべきものとは、文明のレベル、国家のレベル、地方のレベル、もしかしたら、家族や個人のレベルまで、盛衰は厳然たる物理法則に支配されているという概念である。これを畏れかしこんで従うものは栄え、従わないものは否応なく滅ぼされてしまう。

怖れるべきでないものとは、畏るべきＭＢ振動を見ることができれば雲散霧消する妖怪のことです。妖怪とは畏るべきＭＢ振動のことに他ならない。

ＭＢ振動は畏れかしこんで従いさえすればけっして怖ろしいものではない。むしろ私たちに恵みをもたらす有難い振動である。けっして怖れるべきではないのである。

畏るべきＭＢ振動曲線について、ここではあまり詳しい説明はいたしません。それらは追々わかることになっているので、概略だけ説明いたしますと、

１２８８８年という長い周期は歳差運動と呼ばれる地球自転軸の首振り運動の周期２５７７６年の半分です。その物理モデルはあとで出てきますが、要するに、畏るべきＭＢ振動の原因は、私たちの銀河系空間に内在する、ある壮大な回転運動にあります。

それから、下のＭＢ振動曲線は最長周期１２８８８年だけを示してありますが、振動の中には、もっと波長の短い共振振動が数多く含まれています。その中の、１６１１年周期の振動が、文明レベルの栄枯盛衰には深く関係していることが、のちに分かります。

最初に畏るべきＭＢ振動の存在を知ったのは、千賀一生「ガイアの法則」[10]を読んだときです。その後、村山　節「波動進化する世界文明」[11]に出会い、東西の文明史をしらべて、ＭＢ振動の存在を帰納的に立証した人があることを知った。どちらも日本人であるのは不思議ですが、ス兵衛が日本語しか読めないからでしょうな。

3・2・2章　ＭＢ振動が発生する原因に関するＳＳＴモデル

本章には、何んでこれが文明論なんだと思われるような話がたくさんございます。それと言うのも、ス兵衛のやつが・・・この本はレッキとした物理学の本なんだから、たとえ文明論であっても、まず最初に根拠となる物理的実体に

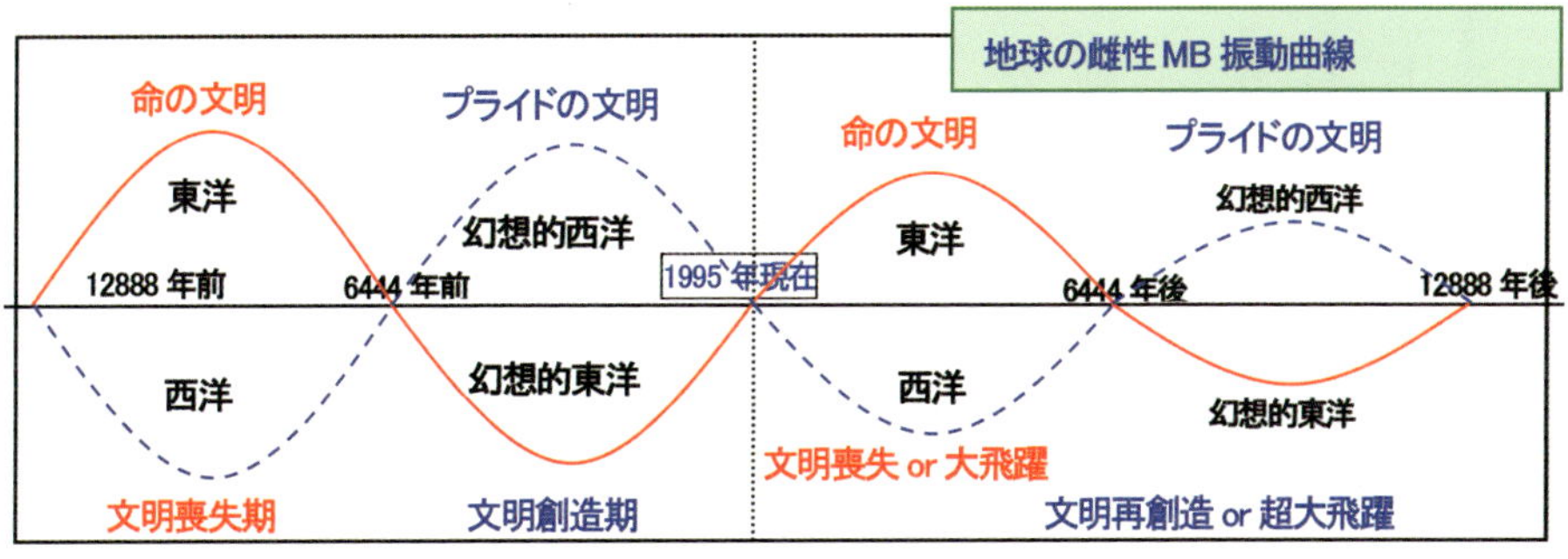

関する議論がなければならない・・・などと申しますので、仕方がありません。なぁ～に、ここはすっ飛ばしていただいても、ぜんぜん関係ありませんよ。

・・・ということでございますので、ここは前座の弟子に喋らせることにいたしましょう。お客様にはお昼寝などしながら睡眠学習などお楽しみくださいませ。

1．太陽系をゆりかごに乗せ、あやしながら育成する星団系ＡＳ

エー、わたくしの師匠がここはすっ飛ばせなどと申しておりましたが、ここいらは師匠にはとうてい理解できないから、わけ知りのわたくしに喋れと言っただけなんです。

波動の原理から「生命体ＭＢの振動周期は、互いに共振（共鳴）関係になければ安定的に共存できない」という法則を前提としてみましょう。

２から20までの数字のうち２５７７６の約数となるのは、２、３、４、６、８、９、12、16、18の９個だけ。この９個の中の２個を組合せて掛けた数字のうち２５７７６の約数となるのは、24、36、48、72、１４４の５個となります。以上14個の周期年数のＭＢ振動は、２５７７６年の歳差周期振動と共振する振動だということになります。最大数の１４４をそれより小さな数字で割ればすべて割りきれる。次の72はどうかといえば、48と16では割りきれないのでこの２つは除外する。残った次の最大数36はどうかといえば24と８が除外される。これを順次くり返せば、３、９、18、36、72、１４４という６個の数字が残ります。これら６個の数字は、どの組合せでも互いに約数と倍数の関係になります。したがって、この６個の周期年数のＭＢ振動は、音にたとえると共鳴和音を発して安定的に共存できる振動でございます。波長３と９の高い音の間だけが３倍振動の共鳴ですが、あとは倍々振動のオクターヴ共鳴となります。

当然25776を右の14個の約数で割った数字も約数なので12888、8592、6444、4296、3222、2864、2148、1611、1432、1074、716、537、358、179という14個の周期年数をもつMB振動も、25776年の歳差周期振動とは共振する振動です。

これらのグループに右とおなじ操作を加えると、12888、6444、3222、1611、537、179という6個が残ります。これらと右の6個との約数・倍数関係を調べると、12888共鳴（3、9、18、36、72）、6444共鳴（3、9、18、36）、3222共鳴（3、9、18）、1611共鳴（3、9）、537共鳴（3）、179共鳴（なし）となるので、必ずしもすべてが共鳴しているわけではなさそうです。5しかし1611共鳴3222共鳴6444共鳴12888（共鳴25776）だけはオクターヴ共鳴で連なっている。これだけは存在すると考えてもよいでしょう。

2から9までの1桁の数字のうち5と7が共振しないのは意外だったが、この2つの奇数は、共振しないことに何か特別な意味があるのかも知れない。7はご存知1週間の日数で、聖書で神が休息をとったのが7日目で、とかくラッキーナンバーとされています。また、ある新宗教の教義で、5は神を意味する数字だと聞いたことがあります。どちらも神様と関係ありそうだ・・・神は全能にして完全であるからたかだか1個の小宇宙なんぞに左右されたりはせぬぞ！とおっしゃっているのかも知れません。

また、9以外は選にもれましたが、8、9、12の数字が占いに用いられることが多いのも面白い。8は、易の八卦その他で使われる数字だし、9は九星占術や、9つの性格論で用いられるエニアグラムを連想します。12は時間の単位であるとともに、ご存知、西洋占星術の12星座になっています。十二干支もそうだ。

・・・さて、こんな数字遊びをやった本当の理由を説明いたしましょう。

太陽系の特異的空間領域（AS　atomic spin）は、その上位構造である「星団系AS」の中で運動しているという、下に模式図を描いたＳＳＴモデルがございます。

星団系ＡＳの中で、太陽系は一周に２５７７６年かけて公転しています。星団系の自転は太陽系の公転にあたるわけです。太陽系の自転が惑星系の公転にあたるのと同じことです。下の図のとおり太陽系の自転軸はつねに星団系自転軸上のある一点を指すように運動させられるので、公転運動はヒモで振りまわされているような感じになります。その結果、太陽系の自転軸には首振り運動（歳差運動）が生じます。これが、２５７７６年の歳差周期が生じる原因です。当然、太陽系に属する地球の自転軸の歳差周期も同じ２５７７６年となるわけです。

しかし、星団系は太陽系をただ振り回すのではなく、２５７７６を割り切れる年数を周期とする共振振動も太陽系に与えるので、いわば太陽系という幼な子をゆりかごに乗せて、あやすように揺らしながら育成しているのでございます。

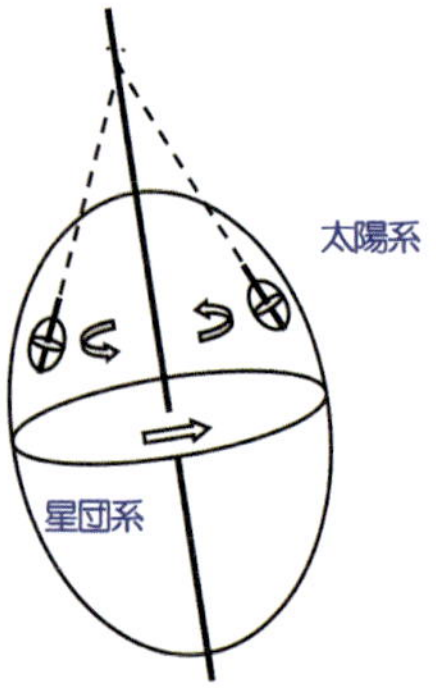

２．雌雄両性に分かれて伝播する重力波「ＭＢ振動波」

前段において、宇宙空間に共存しうるＭＢ振動の周期は、
３⇕９⇕１８⇕３６⇕７２⇕１４４（・・・）
１６１１⇕３２２２⇕６４４４⇕１２８８８⇕２５７７６
という年数のものに限られることを述べました。（・・・）で分かれる短周期と長周期のグループ間は、オクターブ共鳴の原則からはずれているので、双方のグループ間には部分的な相互作用しかなくて、双方は大むね独立したグループだと言えます。
ただし前段で示したとおり、長周期グループでは、長周期（大波長）の振動ほど短周期グループの振動と

共鳴するものが多い。つまり、短周期グループへの影響力が大であると言えます。逆に、短周期グループでは短周期（短波長）の振動ほど長周期グループの宇宙大の振動と強く共鳴するようになると言えます。
・・・このことは何気ない事柄のようですが、案外重要な意味があります。私たちセミマクロサイズ次元の存在は、短周期グループのＭＢ振動をもつわけです。すると個人より家族、家族より部族、部族より民族、民族より国家、国家より文明圏というように、人間集団のスケールが大となるほどＭＢ振動の周期は長くなる。ということは、宇宙大の法則から受ける影響は小さくなり、同時に自由度は高くなることを意味します。

キリスト教などの一神教文化圏の言葉では実に分かりやすい表現ができます。いわく、人間集団のスケールが大となるほど、神に反逆する非道徳的行為がふえる。

多神教文化圏に属するス兵衛は・・・近代国家というのは宇宙の掟に背く度合が激しい。構成員は、貴賤貧富老若男女を問わずみな人間疎外に陥らされてみな不幸である、という社会政治思想※をもっているようです。

※ネタ本（1）にあるが割愛。

さて脇道にそれましたが、ＭＢ振動は重力波となって宇宙空間を伝播し他のＭＢ振動と共振（共鳴）しつつ共存できるわけです。

この重力波は以後「ＭＢ振動波」と呼びますが、ＭＢ振動波は雌雄両性具備の波動であり、他のＭＢ振動体（ＡＳ）に届くと互いに反対方向に進行する雌性と雄性のＭＢ振動波を生じさせることが分かってまいりました。例えば地球の場合、次ページの図のように、雌雄２つの複合波が存在するようになる。雌は東から西に、雄は西から東に移動するのだ。これが地球のＭＢ振動体（ＡＳ）の内容であり、これがまた雌雄両性具備のＭＢ振動波を、光速度で宇宙に発しているわけです。

なぜこうなるかの理由やメカニズムは分からないが、目的論的な説明ならできます。雌雄両性具備の波動のほうが、波動の自己完結性が完全であり、きわめて安定した強靭な波動となる。どんなに微弱な波動でも宇宙のはてまで伝播できるようになるのである。

またＭＢ振動波が他のＭＢ振動体に衝突したときの衝撃を分散するため、下の図のように雌雄は分裂してＭＢ振動体の表面を進行するようになるのでございます。

地球表面に生じる複合波は、雌雄ともに１２８８８年かけて地球を半周します。それはＭＢ振動波の最長周期１２８８８年と共振するためですが、赤道上で１日あたりわずか４２６㎝という、ゆっくりした進行速度※となります。

※複合波の速度は、赤道面の直径１２７５６・２７４㎞から計算される円周４００７５・０１６６９㎞を２５７７６年で一周する速度に等しいから、１・５５４７４１５㎞／年となり１日あたり４２６㎝ぐらいの速度となります。これは赤道上の最高速度だから、高い精度を問わないのであれば、求めたい地点の緯度だけで補正することができる。

私たちの時間感覚で見るなら、複合波は地球を取り巻いて一つの子午線上に静止しているようなものです。これは重力波なので、地球の表面には、スイカのような重力場密度の粗密の縦縞模様が描かれていることになる。

ゆっくりと移動する縦縞模様の存在が、ヒトの集団活動に大きな影響を与えているのである。図示すれば、次のページのような「文明ＭＢ振動」の複合波が得られる。

この図は、１６１１、３２２２、６４４４、１２８８８年という4つの長周期グループの時間的周期が、地球の表面に空間的に投影された図と言えますが、わけの分からないことが2つあります。第1は反対方向

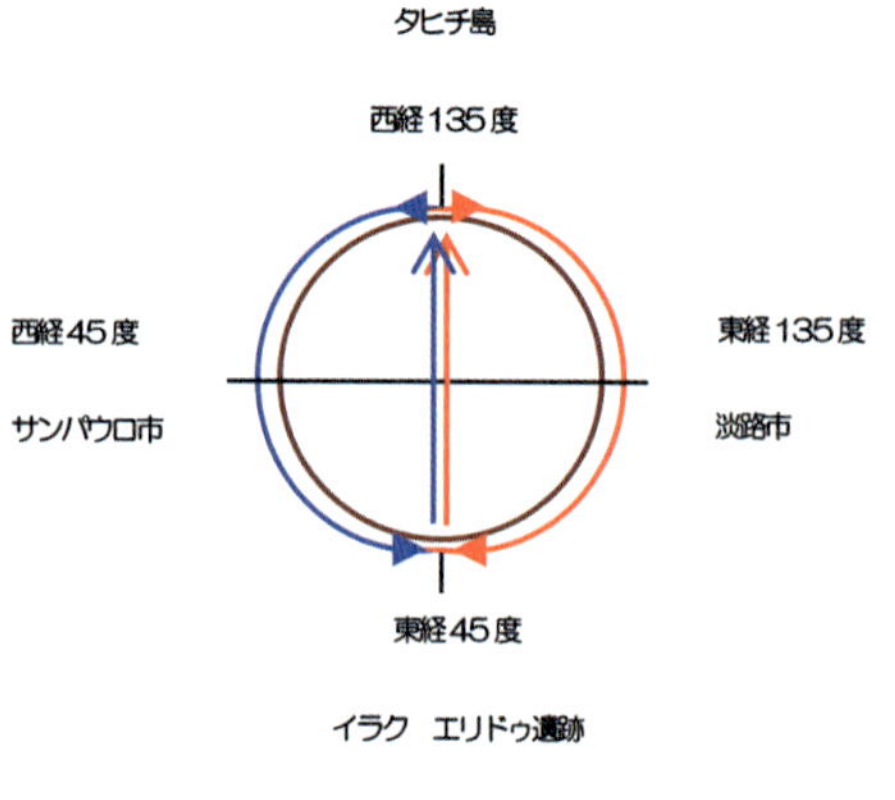

に進む雌雄２つの複合波が衝突する地点が、なぜ、東経４５度の現在のイラクのエリドゥ遺跡やバビロン遺跡のあたりであるかということです。

第２は、次の段で説明する「重力波ソリトン」の先頭位置が、１９９５年現在、雄性は西経11・25度のアイルランド西端あたりに、雌性ソリトンの先頭は日本の東経１３５度の淡路島のあたりに存在すると、さも訳ありげに断定してあることです。

この謎について、わたくしがス兵衛に尋ねましたところ、・・・千賀一生さんの本(10)に登場する「シュメールの最高神官」という人物が教えてくれた。アッ！と驚く宇宙論ＳＳＴモデルの最初のヒント「空間こそが存在する唯一の実体」（１・１章の１段）という基本思想を教えてくれたのもこの人物じゃよと、あっさり白状いたしました。

そんなものを根拠にするとはやっぱり全部ホラ話じゃないイカのウン玉ァ！と追及いたしましたら、・・・とにかく信じて、下の図を描いて検証してみたら、有力な文明史論が浮き彫りになった、ということでございました。

なぜスイカの縦縞のような重力場の粗密が、人間

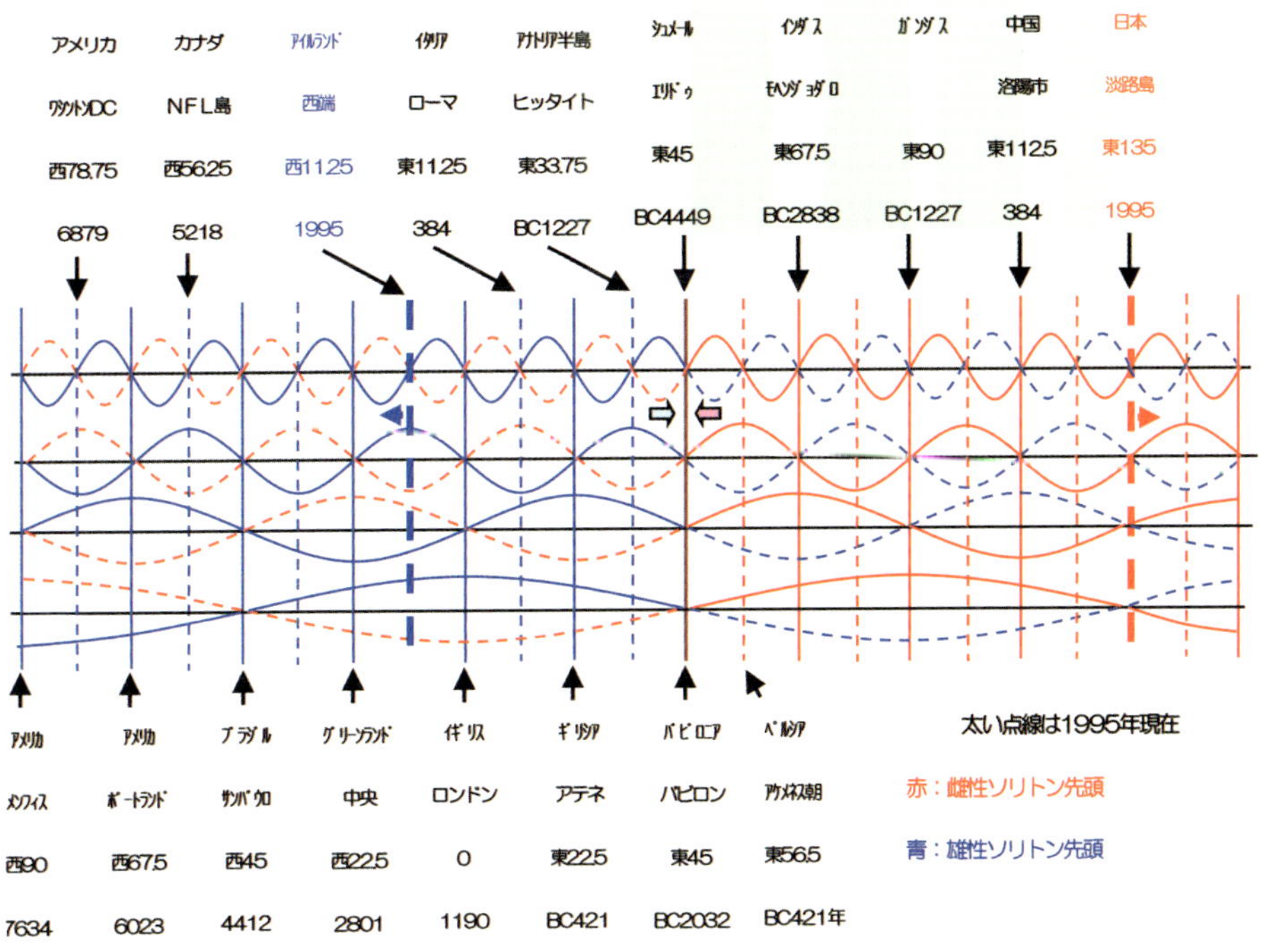

活動に影響を与え「文明育成波動」と呼んでもいいような働きをもつのか？　それはよく分かりません。しかし、3・1・5章の3段めで楢崎皐月の業績(8)を紹介したとき、何気なく「重力場の水平方向への密度勾配」という言葉を使いましたがこれがヒントを与えるかも知れません。

スイカの縦縞のような重力場の粗密は、まさしく重力場の水平方向への密度勾配を与えています。スイカの縦縞は楢崎皐月のいうイヤシロチを提供しているのだ。

1611年という長周期のMB振動ではピンと来ないかもしれないが、たとえばヒトのMBには、下の図のように身体23日、感情28日、知性33日というきわめて短周期の、バイオリズムと称されるMB振動が観測されている。これらは誕生日を起点とするサイン曲線で表わされ3つの周期が誕生日と同じ起点に戻るには58・2年（21252日）、つまり還暦と呼ばれる年齢とほぼ一致するところは興味深い。

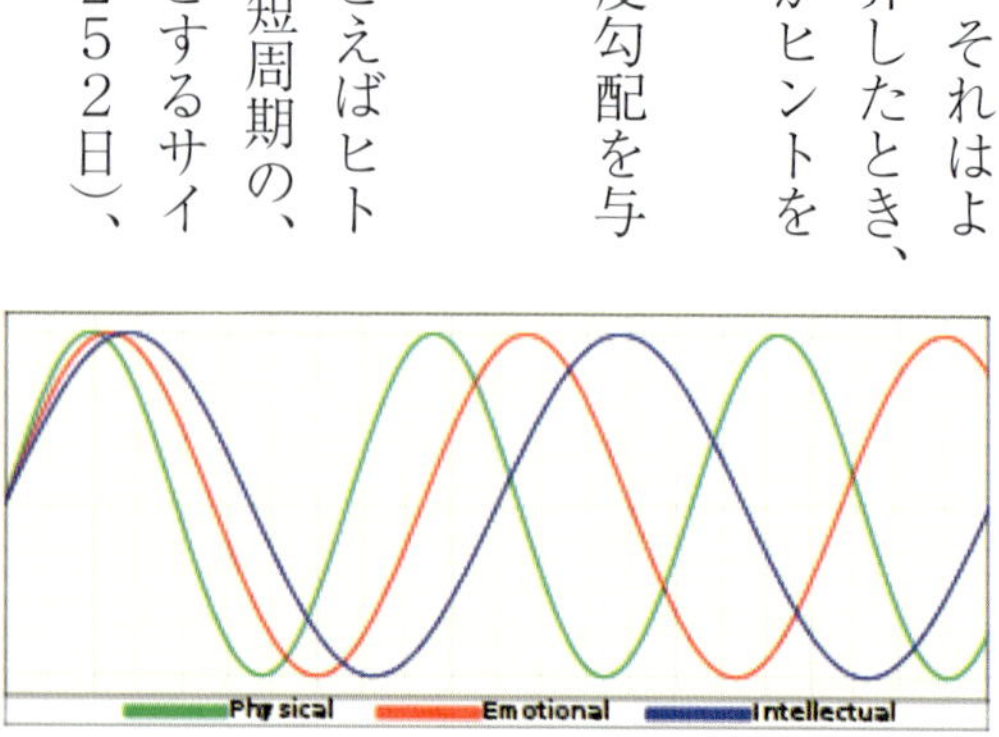

・・・MBはそれぞれのサイズ次元に応じて、それぞれの共振振動周期で水平に揺すられているのである！　それなくして、MBの「覚醒」も「休息」も正常になされず、文明の創造などという、大それた仕事をなすことはできないのかも知れませんな。

3．文明の中心を津波のように押し流す特殊な重力波「ソリトン」

文明の成果は東洋半球では東の方向に創造的に継承され、同様に、西洋半球では西の方向に創造的に継承されていく。あとで述べるように、文明の伝承方向はMB振動複合波の進行方向とは真逆に行われるという現象が認められる。

この現象を説明する物理モデルは、複合波と逆方向に進むソリトン※（孤立波）が、西洋半球と東洋半球それぞれに1個ずつあり、これらが複合波と反対方向に進みながら複合波を著しく活性化（振幅を巨大化）するというモデルでございます。

※アマゾン川ではポロロッカと呼ばれ、日本では潮津波と呼ばれる現象がある。一般名は海嘯（かいしょう）で、河口に入る潮波が垂直壁となって河を逆流する現象です（WIKIPEDIA）。これらは一過性の波で、前後には波がない孤立した波だという特徴がある。ソリトンは、このような孤立波のことです。たとえば、飛行機が超音速飛行を行うときに発生させる衝撃波はその典型例。

ＳＳＴモデルの重要概念、インフレーション衝撃波というのもソリトンです。拘束運動系空間を媒体とするのだからこれもソリトン重力波なのである。

このようなソリトンが発生する原因は、下の図で想像していただきたい。この図は64ページのスケールをさらに上げて、銀河系のＡＳに拡大したものです。銀河系というのは、無数の星団系をヒモでつるして振り回していると考えてみよう。

補遺Ｃ・１の表で示す太陽系惑星の公転速度は大きなもので私たちが地球上で振りまわされる速度（地球の自転速度）よりはるかに大きい。64ページの図では、その太陽系が星団系に振りまわされ、右の図では、その星団系が銀河系に振りまわされる。

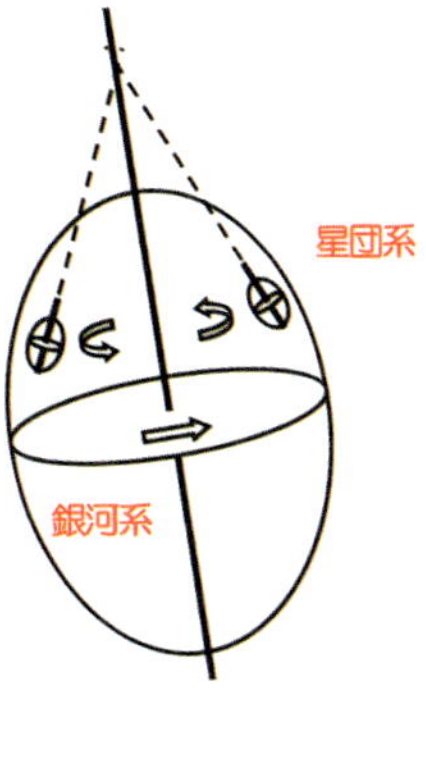

となれば、宇宙空間（拘束運動系空間）は一つなのだから、私たちの地球が宇宙空間に対して運動している速度は、いったい全体、どんな速度なのか見当がつきません。

私たちは宇宙船地球号のＡＳ内空間にあって何も感じませんが、宇宙船地球号は、拘束運動系空間内を、想像を絶する速度で航行中なのです。当然、宇宙船の先端部分には、拘束系粒子が極度に圧縮されて凄まじい衝撃波が発生するはずです。

　宇宙船地球号は、この衝撃波で破壊されるのを免れるために、船の先端を一箇所に固定せず分散させるために、自転したり公転したりしていると考えることができます。

　この衝撃波は、ＭＢ振動波と同じ重力波だから地上を進む「文明ＭＢ振動波」に影響しないわけがない。

しかし幸い、左上の図のとおり地上では同じ速度で、ただし文明ＭＢ振動波とは逆行する衝撃波（ソリトン）となって進むことになるわけです。

3・2・3章　ソリトン直列に伴う長期的気候変動と文明変動との関係

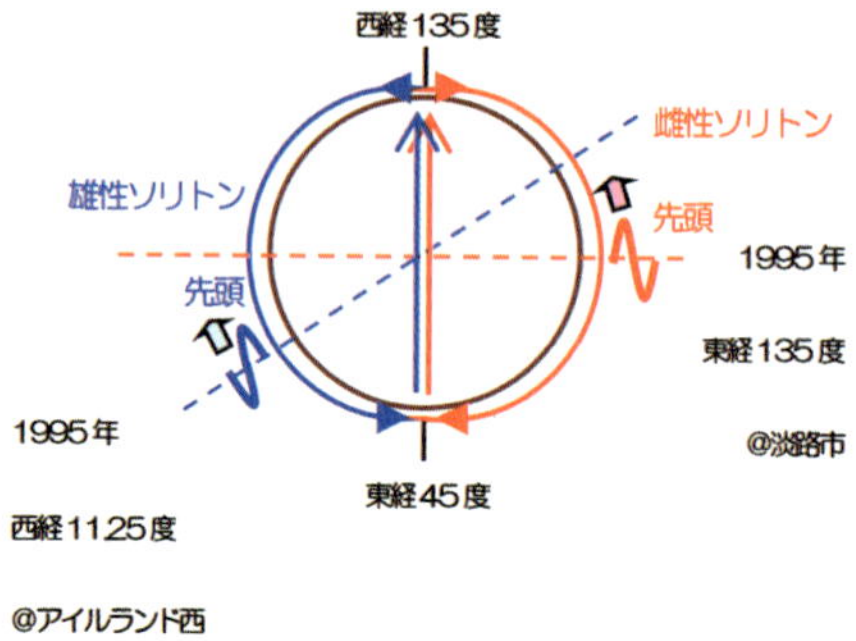

　上の図を眺めてみよう。１９９５年現在、東洋半球の雌性ソリトンの先頭は、東経１３５度に到達し、西洋半球の雄性ソリトンの先頭は、西経11・25度に到達した。
　図でみれば、雌雄２つのソリトンが地球のちょうど反対側にくるタイミングが１２８８８年に2回あるのが理解される。これを「ソリトン直列」と称することにしましょう。
　上の図から、雌雄のソリトンが、あと１６・８７５度ずつ移動しソリトン直列が起こるまでの時間を計算すれば１度の移動

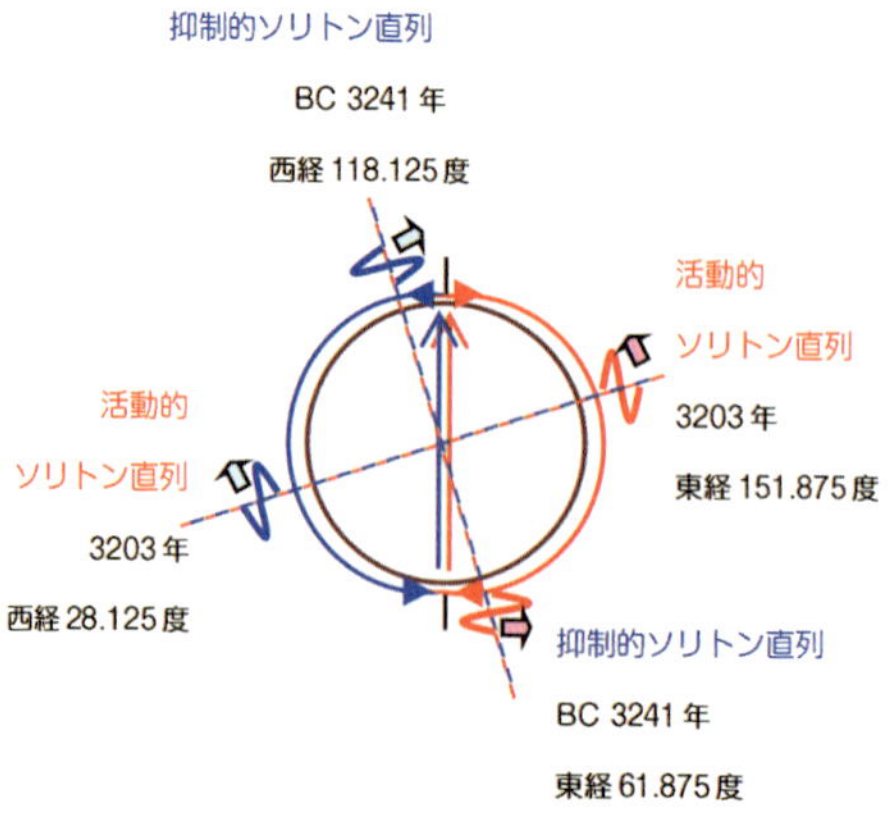

は71・6年（1611／22・5）なので1208年後の3203年のことになります。

右下の図のとおり、もう1つのソリトン直列は、過去に遡ってBC3241年に起こっていたと計算されます。

ソリトン直列が何を意味するのかは、雌雄に分割されたソリトンが、地球が宇宙空間を凄まじい速度で運動して生じる衝撃波のエネルギーを緩和する働きを担っているとすれば理解できます。ソリトン直列とは、この緩和効果が、極小または極大に達した状態のことである。右の図では、緩和効果極小の「活動的ソリトン直列」と極大の「抑制的ソリトン直列」があることを示してあります。

なぜ3203年は活動的で、BC3241年は抑制的なのかは、文明史や長期的気候変動の歴史から推定できるのである。以下、それを検証してまいりましょう。

1．抑制的ソリトン直列の200年後に興った古代エジプト文明

次のページの図では、12888年周期の文明MB振動曲線を示し、文明史や気候変動史上のイベント名と年代を（ス兵衛の推測を含めて）コメントしてあります。

BC3241年の抑制的ソリトン直列から200年経ったBC3040年頃は、古代エジプト文明※の興った時期と一致し、衝撃波エネルギーの緩和作用が最大効果を発揮して地球は微動だにしなかった。マントル対流に乱流はほとんど発生せず、きれいな層流を描いていた事が想像されます。火山噴火や地震津波はほとんど発生せず、地球大気の流動も流体力学の法則どおりで、気象変化が規則的に訪れた時期ではないかと思われます。

なぜ「ソリトン直列の200年後」と言うかといえば、ある種の慣性法則が考えられる。ソリトンの直列が急ブレーキをかけたり急加速をかけたりしても、地球の反応が完了するまで200年間を要すると考えれ

ばよいでしょう。
※（WIKIPEDIA）古代エジプトは、ＢＣ３０００年頃に始まった第１王朝からＢＣ３３２年にアレクサンドロスによって滅ぼされるまでの時代を指す。古い時代から砂漠が広がっていたため、ナイル川流域分の面積だけが居住に適しており、主な活動はその中で行われた。
　ナイル川は毎年氾濫を起こし、肥えた土を下流に広げたことがエジプトの繁栄のもとだといわれる。ナイル川の氾濫を正確に予測する必要から天文観測が行われ、太陽暦が作られた。太陽とシリウス星が同時に昇る頃、ナイル川は氾濫したという。エジプト文明と並ぶ、最初期の農耕文明の一つであるメソポタミア文明が、民族移動の交差点にあたり、終始異民族の侵入を受けて支配民族が代わったのと比べると、地理的に孤立した位置にあったエジプトは比較的安定していた。部族社会が城壁を廻らせて成立する都市国家の痕跡は今のところ発見されていない。

　エジプト第１王朝のころは、ナイル川の氾濫を「暦で予定する」なんてことができた訳で、今の時代では全く考えられないような規則正しい気象変化だったということです。

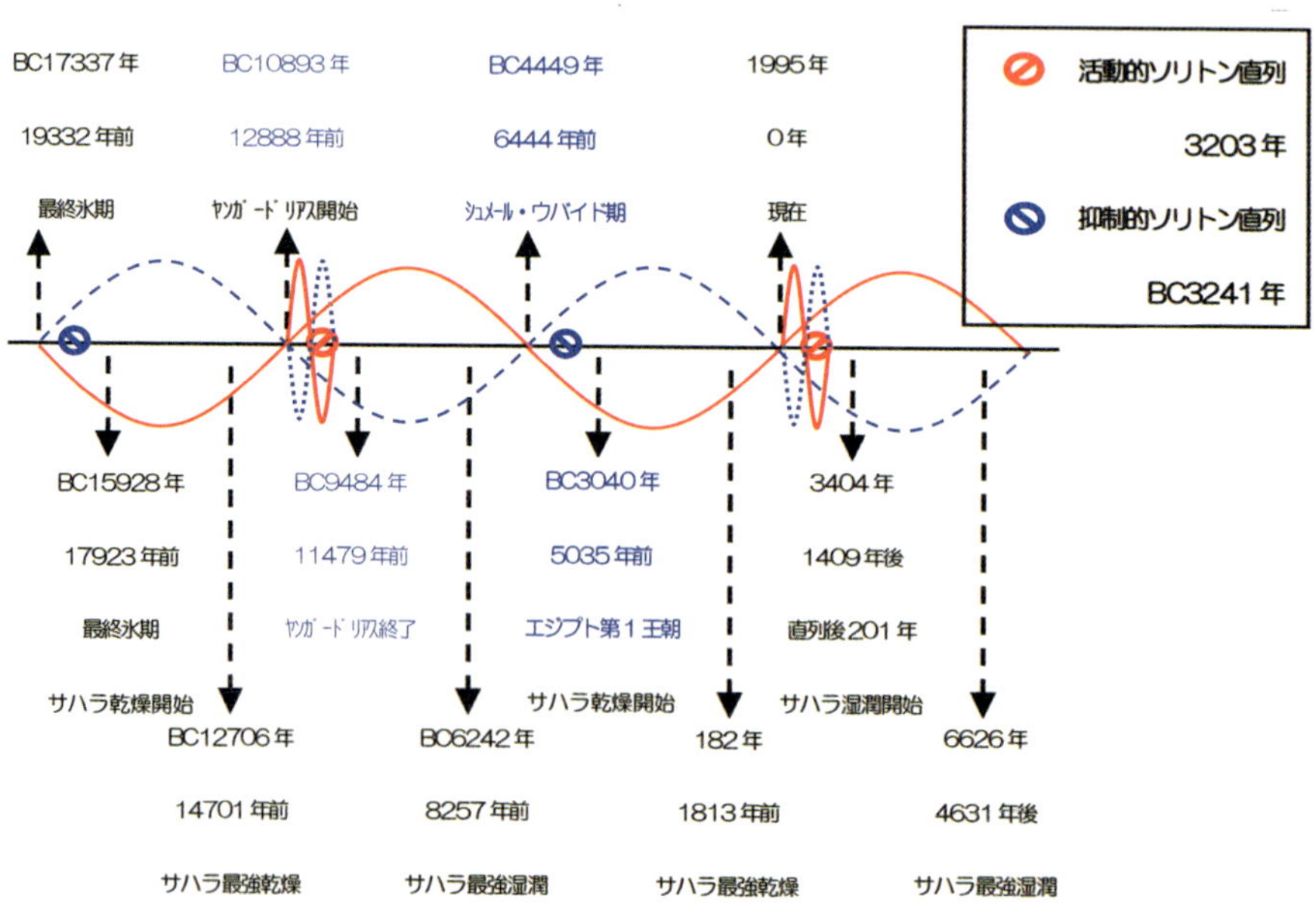

しかし「BC3000年頃に始まった第1王朝」「古い時代から砂漠が広がっていた」という記述については以下のように考えることができます。・・・文明MB振動曲線が語るところでは、雄性半球にあるエジプトの地で、文明がほとんどゼロから王朝を興さなければならないほどの段階に達するためには、王朝以前に少なくとも806（1611／2）年間はその地が豊かな自然に恵まれることと、東方の11・25度ほど離れた場所に大きな文明の中心が存在することが条件となります。つまりBC3800年頃にはエジプト文明の黎明期が開始されなければならない。

奇しくもBC3800年頃というのはシュメール最初の都市文明であるウバイド期が急速に終焉した時代だという記述も見つけました。

したがって、SSTモデルの啓示を与えたシュメールの最高神官が統治したと思われるウバイド文明からの避難民がBC3800年頃にエジプトの地に逃れ、シュメール文明を種まきして800年ほど育て、エジプト第1王朝を誕生させたものだと推測することができます。

前ページのデータでは、「古い時代から砂漠が広がっていた」とされるが、少なくとも、古代エジプト文明を育てる黎明期800年間ほどの間は、砂漠が広がっていたのではないだろう。むしろ湿潤な気候で、ナイル川周辺は豊富な森林地帯であったと考えられる。

それを裏付けるデータもある。・・・サハラ砂漠の成因はハドレー循環による北緯20度から30度にかけての亜熱帯高圧帯の直下に位置し、一年中アゾレス高気圧に覆われることによって降雨が起こらないことである。インドや中国南部のように、この緯度にあっても地形の関係で大量の降雨がある地域もあるが、サハラ砂漠はアジアのヒマラヤ山脈のような広域気象に影響を与えるような大山脈が存在せず、北のアトラス山脈を除いてはほぼ平坦な地形であることから緯度がそのまま乾燥度に関係し、広大な砂漠を形成している。しかし、亜熱帯高圧帯は地球全体の気象の変化によって数千年単位で北上・南下を繰り返すため、過去にはサハラは何度も湿潤地帯となったことがあった。サハラ一帯は、完新世（1万年前から現在）以降は湿潤と乾燥を繰り返して来た。20000年前から12000年前はサハラ砂漠が最も拡大した時期で、現在のサヘル地帯のほとんどがサハラ砂漠に飲み込まれていた。その後最終氷期の終焉とともにサハラは湿潤化を開始し、およそ８０００年前にもっとも湿潤な時期を迎えた。この時期の砂漠はアトラス山脈直下の一部にまで縮小し、サハラのほとんどはサバンナやステップとなり、森林も誕生した。７５００年前に一時乾燥化したがすぐに回復し、５０００年前までの期間は湿潤な気候が続いた。その後徐々に乾燥化が始まり、以来現在に至るまで乾燥した気候が続いている。５０００年前と比べると砂漠の南限は１０００㎞も南下している。乾燥化は歴史時代を通じて　進行しており、砂漠の南下も進行中である。

・・・これによると、サハラ砂漠の乾燥湿潤周期は、（乾）ＢＣ１８００５～１０００５、（湿）ＢＣ１０００５～６００５max～５５０５小乾～３００５、（乾）ＢＣ３００５～現在に至るとなる。

つまり、エジプト第1王朝が始まったＢＣ３０００年以前のサハラは約７０００年もの間、湿潤気候だったことになる。したがって、ＢＣ３８００～３０００年の黎明期は湿潤な気候だったのだ。まして、サハラ東端のナイル川流域は両岸に豊富な森林や草原が広がっていたと想像される。

アゾレス高気圧のような緯度にして10度もの広大な亜熱帯高圧帯による影響は、サハラ地域のような平坦で広大な陸地に対してはそのまま表われる。そしてハドレー循環のような広大な領域における大気の運動は、ソリトン直列を境界として運動の様相が変化すると考えられる。

活動的ソリトン直列を境に、ハドレー循環の速度は増大して大気循環に乱流が発生し、寒暖大気の混合が促進されて大気中水分の凝縮が起こり雨が降りやすくなる。逆に抑制的ソリトン直列を境にハドレー循環の速度は低下して大気循環は層流となり寒暖大気の混合はほとんどなくなり雨が降らなくなる。

左下の図（再掲）のサハラに関するコメントは、以上のような考察に基づくものであった。

2. とても気になるヤンガードリアス亜氷期

以下、さらにモデル検証を試みます。・・・最終氷期とは、およそ7万年前に始まって1万年前に終了した一番新しい氷期のことで、この時期は氷期の中でも地質学的、地理学的、気候学的にも最も詳しく研究されており、気温や、大気・海洋の状態、海水準低下により変化した海岸線など緻密な復元が進んでいる。

最終氷期の最盛期には、数十万立方kmといわれる大量の氷がヨーロッパや北米に氷河・氷床として積み重なった。海水を構成していた水分が蒸発して降雪し陸上の氷となったため地球上の海水量が減少、世界中で海面が約１２０ｍも低下した。その影響で海岸線は現在よりも沖に移動していた。この海水準がもっとも低下した時代、東南アジアでは現在の浅い海が陸地になっており「スンダランド」を形成していた。アジアとアラスカの間にはベーリング陸橋が形成され、ここを通って北アメリカに人類が移住したと信じられている。最終氷期というと長い間続いたと一般には思われているが、実際は短い周期（氷床コアの研究において発見され、ダンスガード・オシュガーサイクルと呼ばれる）で気候が激しく変動していたことがわかってきた。最寒冷期の状態が続いたのは、実際は非常に短い間、おそらく

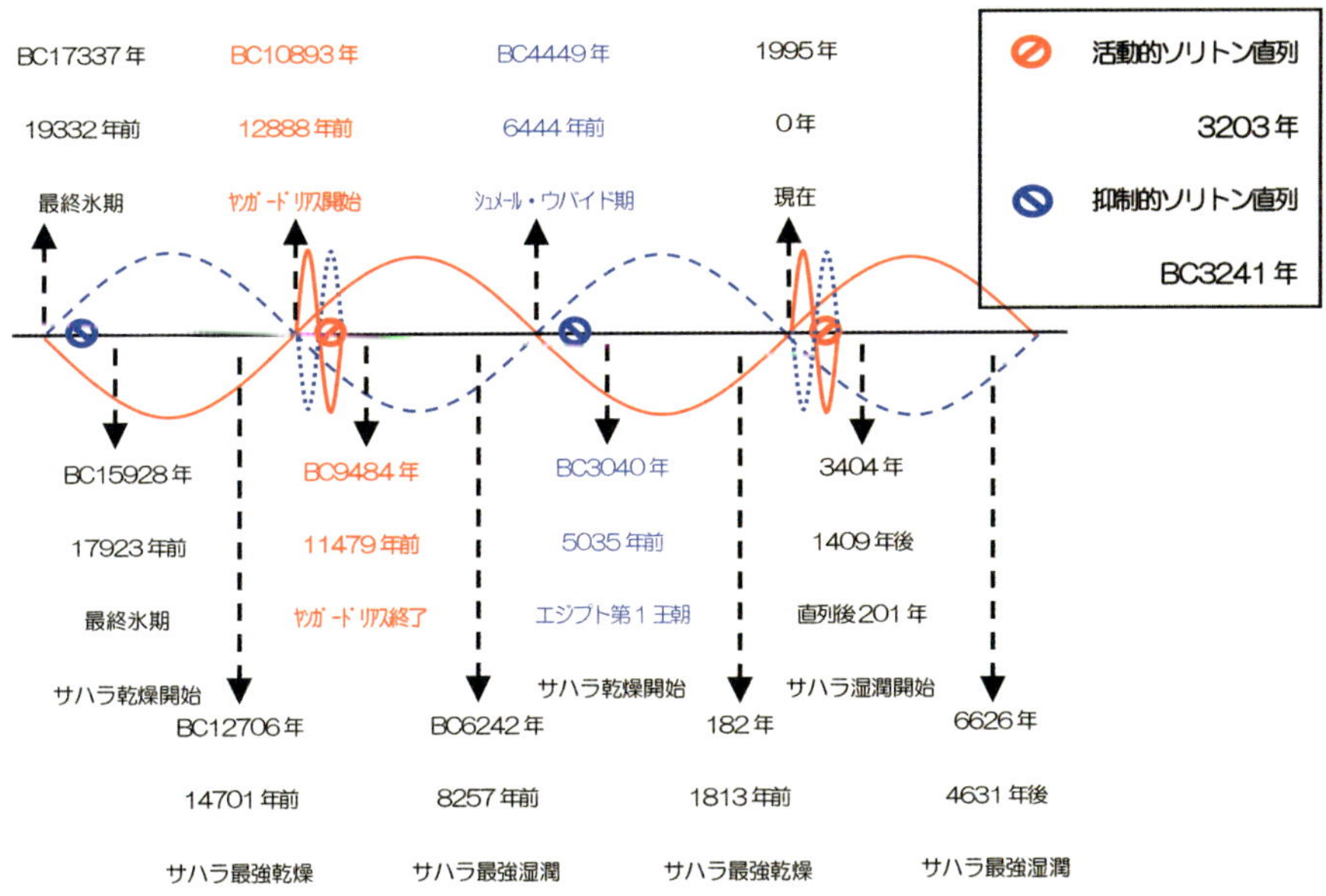

思われる。

2000年ほどであったと専門家の間では考えられている。最寒冷期の直前は多くの地域では砂漠も存在せず、現在よりも湿潤であったようである。特に南オーストラリアでは、4万年前から6万年前の間の湿潤な時期にアボリジニが移住したと思われる。

・・・最寒冷期が続いたのは2000年ほど、最寒冷期の直前は、多くの地域では砂漠も存在せず現在より湿潤であった、という専門家の見解から、前のページの図で「最終氷期」とした12888年前以前においても、右側に示した間氷期における乾燥期（寒冷期）と湿潤期（温暖期）の交代サイクルは存在し、しかももっと周期の短い、おそらく1611年間の寒冷期と温暖期で成る交代サイクルがあり、その1つがヤンガードリアス期と呼ばれる亜氷期であると推測できます。

この図で、とても気になるのがヤンガードリアス期（およそ13000年前）である。図の12888年前と時期的に一致しているだけでなく、その12888年後の現在とは文明周期的に位相が同じであり、現象的にも酷似しているからである。

・・・最終氷期が終わった現在の完新世のことを後氷期と呼ぶこともある。最終氷期が終わって後氷期に移行する時に大きな「寒の戻り」がおこり一時的に氷期のような寒冷な気候になった。この時期はヤンガードリアス期（およそ1万3000年前）と呼ばれ、約10年のあいだに気温が約7・7℃以上下降したということがわかっている。これは氷期から間氷期に移行する時の急激な温暖化によって、北半球の氷床が溶解し、大量の淡水が大西洋に流入して海洋・気候のシステムに大きな影響を与えたためと言われていたが、「米科学アカデミー紀要（電子版）にメキシコや米国などの研究チームが発表する論文によると、チームはメキシコ中部のクイツェオ湖にある1万2900年前の地層を分析。通常は見られない、急激な加熱と冷却によりできたダイヤモンドの微粒子などが含まれていたことから、山火事や火山噴火ではなく彗星などの空中爆発や地上への衝突が起きたと結論づけた。」と朝日新聞は報じている。・・・南極で見られる寒冷化はヤンガードリアスの少し前に始まってほぼ同時期に終わっており、規模がグリーンランドよりも明らかに小さい。これが世界的な出来事だったとしても、この時期に南半球には氷河の前進の証拠が無いことが問題視されている。

この原因は、北大西洋の熱塩循環の著しい減退もしくは停止に求める説が有力である。最終氷期の　終了に伴う温暖化によって、それまで北大西洋中緯度までしか北上できなかった暖流のメキシコ湾流が高い緯度まで達するようになり、そこで大気中に熱を放出して沈降する。その放出された熱によりヨーロッパは高緯度まで温暖化が進み、大陸氷床は急速に縮小しつつあった。北アメリカでも氷床は後退しつつあったが、融解した氷床は現在の五大湖よりさらに巨大なアガシー湖を造って、そこからあふれた大量の淡水はミシシッピ川を通ってメキシコ湾に注いでいた。しかし、氷床が北に後退すると共にセントローレンス川の流路が氷の下から現われ、アガシー湖の水は今度はセントローレンス川を通って北大西洋に流出するようになった。この膨大な量の淡水は、比重が海水より小さいこともあって北大西洋の表層に広がり、メキシコ湾流の北上と熱の放出を妨げた結果、ヨーロッパは再び寒冷化し、世界的に影響が及んだとされる。ただし現在のところ、この理論ではなぜ南半球の寒冷化が先に起こったのかが説明できていない。もっとも有力な一つの説では、北米大陸への彗星の衝突により巻き上げられた塵による寒冷化があげられ、米国のオクラホマ州、ミシガン州、サウスカロライナ州、カナダ・アルバータ州などで、その証拠となる極小のダイヤモンドが約1万3000年前の地層から発見されている。

・・・なぜ南半球の寒冷化が先に起こったのかに関して、最も有力だとされる彗星衝突説は最も怪しいと思う。温暖化~寒冷化は南北半球とも同時に起こり同時に終了したのである。北半球では北大西洋という「狭い水路」を暖流が北上し、米大陸と欧州大陸の北部を急速に暖めた結果、氷河の急速な崩壊をもたらし、冷たい表層淡水海流が、これまた狭い水路を速い速度で流れ下ることとなり、急速な気温下降となったと考えられる。

南極大陸やアフリカや南米大陸南部の氷河からの淡水は、広大な南極海域と、大西洋・太平洋南部に均等に流れ込むため、北半球のような急激な気象変化が起こらなかっただけの話だと考えられるのである。

しかし不気味なことに、米国のオクラホマ州、ミシガン州、サウスカロライナ州、カナダのアルバータ州などの広大な地域の１３０００年前の地層に「通常は見られない、急激な加熱と冷却によりできたダイヤモンドの微粒子」が見出されたとのこと。これが、研究者の結論どおり彗星などの空中爆発や地上への衝突が引起こしたのであっても怖ろしいことだが、これなら定期的に起こるとは限らないのでひとまず安心だ。

しかし不気味だと言ったのは「急激な加熱と冷却」という部分である。オープンスペースで実現できるのは彗星の衝突もあるだろうが、もし人為的になされたとすれば、核爆発以外には考えられないのである。

聖書やヴェーダなどにあると解釈される「古代核戦争」の証拠だ。同じようなものが、１２８８８年前の地層に埋もれていたとなれば、超古代核戦争の証拠である。

このとき人類は一度滅びたのですぞと、ス兵衛の奴は申しておりました。イカのウン玉君が黙ってたのは意外でしたが、じつは、ウン玉君は人類滅亡の話が大好きなんでございます。

「急激な温暖化によって、北半球の氷床が融解し、大量の淡水が大西洋に流入して海洋・気候のシステムに大きな影響を与える」というのは、まさしく現在も起こっている。年々荒々しく不規則になっている現在の天候不順は、地球が１２８８８年前と同じく、10年ぐらいの短期間で１３００年前後も続く亜氷期に突入する予兆であるかも知れないのです。

現在は後氷期の只中だから、これほど激烈な現象にはならないと思われるが「似たような経過をたどる似たような現象」となることは、十分に予想されます。

３・２・４章　西洋文明史による検証

以下の検証作業で用いられる図では、１６１１年間を文明の寿命とし、１６１１年周期のグラフだけを示します。雄性ソリトンが通過中の１６１１年間は太い線で表わしてあります。これはその文明がもっとも輝かしく、世界文明のスタンダードとされた時期を意味します。通常、その地名を冠した文明がもっとも栄えた時期にあたる。８０６年間の前半と後半には、それぞれ「(男性的) 形成期」および「(女性的) 成長期」とコメントしてあります。

ソリトンが到達する前の半周期８０６年間は「(女性的) 黎明期」。これは、その文明を担うことになる人々が、前文明の支配下にあって前文明を学びながら独自のオリジナルな文明を創造していった、もっとも創造性に満ちた瑞々しい時期といえる。

1．バビロニア文明の西方伝達によるギリシア文明の成立

現在につながる、西洋半球の雄性ソリトンが東経45度線から湧き出して西に向かったのは、史実から逆算すればＢＣ２０３２年のことと推定される。シュメール人によって建設された最後の王朝、ウル第三王朝（ＢＣ２１１３～２００６年）が崩壊する直前の時期です。

次のページに示すＢＣ２０３２～４２１年の１６１１年間のバビロニア文明は、シュメール文明の支配下にあって文明創造が行われた８０６年間の黎明期が先行し、次の８０６年間の男性的形成期を経て、次いで８０６年間の女性的成長期の全盛期を迎えＢＣ４２１年に、ペルシア文明にとって替わられます。

・・・この地でシュメール文明を継承し発展させたのは、最終的に、ＢＣ１７５７年頃ハンムラビ王が建てたバビロン第１王朝のバビロニア人であった。(男性的形成期８０６年の間に) バビロニア人は先代継承者のアムル人やフルリ人とともに、古代エジプト（エジプト旧文明と呼ぶ）やアナトリア半島のヒッタイトとも戦って、一時的に侵略を許した時期もあった。・・・ニヌルタ・トゥクルティ・アッシュール（在位：紀元前１１３３年）は中アッシリア王国時代のアッシリアの王。父王の死後、バビロニアの支持を受けて王位を得たが、兄弟のムタッキル・ヌスクによって殺害された。この争いの結果、アッシリアはバビロニアの影響下に置かれた。

ＢＣ２０３２～１２２７年の８０６年間の最後の年であるＢＣ１２２７年は、東経45度線を通過するソリトンつき複合波の男性的形成期が終了する年です。この頃は、バビロニア帝国がアッシリア王国まで版図に加えて最大版図に達し、バビロニア文明が女性的成長期に入っていった時代だと言えます。

下段の図のタイトルは「エジプト新文明」としたが、エジプトの地は、バビロニアから経度にして11・25度西方にあるため、ＢＣ２０３２～１２２７年の８０６年間は黎明期にある。

バビロニアと比べると位相が半周期ズレていることが分かる。つまりバビロニアとの干渉作用が最大で、ＭＢ振動があまり増幅されないように見えるのである。

エジプト新文明の黎明期において注目されるのは、同じ経度にあるアナトリア半島のヒッタイトである。ヒッタイトは交易や侵略戦争で持ち帰ったバビロニア文明を模倣して、ヒッタイト文明を「開発」するとともに、バビロニア文明をさらに西方に伝達するのには大いに貢献したと考えられます。

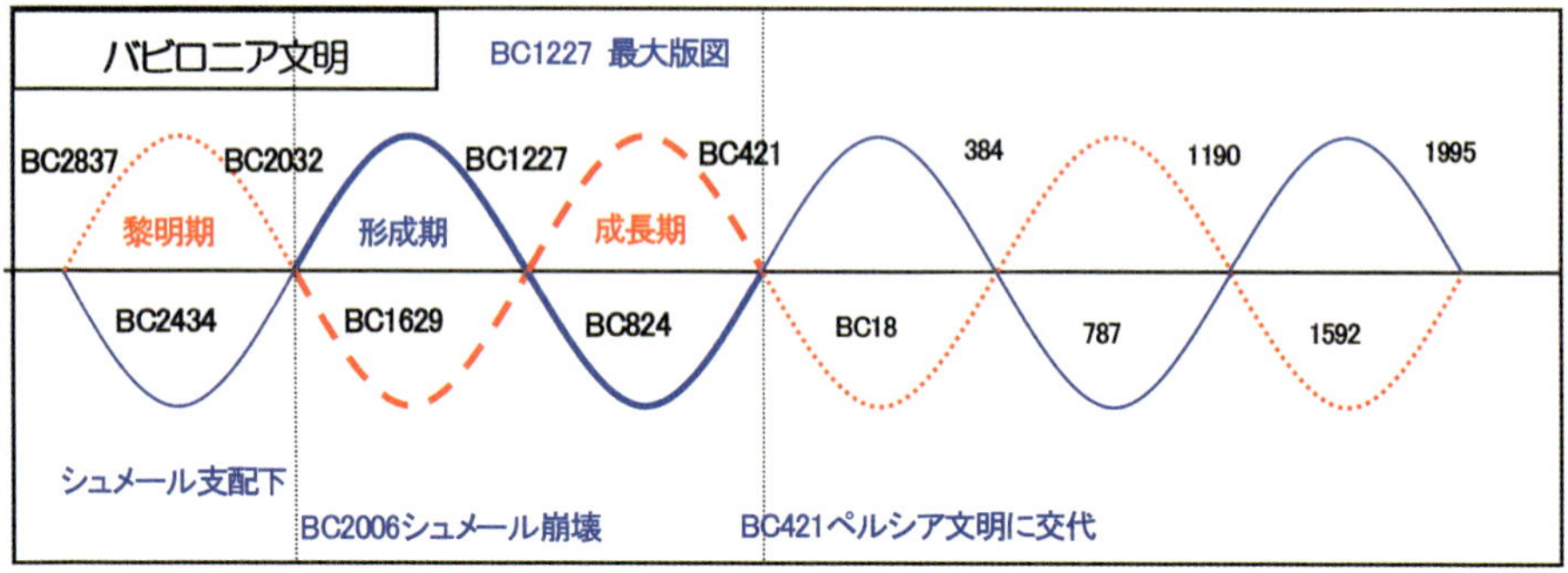

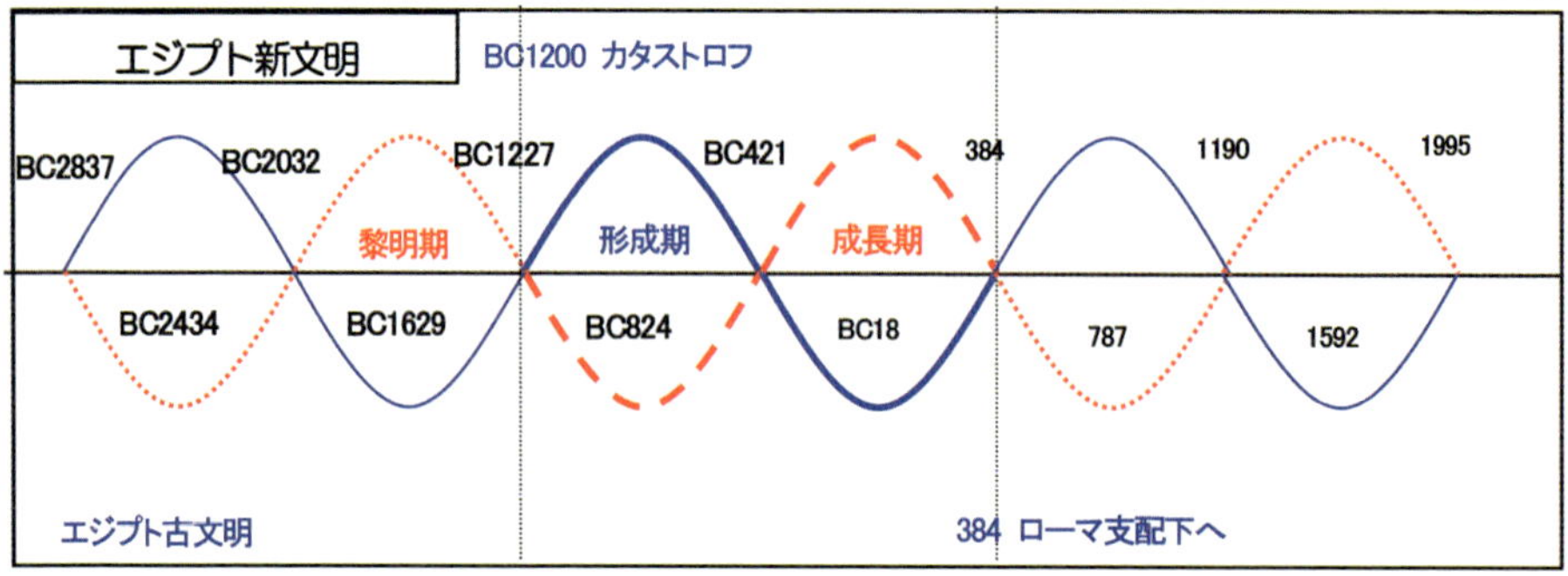

同時期の806年間は、ソリトン付きではないが、バビロニアと同じ形成期にあったエーゲ海洋民族とギリシア人は、エジプト新文明やヒッタイト文明を模倣し独自の文明を「開発」した。トロイア、ミケーネ、ミノアのエーゲ文明のことです。これらは、バビロニア文明のいわば二重模倣と言うことができるだろう。

エジプト新文明黎明期のおわりに、大事件が起こる。

・・・紀元前1200年頃、環東地中海を「前1200年のカタストロフ」が襲いかかった。このカタストロフによりヒッタイトは崩壊しエジプト新王国は衰退へと向かうことになるが、古代ギリシアにおいてもミケーネ文化が崩壊することとなった。エーゲ文明滅亡から古代ギリシア諸ポリス成立までの約400年間は記述による記録も残っていないため、この時期を暗黒時代と呼ぶ。このカタストロフの影響はギリシアと東方との関係を一時的ながらも遮断することとなった。しかし、この遮断は新たな社会構造を構築するチャンスをギリシアに与えることになった。そしてポリスが成立し、古代ギリシア文明が繁栄する事になる。

下の図のとおり、ギリシア文明のMB振動は、東方のヒッタイトとは干渉作用最大であるが、さらに東方のバビロニアとは共振作用最大であった。ヒッタイトは、バビロニアとギリシアからの干渉作用の板ばさみで前1200年のカタストロフで滅亡したように見える。

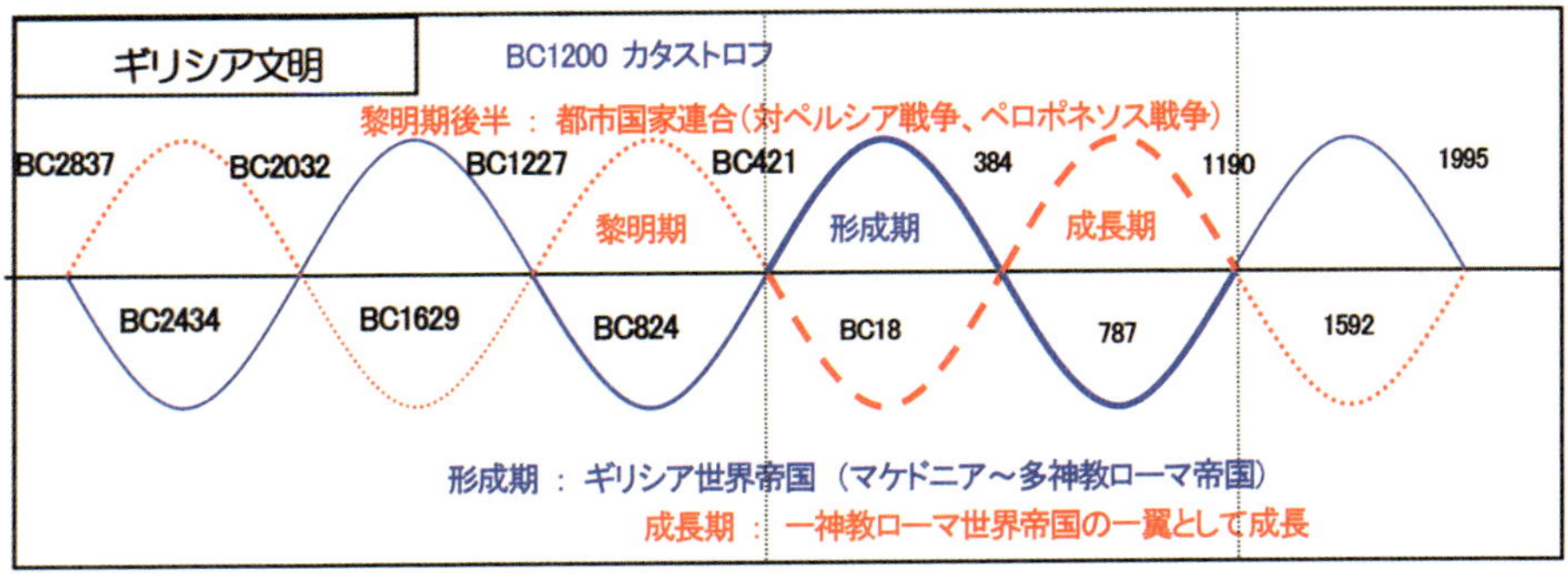

ギリシア文明の黎明期806年間は、前半の403年間はカタストロフによる暗黒時代、後半BC824～421年の403年間で都市国家連合でなるギリシア文明が開花した。

ギリシア文明の黎明期はバビロニア文明の成長期に当たり、バビロニア帝国はアッシリア王国まで影響下において最大版図に達したのち急速に崩壊し、この地は東方のペルシア帝国の支配下に入った。


前1200年のカタストロフと呼ばれる現象の原因※が何かは諸説があり特定できません。ス兵衛の考えでは、崩壊した文明はいずれもバビロニアの模倣であり、「大地に根付いた」オリジナリティーに欠けていた。そのような文明は脆く、何かのきっかけで簡単に崩壊するのである。

※最大受益者の古代ギリシア人の祖先が犯人かな？

ギリシア文明の黎明期は前半403年間の「暗黒時代」があり続くBC824～421年の403年間でアテネを中心とするギリシアの都市国家文明を「創造し開花」させた。

BC421年になって初めて、雄性ソリトンの先頭は東経22・5度のアテネに到着した。東経45度バビロニアの地を出発してからちょうど1611年後のことになります。


BC421年はバビロニア文明が1611年の寿命を全うし、11・25度東方に興ったペルシア文明一色に転換した区切りの年とできるだろう。BC550～330年のアケメネス朝は、前半の129年間（BC550～421）でバビロニア文明を完全に消化し、独自のペルシア文明を「創造し開花」させ、バビロニアの版図も完全に手中にした。

ギリシア世界は、ソリトンが到着するBC421年までの806年間は黎明期にあって、前半403年間の暗黒時代に独自のギリシア文明の受胎が行われ、後半403年間でギリシア都市国家文明が開花する幼年期になったと言えるだろう・・・ペロポネソス戦争や宿敵ペルシアとの戦争に明け暮れるなど、随分と元気な幼児のように思えるけれども。

ＢＣ４２１年以後は、古代ギリシア文明はマケドニア王国に簒奪され、アレクサンドロスの東方遠征がはじまり、さらにローマ帝国が台頭してきて、西洋古代史は活況を呈してまいります。ＢＣ４２１年以後は、ギリシア本国の勢いはソリトン通過中であったが衰退の一途であるような感じとなります。・・・ソリトン通過は甘くはない。激烈な時代をもたらす例である。

しかしその文明の創造性の高さから、マケドニア帝国の手で、その後はもっぱらローマ帝国の手で、ギリシア世界帝国として膨張拡大が行われた。

ギリシア本国の勢いは衰退の一途と述べましたが、古代ギリシア人にとって「本国」というような国家概念はなかったのである。ギリシア文明にとって、覇者がマケドニアであろうがローマであろうが、統治単位が都市国家でありさえすれば、それはギリシア文明だったのだ。

実際、アレクサンドロスによる版図拡大にしても、東西分裂以前のローマ帝国による版図拡大にしても、領域全体を一元的に統治しようとするものではなかった。あくまでも都市国家連合や部族国家連合体の領域をすばらしく拡大しただけの「ギリシア世界帝国」だったのである。

この本では詳しく述べませんが、中国の殷や周の時代あるいは日本でも同じく都市国家や部族国家の連合体であったのは同じです。ただ日本だけは、いつまで経っても一元的に統治される国家というのが成立したことはなく、１８８６年の明治維新まで、統治はもっぱら部族国家連合（大名領）単位で行われてきたと言える。

2．ローマ文明の大発明・・・一神教イデオロギーによる国家の一元的統治

アテネの西方11・25度にあるイタリア半島のローマは、ギリシアに対しては、バビロニアに対するヒッタイトと同じ位置関係にあります。

・・・テオドシウス一世が392年に古くからの神々を廃してキリスト教を国教とした。395年に東ローマ帝国と西ローマ帝国に分裂したとされる。

下の図のとおり、BC421年以降806年間のローマは、ソリトンなしの黎明期になります。男性的形成期にあったギリシア文明とマケドニアのギリシア世界帝国から多くを学び、模倣しつつその版図を拡大した時期だった。独自のローマ文明誕生まではなお806年間を要したのである。なぜかといえば、東西分裂以前のローマ帝国は、アレクサンドロスのマケドニア帝国と同じように、ギリシア文明を模倣して「軍事力だけによる版図拡大」を行ったのであり、独自のローマ文明によるものではなかったからである。

東西分裂以前のローマ帝国は、マケドニアと同様にギリシア世界帝国の一部であり、独自のローマ文明が「創造・開花」したのは384年の東西分裂の頃だとなります。

ローマ文明がギリシア文明のパラダイムを脱し、独自の文明として誕生したのは、多神教を廃し唯一神教であるキリスト教を採用した時であり、そのためにBC421～AD384の黎明期806年間を要した。帝国統治の手法として軍事力一辺倒の限界を認識し、唯一神教イデオロギーによる統治手法を発明

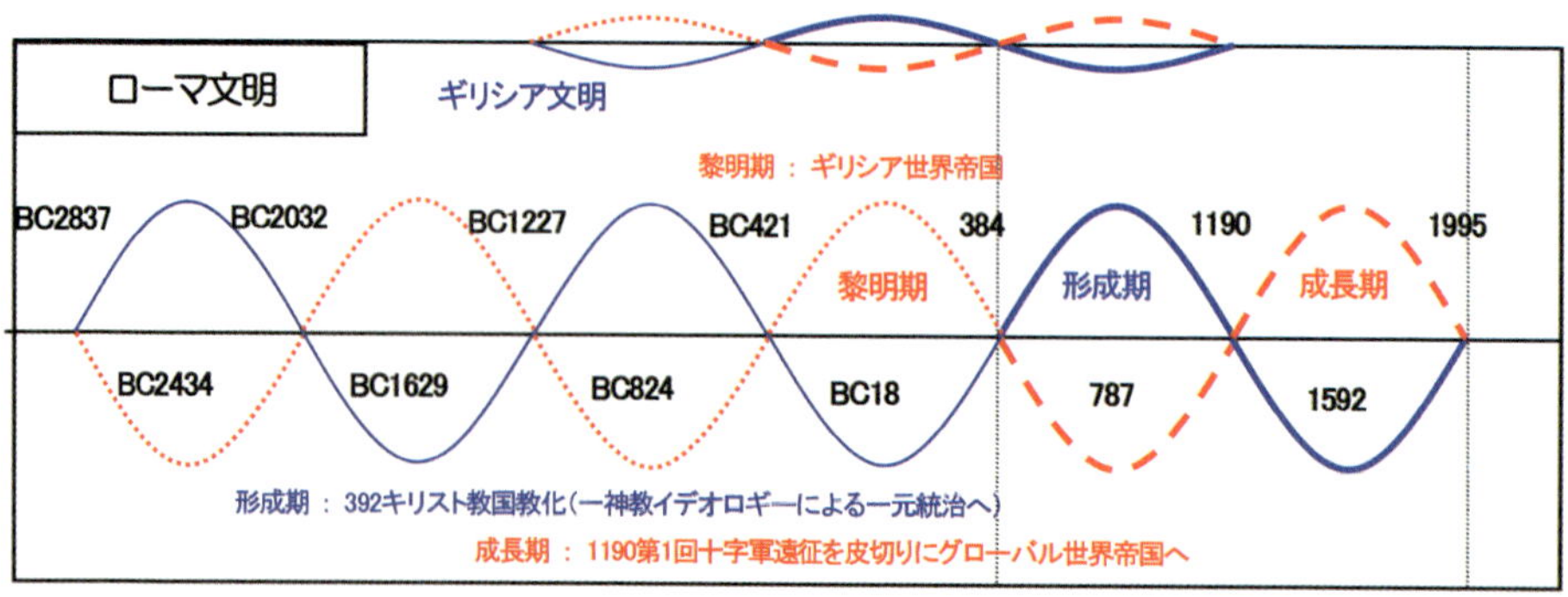

するのに806年間もの長い戦いの経験を必要としたのである。

この発明は、ローマ文明の偉大さの証しと言わなければならない。国家統治の手法として唯一神教にもとづくイデオロギーの力は、現在に至るまでその有効性を失っていないからだ。
・・・ローマ文明は現代まで継続する世界文明。**Pax Romana** は、現在グローバリゼーションと名を変えて、グローバルな世界帝国を支えているのである。
ローマ文明の偉大さには理由がある。384年以来、今日まで1611年間もの間、途切れることなく、ヨーロッパのみならずロシア、南北アメリカ大陸、オーストラリア大陸、アフリカ・アジア諸国など、世界の隅々まで国家統治のイデオロギーとしての影響を及ぼしてきたばかりでなく、大むね成功裏にその効力を発揮し続けてきたからである。


右の図（前ページ）のとおり、続く384~1190年の806年間は、ソリトン増幅を伴う形成期となり、創造的活力に満ちた古代ローマ文明はその遺児たる教会の力で踏襲拡大される。ローマ帝国は西のヨーロッパ、東ヨーロッパを中心とする地域で成熟していった。

次いで女性的成長期を迎え、東のロシアまで版図におさめるなどし、ついに南北米大陸、アフリカ大陸、さらにアジアまで際限もなく拡大をつづけ、**Pax Romana** は世界征服を果たして1995年の現代に至っているのである。


ローマ文明384~1190年の806年間の形成期において、西ローマ帝国が力を持っていたのは滅亡年とされる476年までの92年間だけであり、その後の714年間はローマカトリック教会が権力を振るった中世だったとされる。

しかしローマカトリック教会から見れば、ヨーロッパ領域の軍事力は、野蛮人の騎士団に委任した。だがこの領域を、軍事力に替わる唯一神イデオロギーをもって統治するのは、依然としてローマ帝国であるということになります。

ローマ帝国は、ソリトン増幅を伴う384～1190年の形成期を過ごし、次いで、現在に至る1190～1995年の成長期を終えて1611年間の寿命を全うしたと言える。

つまり、西ローマ帝国も東ローマ帝国もその滅亡年は1995年であるという新説が出現することになります。単なる帝国の興亡という目に見えるものだけで文明史を見るのではなく、国家統治体制を支え、文明を形づくるもの、ここでは「宗教的イデオロギー」の誕生から終焉までの過程を見ようとするのが、SSTモデルによる文明史観である。

3．バビロニア文明の終着駅、ロンドン文明

ケルト人が住んだブリタニアは、409年ローマ帝国が放棄して以来、ゲルマン民族大移動に伴ってゲルマン人が大挙して押しよせた。アングル人やサクソン人はケルト人をウェールズ地方やスコットランド、アイルランドに放逐してブリテン島を占拠し、アングロ・サクソン民族による緩やかな王政（封建体制）を営んでいた。

当然ローマ帝国（ローマカトリック教会）の支配は及んでいなかったのだが、1066年のノルマンコンクエストで、再びローマ文明の支配下に入ることとなった。征服者は同じゲルマン人だがフランスのノルマンジー公であったからだ。敬虔なカトリック教徒であった。

384～1190年の806年間は黎明期にあたり、古代ローマ帝国が409年に放棄して1066年の

ノルマンコンクエストまでの657年間はアングロ・サクソン民族による独自の文明が「創造され開花」した時期であると言えるだろう。これを「ロンドン文明」と称して下のMB振動曲線で示します。

経度の起点、ロンドンの地はローマとは干渉作用最大のMB振動が存在する。ギリシア文明とその西のバビロニア文明とは共振効果最大の位置にありMB振動の位相はピッタリ一致する。・・・バビロニア文明の終着駅でありギリシア文明を継承し新たな文明を創造したのはロンドン文明。現在はその女性的成長期に入ったばかりだ。

現在まさにロンドン文明は、ローマ文明のくびきを脱し国家体制をも本来の性格である個別主義の伝統に戻しつつあるように見える。まさか往年の封建体制ではあるまいが、2014年スコットランド独立（否決）、2016年EU離脱（採択）の動きなどは、英国が、遠からずいくつかの独立国に分離して、英国王を連合の象徴として戴くような体制となるのではないかとさえ予感させる。

1190年頃シャーウッドの森に出没したという反逆者集団のロビンフッド一味の物語※は、開花したばかりのロンドン文明をローマ文明に踏みにじられたアングロ・サクソンの抵抗物語だと解釈される。当時のブリテン島の時代の雰囲気を雄弁に物語っています。

※一説によるとロビンフッドは実在の人物で、1241年没。ノルマン人に反抗したサクソン人とされます。

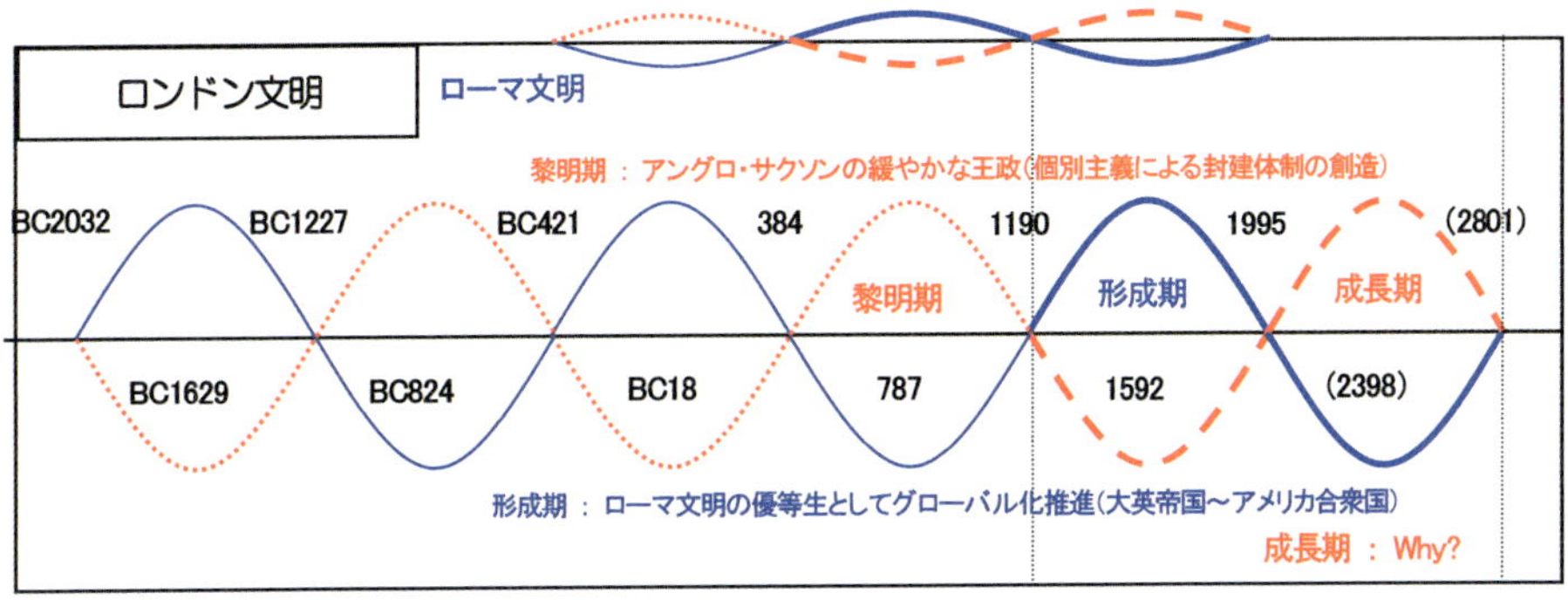

その後ロンドン文明は1190年からソリトン付き形成期に進み、ローマ帝国（ローマカトリック教会）に征服された状態にあって、その最も先鋭的な尖兵となり、独創的なロンドン文明を成熟させていった。そして現在にいたります。

ユーラシア大陸西端の辺境にある島国に花開いた文明が、人類史上はじめて地球を1周する大英帝国となり、被支配民族のアングロ・サクソン清教徒が開いた北米大陸の植民地であったアメリカ合衆国が、現在の盟主国となりグローバリゼーションを徹底しようとしてきたことはご存じのとおりです。・・・これらはロンドン文明がローマ文明の最優等生となって成しとげたことである。

唯一神イデオロギーと似た形態を持ちながら、それとは峻別できるような概念を探せば、自由主義イデオロギーがもっとも適切であろう。いわば、唯一神イデオロギーが、一見して矛盾する正反対の個別主義を取り込んで、自由主義イデオロギーが合成される。

1995年をもって、ローマ文明は1611年間の寿命を全うしつつあります。ロンドン文明はその形成期を終え成長期を迎えています。ロンドン文明はどのように変わらなければならないのだろうか？　前のページの図のとおり、ロンドン文明は、これから速やかにその行為様式（性格）を変えていくことが予想されます。

・・・その性格がどう変化するか、手っとり早く表現するために女性の目にはどう見えるか当ててみよう。これまでさんざん無茶苦茶もやったが、そろそろ分別がついてきた。逞しくて礼節豊かな壮年男性の性格に変貌していくのじゃないかしら。多分、ロビンフッドのように、弱い者や正義の味方になるんじゃ、ねっ？イカのウン玉さん！

ロンドン文明のＭＢ振動曲線で、1190～1995年の形成期のキーワードは「グローバリゼーション」

です。だがグローバリゼーションはロンドン文明のものではなく、まさしくローマ文明のもの Pax Romana であった。ローマ文明はファシズム（ミニローマ文明）と相似形であることに気づくべきではないだろうか。ファシズムと相容れる余地などからきしないのがロンドン文明なのである。・・・だからファッショはロビンフッドおじさんが退治してくれるんだよ。

さて、ここにありますス兵衛の草稿には、東洋文明史や日本文明史、国家体制論、戦争論、人間疎外論、経済論、宗教論、はたまた芸能論、等々、これでもかこれでもかと、あらゆる対象をMB振動生命体とみなす珍談・奇談のたぐいが書きなぐってございます。

わけ知り前座のわたくしに言わせれば、お客さま方がお忙しいところ、わざわざ貴重なお時間をついやしてまでお聴きになるほどの代物ではございませんので。

えー、時間の関係もございますので、この前代未聞の長い落語、早いとこケリつけなければなりませんが・・・ア痛ッ！　師匠なんでオレさまを蹴りつけるんだっ！

・・・アアッ！　ア〜ッ！　アアア〜〜〜ッ！

3・2・5章　短周期グループのMB振動・・・日本の近現代史による検証

前座のやつがあんまり長話するので、奴はタイムマシンに蹴りこんでおきました。そこでする噺は録画しときますから、そのうちご披露できるかも知れませんな。

早速でございますが、日本の東経135度線（淡路島：アワシマと呼ぶ）におけるMB振動曲線と、ロンドン文明との関係は91ページの図のようになっています。

次ページの図は72年周期のＭＢ振動を表わしていて、前３・２・４章の文明ＭＢ振動の１６１１年に較べるとずっと周期は短くて、また振幅もずっと小さい振動でございます。前座の弟子は説明いたしませんでしたが、実線の振動曲線は顕在性、点線は潜在異性のＭＢ振動を表わします。・・・ところで生命体はすべて両性具備の存在であることはご存知でしょうか？　例えばヒトの女性器を観察すればいちばん分かりやすく、男性の一物の名残りが備わっています。それは潜在男性のＭＢ振動が発生させた身体的特徴です。そして、強力な顕在女性のＭＢ振動とのせめぎ合いにより美しい女性の身体（ＣＢ）はでき上がったわけです。左の図で顕在性と潜在異性との関係をみれば、ロンドン文明は男性、アワシマ文明は女性の身体をもった存在であることが理解できます。これは、西洋半球と東洋半球に棲息する文明や国家のＭＢ振動体に共通する属性でございます。

男性であるロンドン文明と女性であるアワシマ文明とは、これが同性どうしの関係ならたがいに干渉作用最大で最悪なのだが、幸い異性間の関係です。調和的結合 harmonic ligion をなすには最高の相性でございます。

ロンドンが沈むとき日本は浮上する、日本が沈めば、ロンドンが浮上するという時期が36年ずつ続く関係でもあることが分かります。というのは、図示されたとおり、国家の外面的な盛衰は、潜在異性のＭＢ振動とともに推移することが分かったからです。

図ではロンドン文明のほうにはあまりイベントがありませんが、これはス兵衛の不勉強によるところでございまして、英国の近現代史をつぶさに調べてみれば改善できます。

これは当てものや判じものではないし、イベントの年代がピタリ合うというような精度を誇ろうとするものでもありません。イベント名は、その頃の時代的雰囲気を思いだすのに便利だからにすぎません。大事なのは赤文字カッコつきで示したコメントです。

図では72年周期の1／4、18年おきに年数をいれて、そのころの世相をコメントしてあります。すると次のとおり、同じ位相には決まって同じ世相が現われる。

潜在雄性ＭＢが下降する節目は（悪い予感）１８５３黒船来航、１９２３関東大震災、１９９５阪神淡路大震災・・・下のドン詰まりは（隠忍自重）１８６９明治維新、１９４１太平洋開戦、２０１３大震災頻発・・・上昇する節目は（世相騒然大事あるまい）１８８９明治憲法、１９６０第１次安保、２０３１東京オリンピック10年後・・・上のドン詰まりは（大成功大落胆）１９０５日露戦勝、１９７７高度成長、という具合である。

こうして見ますと、国民が浮かれて幸せな気分になれるのは、潜在雄性ＭＢ曲線が右肩上がりに推移する36年間のうち後半の18年間だけだということ、しかも72年おきにしか訪れることはない。ス兵衛やわたくしなどは、あ！　今の内閣総理大臣もそう

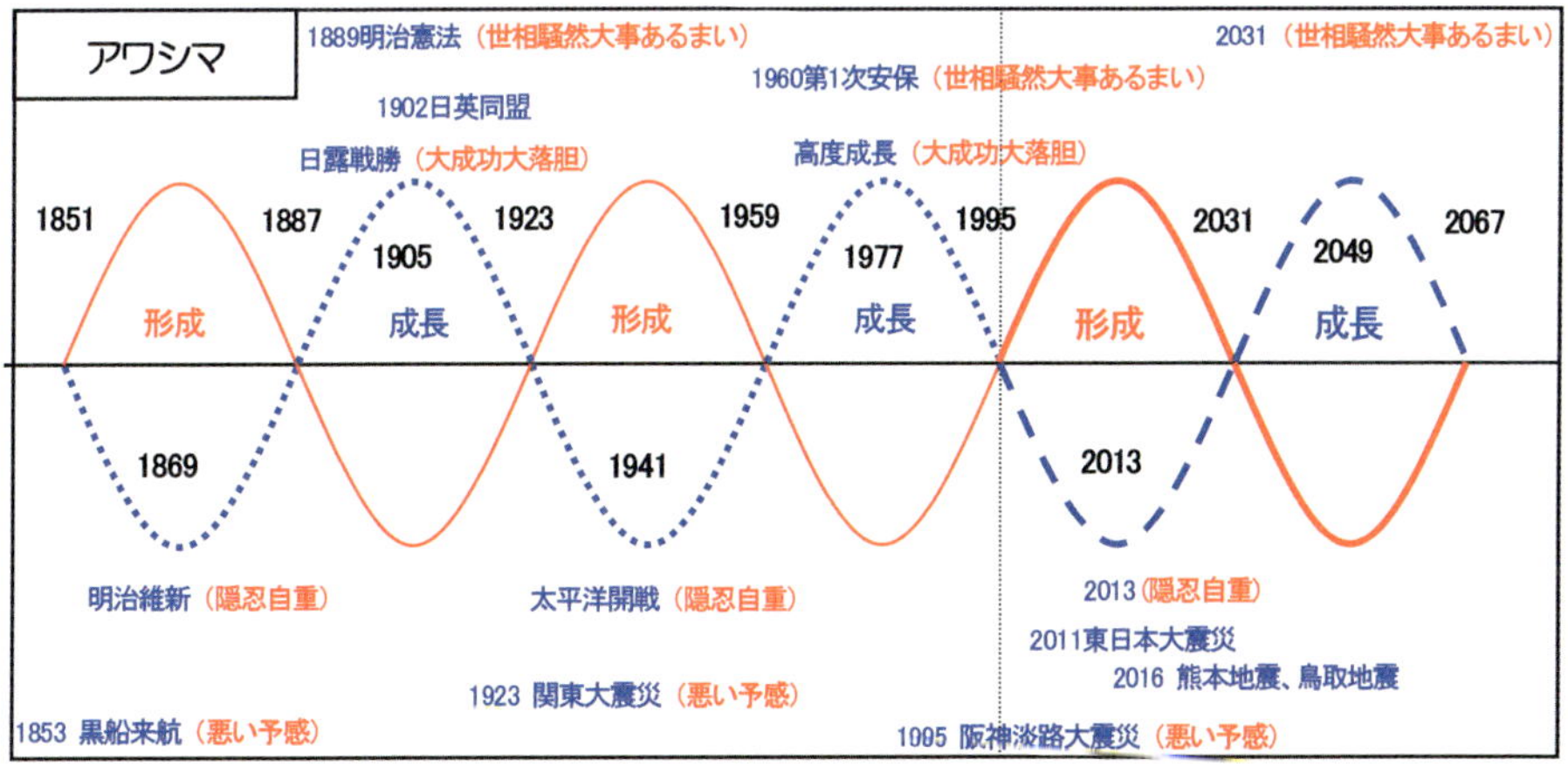

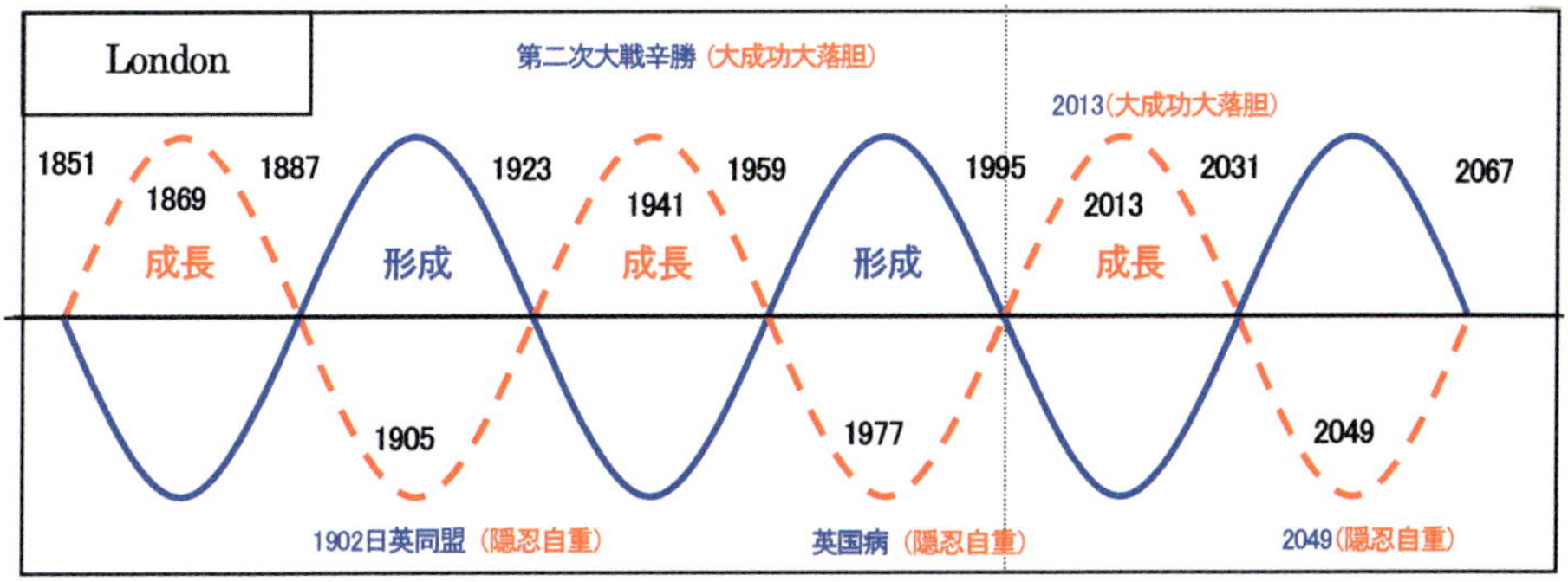

いう稀有な時代に青春時代を過ごしたわけです。ま、ロクなもんじゃないのは確かなようでございますな。

閑話休題、これからは日本が強烈な文明史を迎える時代だ。次ページの文明MB振動曲線によると、鎌倉幕府1190年から現代1995年までの806年間はアワシマ文明の黎明期であったのである。日本が華夏文明から学び、独自に創造できたアワシマ文明の概念は、これから世界のスタンダードにならなければならない。だから、十分に心して、日本人が独自に創造できた概念とは何なのかを解明し、自覚していかなければならないのである。さもなければ、これまでそれを経験してきた、ギリシア・ローマ・ロンドン文明、それから、華夏文明の先輩たちに嘲笑され、この国は揉み消されてしまうだけであろう。次ページ上の図で、黎明期というのは周期的に訪れる成長期の一つなのだが、ソリトン到着直前のものを特別に黎明期と呼んだのであったことが分かります。

そして、文明の中心がインドから中国へとソリトンに押し流されて、近づいてくるのに合わせて1次アワシマ文明、2次アワシマ文明と称します。

1次アワシマ文明については末期の卑弥呼の時代を除いて中国や朝鮮の文献記録もあまりなく、それ以前は伝説や神話でしか伺い知る事はできません。ス兵衛は、BC1046の牧野の戦いで敗れ周に服属することを潔しとしなかった殷の10王族の一人が倭国に逃れ、1次アワシマ文明の建国事業を行ったのが、天皇家の祖先であると考えているようでござい・・・ますが、脱線しそうなので話の本筋にもどりましょう。

地球の長期的気候変動や地殻変動が高い峠に差しかかり、いよいよ荒々しくなってきた現在です。これまで人類が散々に狭めてきた植物たちの同朋が生存できる空間領域が、気候変動でドラスティックに狭められる恐れが出てきています。飢餓をおもな要因とする、民族大移動の危機さえ生じるかも知れない現在という時代である。だが、危機が予感されるのに目の前の現実を見ればまだまだ大丈夫だとも思える。まことに舵取りのむずかしい21世紀だといえます。次のページの図にはロンドン文明の1995年以降も描いてありま

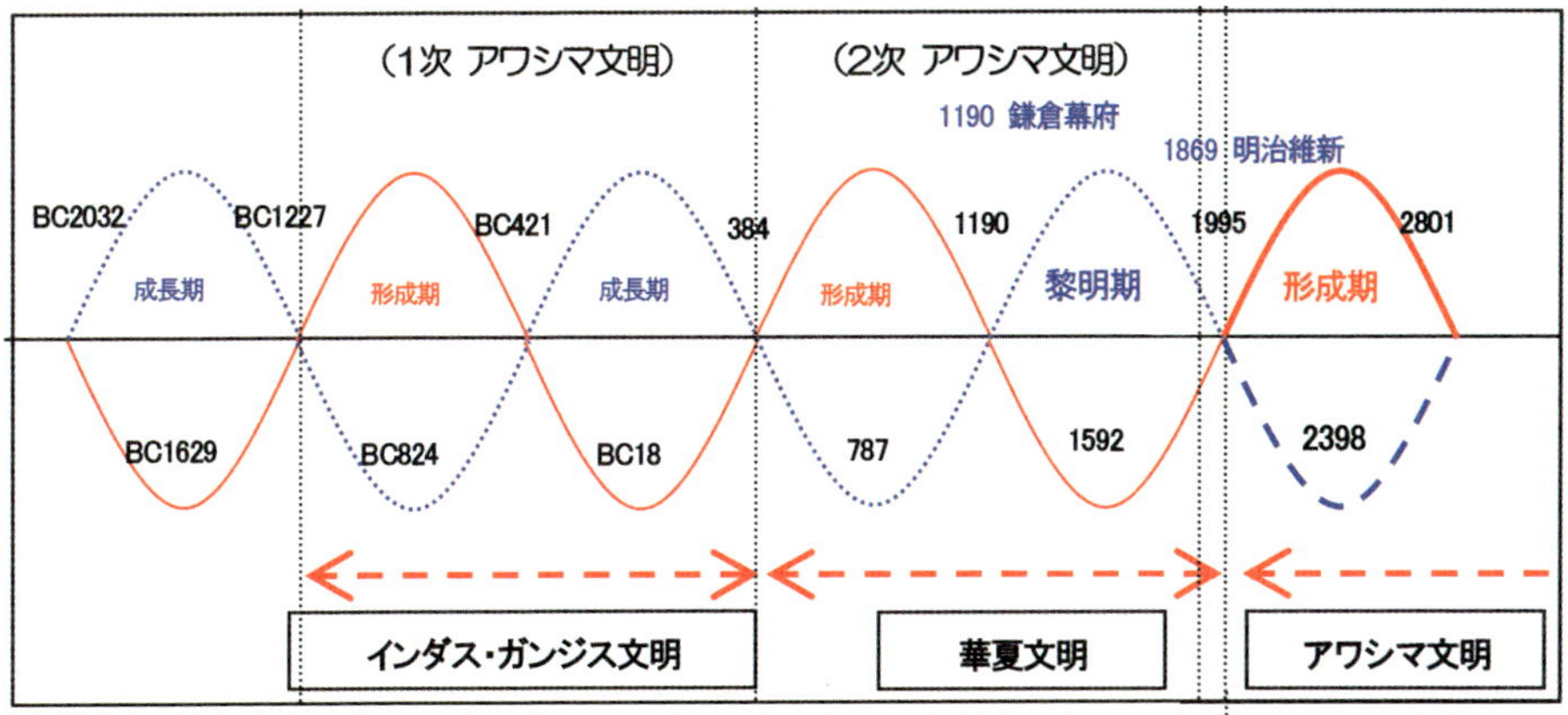

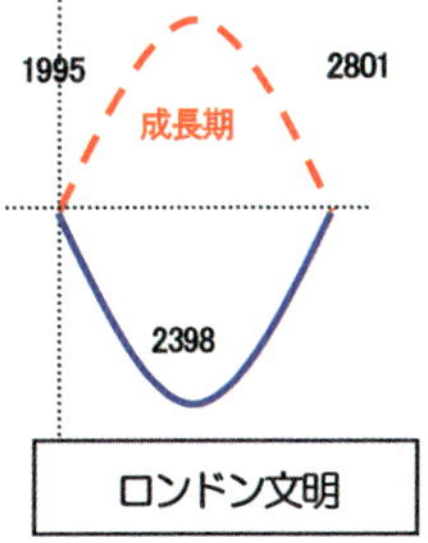

す。ユーラシア大陸の東西両端の島国に興った2つの文明は、これからどのように対立しかつ協力できるのだろうか。

ローマ文明の軛を脱したロンドン文明は、黎明期３８４～１１９０年の８０６年間で創造した「個別主義」という本来の性格を存分に発揮できるはずである。自由主義イデオロギーも、そのブラックユーモアのような性格※から脱却すべき時代がきているのである。

※ネタ本では 'Freedom is free'（自由とは只。対価を払わず無制限に行使できる）という思想だと解説した。

ロビンフッドが守ろうとした「個別主義」の緩やかな封建体制は、ユーラシア大陸東端の終着駅、倭国の江戸時代以前にもあったと思うのはス兵衛だけであろうか。

この文明もその黎明期末の明治維新でローマ文明に呑みこまれ、ロンドン文明に較べればわずか１４８年だが、グローバルな戦国時代を経験しつつあるのだ。

3・2・6章　血塗られた文明史の総仕上げをしたローマ文明

１８５１年以前の時代も調べてみよう。１８５１年から１９９５年の１４４年間を半周期とする２８８年の大きな周期も発生するはずだから、下の図を作成してみました。

すると、何んとなんと！　極小・極大・結節点はどれも大天災大事件のオンパレードであることが分かります。

江戸時代を大雑把に見てみると、富士山噴火から黒船来航までの１４４年間は天明大飢饉の前に１７３２享保飢饉、後に１８３３天保大飢饉、それに伴う百姓一揆や打壊しの頻発で日本は凋落の季節だったようである。その前の１４４年間は生産力は充実し徳川幕府の基盤は固まり盤石であった。ということは、１８５１年から１９９５年までの近代日本の１４４年間というのは、信長・秀吉・家康が開いた武家体制が盤石で、国が発展した時代という共通項が、政治体制は変わっても見えてくる。

すると、１９９５年以降の１４４年間は、江戸時代の富士山噴火以降の生産力低下の時代に重なることになる。その前の同じ位相状態の１４１９～１５６３年をみればもっとひどくて戦国時代の季節であった。

現在はもちろん２１３９年までは大局的に隠忍自重が求められる季節だとなるわけである。左の72年周期のグラフでみれば、２０４９年ごろまでには小さな成功があるのだが、有頂天になっても、焦ってもいけないということである。

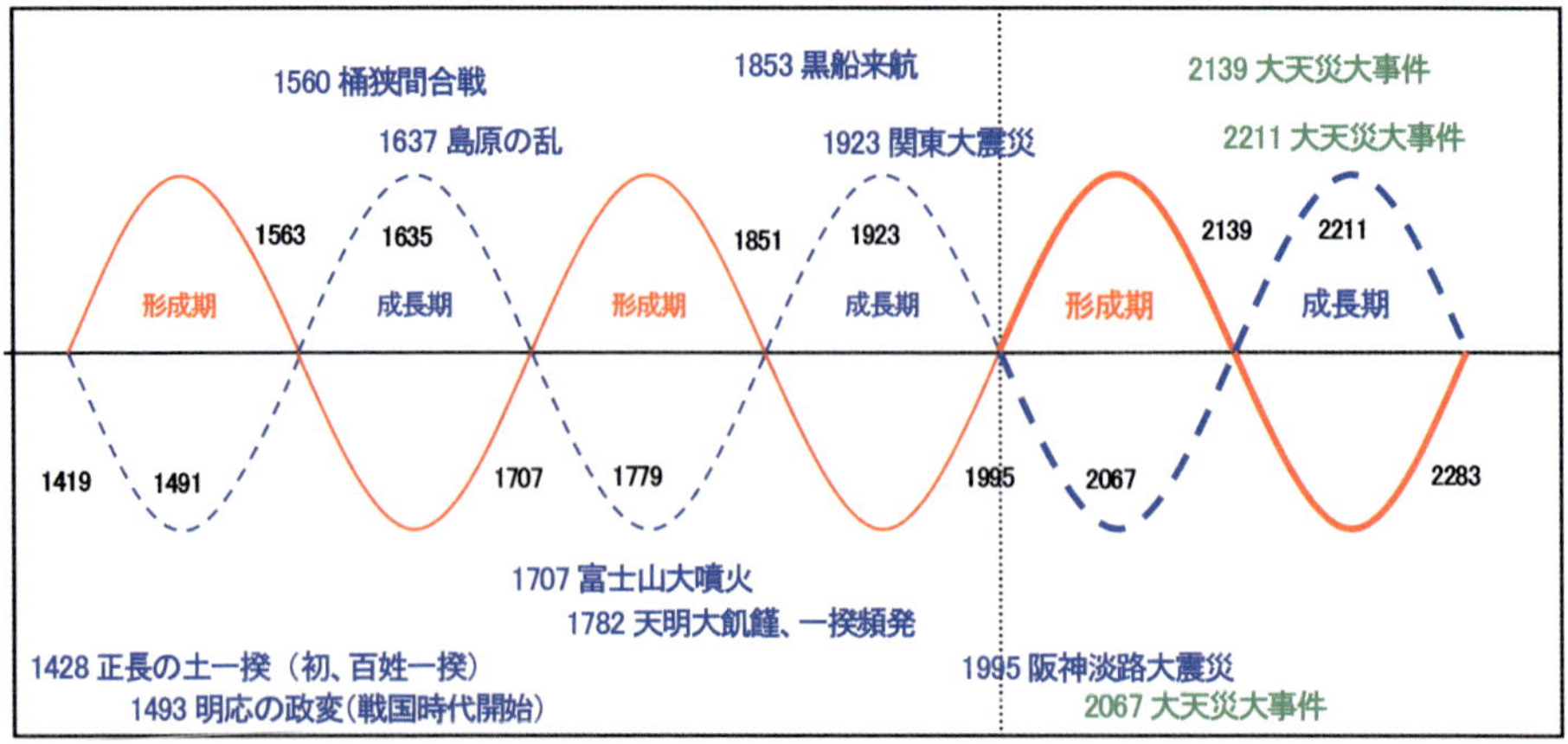

1．MB振動曲線は、形状記憶合金でできている

前ページの288年周期のグラフでは、今後2139年ぐらいまでは日本は凋落の季節であることになります。ただし、潜在男性のMBが下落ということは、国家のエネルギー出力（経済成長）は下落するということだ。

逆に顕在女性のMBが興隆の季節であるのは、国家へのエネルギー入力（投資債権蓄積）が盛んなことです。何かある度に難民外貨が押しよせ、円高で稼ぎが悪くなって経済成長が妨げられる。ということは、日本は国際社会に貸しを作りつつあるということである。これが、文明の「形成期」と称するゆえんである。・・・男が稼ぎが少なくなって四苦八苦してるのに、女は気前よく散財して愛想を振りまいてるじゃないイカのウン玉！

まあ、そういうことになるのだが、その訳はあとで説明しよう。ここではこの「畏るべき曲線」を、ウン玉君みたいに焦って下手にいじるとどんな目にあうか語ってくれよう。

下の72年周期の図（再掲）で見た場合、稼ぎが上向いてくる2020年の東京オリンピック頃に盛り上がりを期待するのは、江戸期の小判改鋳によるバブル政策のようなもの。効果は短期的だが、反動による逆効果も短期的に収束するだろう。しかし今度は比べものにならぬ異次元のバブル政策を実行中なので、とても恐いことになる。しかも

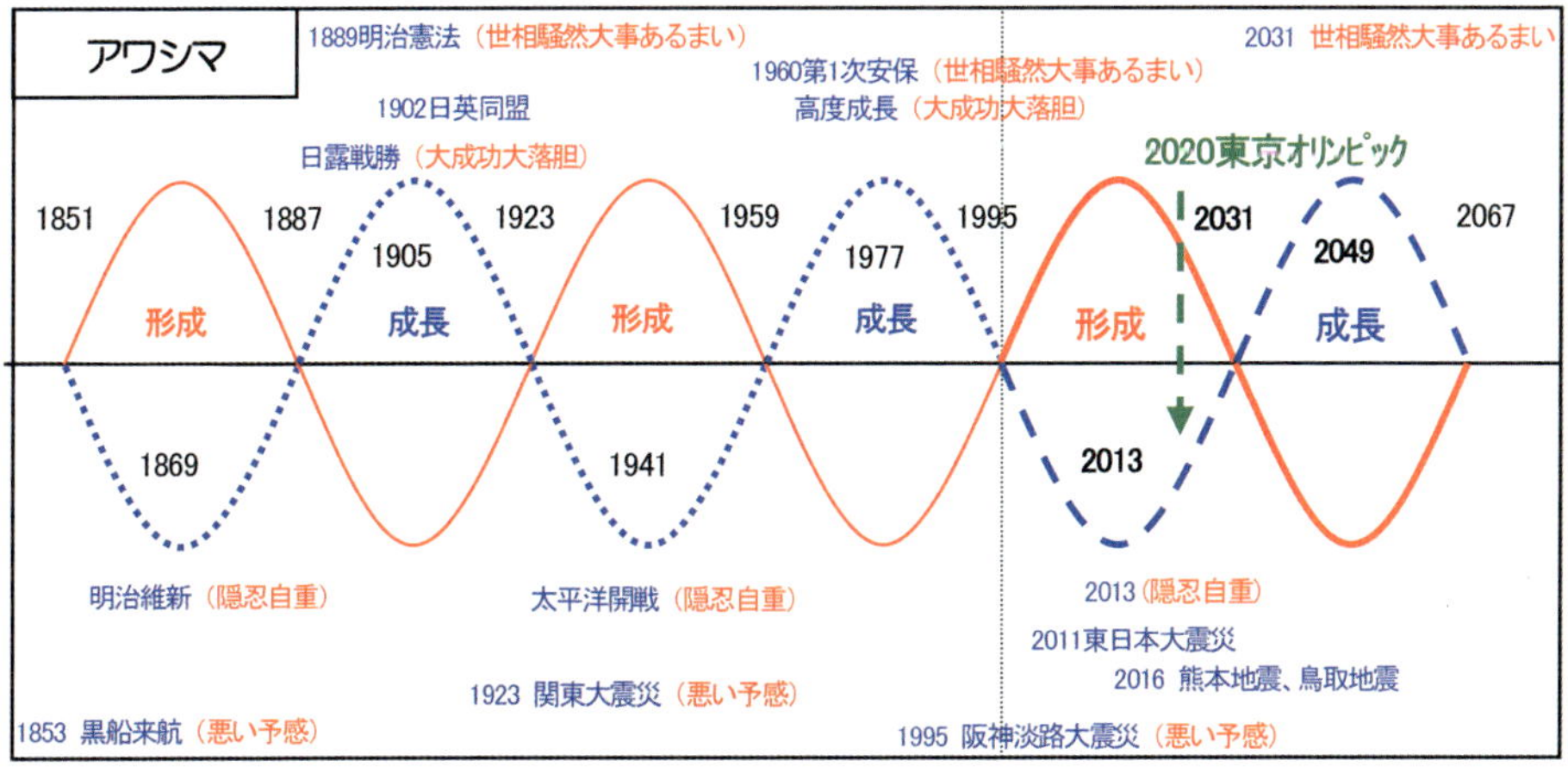

反動による逆効果は長期にわたることになるのである。このバブル政策は下の絵のように２１３９年以降の未来を大量の紙幣を印刷して手繰り寄せようとするような試みだ。要するに、畏るべきＭＢ振動の波があるという物理法則が見えず眼前の長期デフレ傾向を怖れ、焦りすぎた政策だということです。当然一時的には、下の絵のとおりＭＢ振動曲線は縮んでくれて、政策が大成功したような推移を示すだろう。ちょうど２０２０年は、左下の小さなグラフで示した36年短周期の回復局面に差しかかっている。バブル政策は成功しやすいはずだ。ところがこの目論見は下の絵のように大失敗する運命にある。大量の円紙幣で縮めた時間だが、たぐり寄せた時間には、常に元の位置にもどそうとする「宇宙からの力」が働くのである。

　しかも、長周期の波の振幅は、短周期のものよりずっと大きいのである。たぐり寄せた時間の波にのって、高く舞い上がればあがるほど、何かの弾みで（バブル政策を継続できなくなったりして）時間の波がもとの位置に戻ってしまうと、自分の真下のはるか下のほうに深い谷底が現われて、真っ逆さまに転落することになるのである。

　超大国アメリカに寄り添っていれば大丈夫と踏んでも、これまで何度もハシゴは外されたではないか。

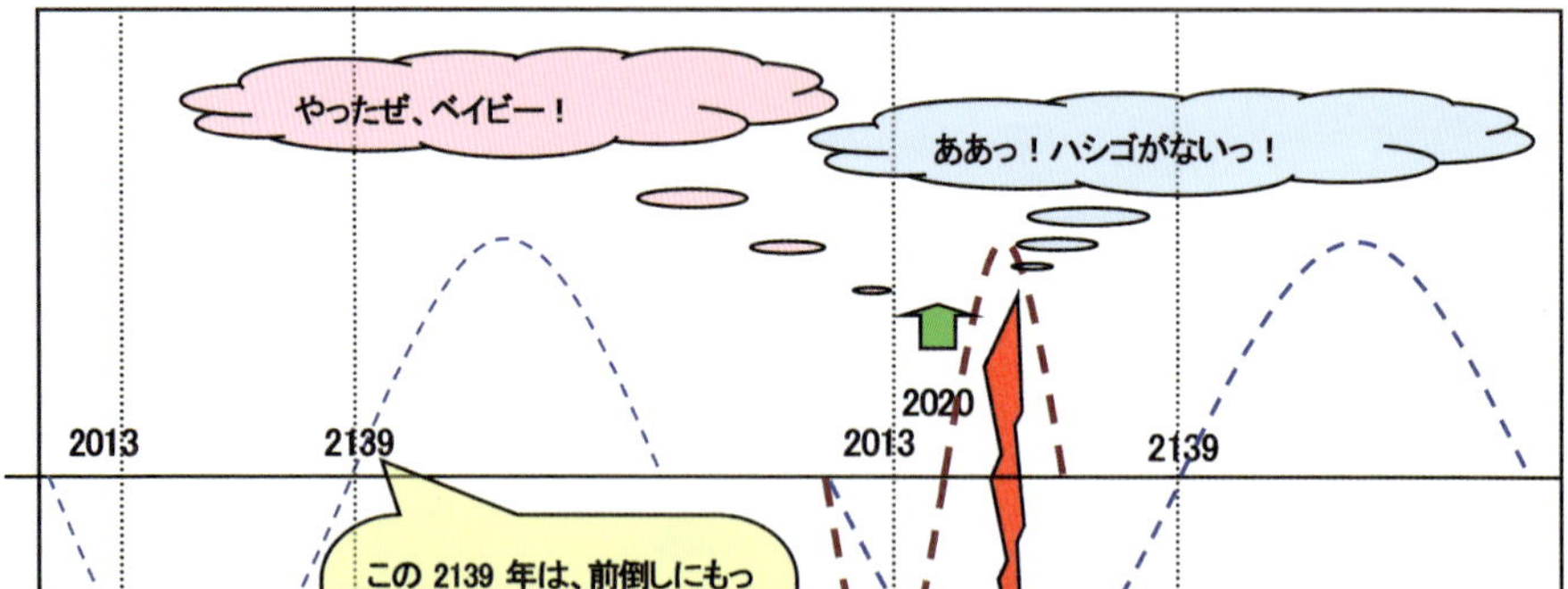
この 2139 年は、前倒しにもってこよう。オリンピック誘致も成功したことだしな！
2031
2022
2013
テメェの時間はこっちだっ！

・・・たかが紙に書いた曲線だとバカにしないほうがよい。この曲線は形状記憶合金でできているのだ。しかも、形状をきめる力は地球の外から、つまり宇宙がもたらしている畏るべき曲線なのである。

江戸の凋落期においては田沼意次の重商政策もあったが、概ね、享保・寛政・天保の、倹約・縮小の縮み志向の政策がとられた。海外貿易で稼ごうという意志も力もなかったのだから、現在のような政策はとれない無能・無策ぶりだという見方があるかも知れないが、しかし、ス兵衛は賢明であったと思うそうです。もし現在のバブル政策と本質的に同じ「小判改鋳」などを行うと小判を使える金持ちは喜ぶだろう。1両で1両2分ぐらいの買い物ができるとなれば、投資も商業取引も活発になるだろう。だが、小判などお目にかかったこともない庶民は貨幣価値の下落による物価高に苦しむだけであり、天災・飢饉を機に日本各地で頻発していた百姓一揆や打ち毀しがますます激化したに違いないのだ。・・・現在に照らすならば、わが国でもイスラム国が台頭することであろうか。

江戸時代は士農工商の身分制度があって、斬捨て御免の武士階級が庶民を苦しめていた、というイメージをもつ人は多いかもしれない。それが明治維新で覆されて、私たちは自由で豊かな生活を謳歌できるようになった。のであろうか？　江戸幕府の行った施政政策などを知れば知るほど、その賢明さには驚かされることが多い。

・・・ここにも、アワシマ文明の黎明期に創造された、新文明概念の萌芽が認められるのである。

明治維新以来、富国強兵を唱え近代国家を模倣するだけでやってきた日本の為政者たちは、そろそろ猛省しなければならない季節がはじまっている。

2. 現代は、ローマ文明の悪癖を脱却し、命の文明へ飛躍するチャンスの時代

古代ローマ人たちはこう思っていただろう。わが帝国外にある者はバルバロイ（野蛮人）である。彼らにわが帝国の高き文化・文明を知らしめることは、わが帝国の崇高なる使命であると。

・・・崇高なる使命のおかげで、ついにローマ文明は世界を呑みつくしてしまったわけだが、もうとっくの昔に崇高なる使命の文明史的意義は尽きている。

外に向かって限りなく膨張拡大する思考法を、バルバロイたち全てが習得してしまったのでは、宇宙船地球号の限界を持ちだすまでもなく、世界はあくまでも膨張拡大を志向する国々であふれ、紛糾沸騰するグローバルな戦国時代を現出するしかないのである。

・・・ローマ文明の崇高なる使命は、今やローマ文明の悪癖と呼ぶ方が適切であろう。

96ページのマンガ絵で示した愚かな経済政策を推進しているのは、内閣総理大臣だけではありません。ローマ文明の悪癖に憑りつかれた、他ならぬ私たちなのである。

下の図は3・2・1章で最初に示した、地球の12888年周期のMB振動

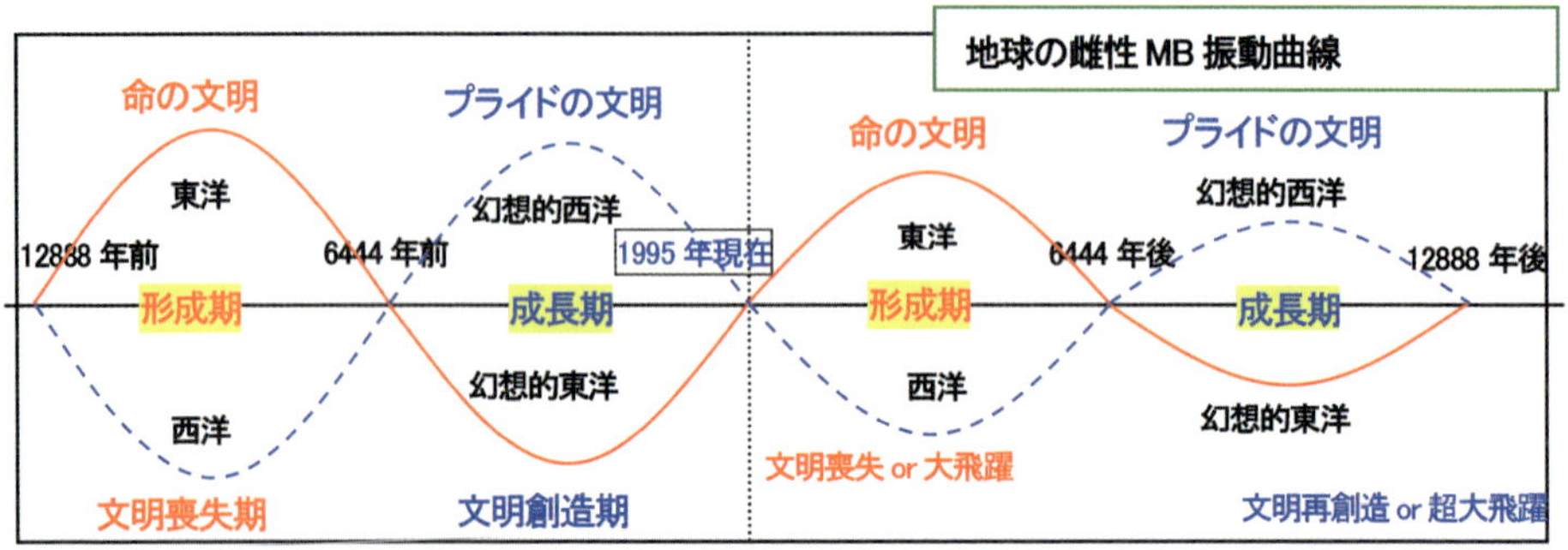

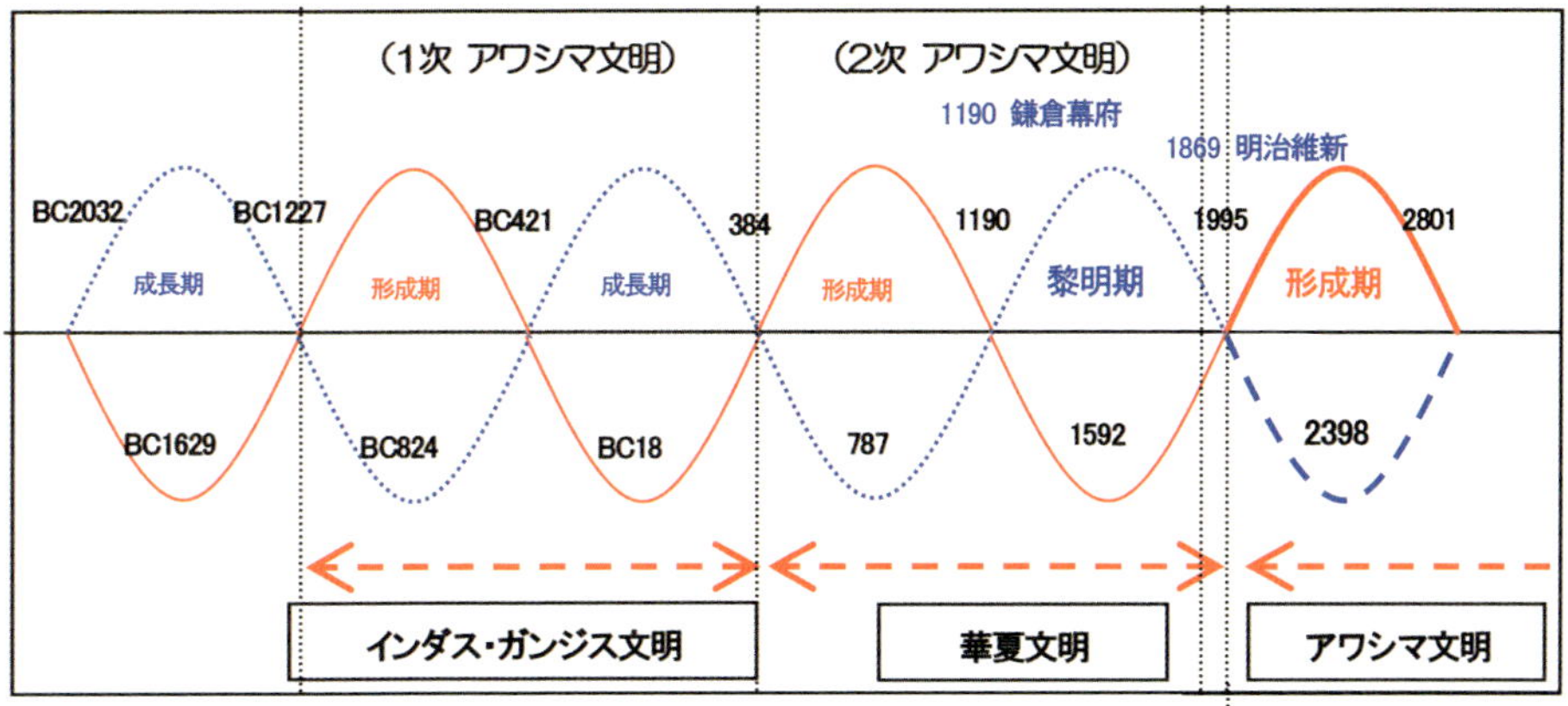

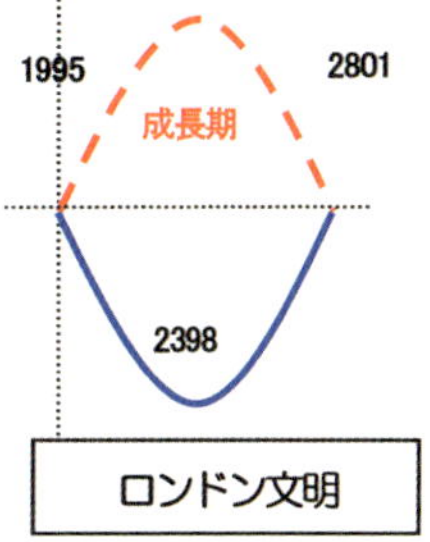

曲線でした。なぜ西洋は潜在男性で、東洋は顕在女性のＭＢ振動かといえば、地球のガイア女王さまは東洋半球が女性、西洋半球が男性であるような雌雄両性具備の女性であるからです。

それはともかく、１２８８年前にはじまった地球の文明形成期は、文明らしい文明のなかった文明喪失期であったことが知られています。

そのため、次の半周期６４４４年間は文明成長期とは呼べず文明創造期と名づけざるを得なかったのである。

さてローマ文明の１６１１年間は、プライドの文明と名づけた６４４４年間の最後の１／４周期だったことになります。プライドの文明６４４４年間というのは、戦争と略奪・殺戮の歴史といってもいいぐらい、東西ともに血塗られた文明史が刻まれてきました。それを、地球表面全体に広げて、血塗られた文明史の総仕上げをしたのがローマ文明であると言えるでしょう。

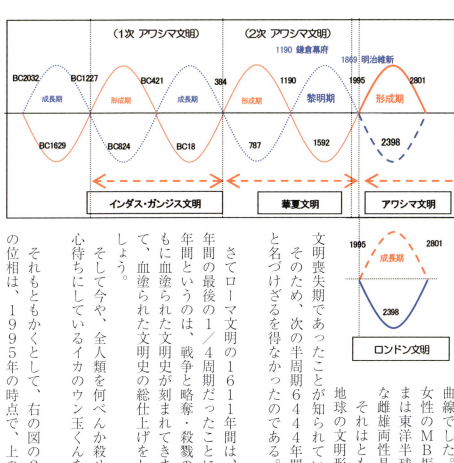

そして今や、全人類を何べんか殺せるほどの核兵器を蓄え、人類滅亡を心待ちにしているイカのウン玉くんをワクワクさせています。

それもともかくとして、右の図の２度目の命の文明というＭＢ振動曲線の位相は、１９９５年の時点で、上のアワシマ文明の位相とぴったり同じです。両者の周期は8倍（１２８８８／１６１１）もの違いがあるので、振幅にもそれぐらいの違いがあります。アワシマ文明というのはガイア女王の申し子であるのかも知れません。いやいや、当然、東洋半球で東経１３５度から22・５度ずつ西の方に進んだ地点は、同じ位相状態にあるわけだから、アワシマ文明が特別ということはありません。

しかし選りにもよって、こんな時にソリトンに襲撃されるとは、まことに迷惑千万な話でございますな。

ス兵衛も渋々ではありますが、・・・もしかしてガイア女王は前回のような流産は御免だから、今度こそ、命の形成を心おきなくできる命の文明を創造しておくれと、娘のアワシマ文明に命じているのかも知れない。きっと年長の息子ロンドン文明が助けてくれるわよ、などと言い含めてね。・・・などと言っておりました。

3・3章　命の文明とは、私たちはそこに行けるだろうか

さて、文明の本質はＭＢ振動体すなわち生命体であるとした３・２章の高座を片付けまして、真打で師匠のわたくしも、いささかくたびれてまいりました。

したがいまして、さきほどタイムマシンに蹴りこんでおきました弟子の前座がお喋りした録画がございますので・・・本日は、高座にスクリーンを張っていただいて録画鑑賞会ということにいたします。

わたくしもス兵衛と同じく客席の方に、ス兵衛とは離れたお席を頂戴しておりますので、よろしくお願いいたします。

3・3・1章　命の文明をささえる経済学

師匠は不埒にもわたくしを狭まっ苦しいマシンに乗せやがって、自分だけ会場の広～い高座に納まったようでございます。エー、さて今のはなしの続きでございますが、ここにあります草稿の中味は、ス兵衛のホラ話ばかりだということでございました。時間の関係もございますので、ちょっと面白そうなところだけ、かいつまんでお喋りしてまいります。話の筋が飛び飛びになって恐縮でございますが、引きつづき笑ってやってくださいませ。

ちょっと前にトマ・ピケティさんが唱える経済学説が話題になってると聞き、ス兵衛もなるべく薄い入門書(12)を買って勉強したそうです。

フランスの経済学者トマ・ピケティは、過去200年、20ヶ国にもわたる膨大なデータに歴史的解析を加え、「資本主義は放置すると格差を拡大し続ける」という経験則を発見した。歴史的に格差是正が行われたのは、第一次、第二次の世界大戦が行われた時期だけであり、前後の時代は現在にいたるまで、格差拡大が一貫していることに注目する。

格差是正のためには、インフレ喚起政策や所得累進課税の強化などの他に、世界的規模での資産に対する累進課税を新設しなければならないと主張する。

トマ・ピケティの学説をまとめると以下のとおりである。

◎資本の第1基本法則　$\alpha = r \times \beta$

国民所得に占める資本収益の割合：α＝資本収益／国民所得

資本収益率：r ＝ 資本収益（家賃、地代、利子、配当など）／資本

資本集積度：β ＝ 資本／国民所得（ＧＤＰにほぼ等しい）

資本 ＝ 生産に用いる資産（ヒト、モノ、カネ、情報）―生産に用いる労働資産（ヒト）

◎資本の第2基本法則　β＝ｓ／ｇ　ｓ：貯蓄率　ｇ：経済成長率

◎第1と第2の基本法則より、α ＝ ｒ×β ＝ ｓ×ｒ／ｇが得られるので、資本収益の割合αは、資本収益率ｒと経済成長率ｇの比で決まる。

資本収益の割合αが高くなることは、資産所有者の所得と、非所有者の所得との比が高まること、すなわち格差拡大を意味する。前者は少数、後者が多数の国家が多いので、個人の所得格差はさらに著しく増大する。

トマ・ピケティは、長期の膨大なデータを解析することにより、この200年間はつねに、ｒ＞ｇとなることを見出したので、格差は大局的に拡大しつづけてきたと結論している。

苫米地英人さんは、トマ・ピケティの学説は経済学ではなく、歴史学だと批判した(13)。国家経済という実体構造に関する数理モデルを構築し検証しなきゃダメだそうです。それはそうでしょう。

しかし、ス兵衛は歴史学の実体モデルも発明したそうですな。奴は、血塗られることのない「命の文明」を支える経済学はこれだ！と威張ってましたが、わけ知り前座のわたくしには先刻お見通しでございますよ。例の、畏るべきＭＢ振動曲線をバカの一つ覚えみたいに持ちだすだけです。ホラ！　以下のとおりですよ。

トマ・ピケティの学説には感銘を受けるところもあるが、どうも歴史学の実体モデルがないので物足りない。そこで、ＭＢ振動曲線の原理に基づいて、国家経済の数理モデルを構築いたしましょう。たとえば次のページの図を用いることです

赤い顕在雌性曲線は国家の豊かさ（国富、資本）の推移を表わし、資本収益率ｓは資本使用料の資本に対する割合であり、曲線の時間微分 dF_f/dt（傾き）がその割合を示す。

青い潜在雄性曲線は国家の生産力（国力、ＧＤＰ）の推移を表わし、経済成長率ｇは曲線の時間微分 dF_m/dt（傾き）の値で示す。この体系を理解するには、以下４つの基本的な事柄を説明しなければなりません。

（１）グラフの縦軸が、資本（国富）あるいは生産力（国力）の値を示すものだとすれば、それに負の値もあることは、どう解釈するのか？

（２）曲線の微分値が資本収益率ｓあるいは経済成長率ｇの値を示すものだとする。後者に負の値があることはわかるが、資本収益率ｓにも負の値がある事は、どう解釈したらよいか？　近ごろ日銀が、マイナス金利を強制しているが、その意味は？

（３）下のグラフでは、トマ・ピケティが調査した２００年間も含まれているが、２００年間でこんなに上下振動するのでは、彼が発見したｒ＞ｇという経験則と合致するモデル構築は不可能ではないか？

（４）そもそも経済学変数が単振動のきれいなサイン・コサイン曲線を描く訳ないじゃなイカのウン玉！

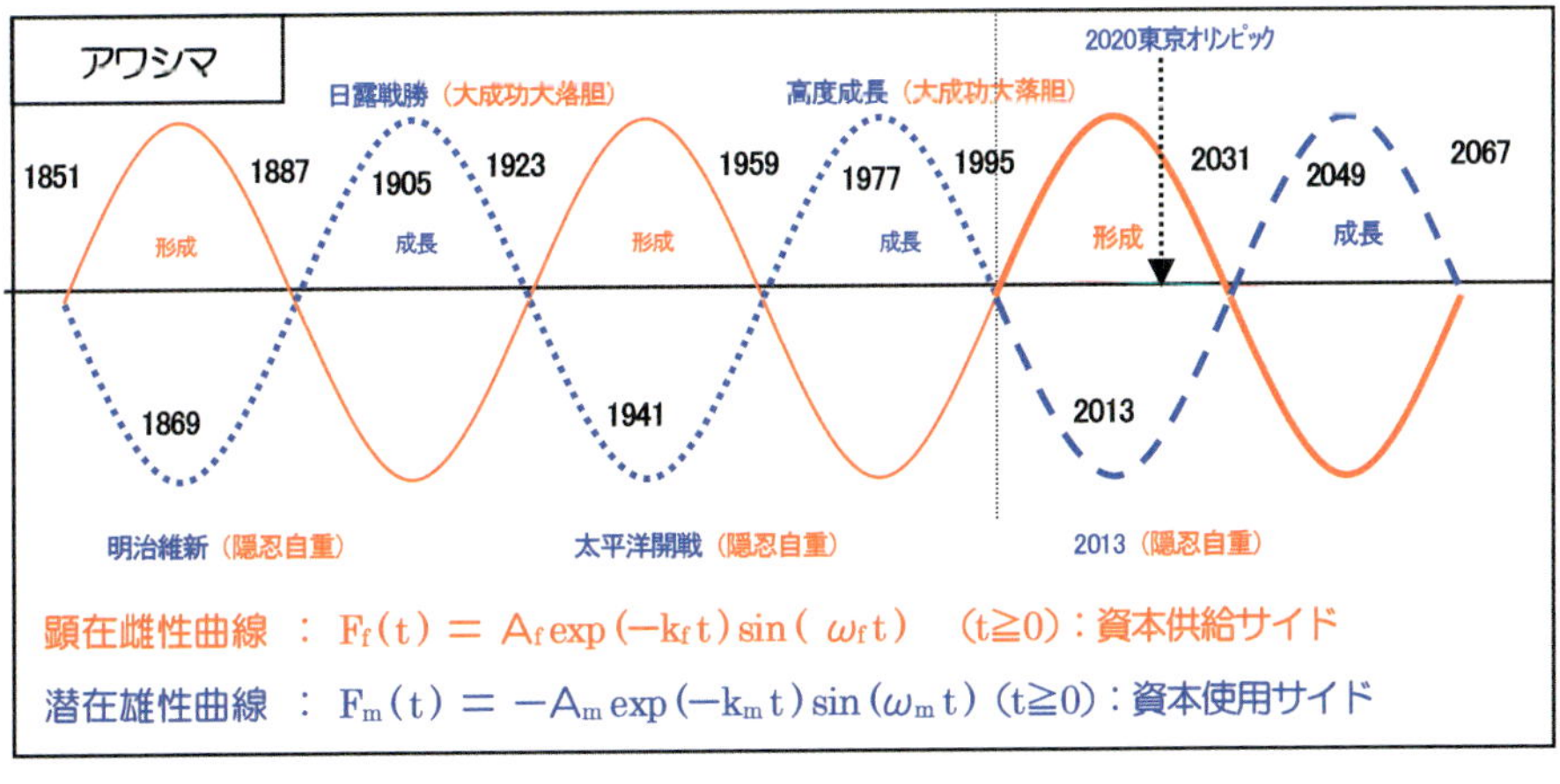

最後の問題（4）については、すぐ答えることができます。

このグラフは、理想的な状態、つまり人間が地球に存在しない自然状態のグラフである。したがって、各々の経済学変数は実際の経済データと対照すべき変数ではなく、これらの潜在的ポテンシャル値だと解釈していただきたい。この図は、畏るべきMB振動曲線が人為的に歪められていない状態を示すのである。

実際の経済学変数は、戦争や政治活動、経済活動などの人間活動、あるいは、風水災害や地震火山噴火災害などの自然現象の影響を反映するはずだから、これらをモデルに反映させるには、もっとも単純かつ有効なパラメータを、どのような経済学変数を用いて設計すればよいのかを研究しなければならない。研究の導きの糸は、標的関数がまさしく単振動のきれいなサインコサイン曲線であり、きわめて単純であることです。

ここでは、上下振幅の大きさに影響を与える人為的要因（おそらく経済政策の量的規模であろう）と、横方向の周期の大きさに影響する人為的要因（おそらく、経済政策の質的相違が関係するであろう）が何かを明らかにすることが、まず求められます。経済政策というのは戦時政策も含まれるし、人為的要因といっても戦争によったり自然現象による災害も含める必要があるでしょう。

次の研究は、人為的要因による曲線の振幅と周期の大きさに与える影響を、どのような経済学変数の関数（パラメータ関数）として表わせるかを明らかにすることです。残念ながらこれはプロの経済学者でないとできないので、本論ではそこまで具体的には示せない。

（1）～（3）の問題は、いずれも、MB振動曲線が1288年の超長周期振動に内包される共振周期の振動をもつ曲線であることが関係する。

MB振動の周期が長いほど振幅も大きくなるので、内包する共振振動はすべて1288年の超長周期のグラフの細かいブレにすぎない。つまりMB振動曲線はフラクタル構造をもつのだが、経済に関する場合は、下図のように1611年を最長周期とするグラフを基本振動として定式化すればよいだろう。

経済成長率だけで経済活動を評価する現在の常識では「失われた20年」などと騒がれて、不安に思われたりします。しかし、いまアワシマ文明のGDPは大局的に減少しつつあるので、何も不思議なことはないのだ。逆に赤い資本曲線は大局的に増大し、アワシマ文明の富は高い資本収益率を保って増大しつつあるのだ。GDPが減ることをやたら怖れるあまり、96ページのマンガ絵のような愚かな政策が実行されたりするのである。

命の文明期の新しい経済学では、国富（資本）と国力（GDP）の意味が従来とは少しだけ違っているので、長期デフレなど平然としているし、逆に国富が増えると喜んでいたりする訳です。

・・・要するに、新しい経済学では一国の経済を一国内だけで考えない。以下に述べるように、すべて世界との関係で考えるということでございます。

（1）の資本（国富）あるいは生産力GDP（国力）の値に負の値がある事について・・・潜在雄性曲線がしめす負のGDPは負債弁済力とみなされる。つまり負のGDPは世界に借りを返す活動の活発さを示す。逆に、正のGDPは世界からの借りを積上げる活動の活発さを示す。「経済成長は、世界から富を収奪して貯めこむ行為、すなわち世界への負債を増やす行為である」という考え方である。

同様に、顕在雌性曲線がしめす資本（国富）というのは、自己資本から

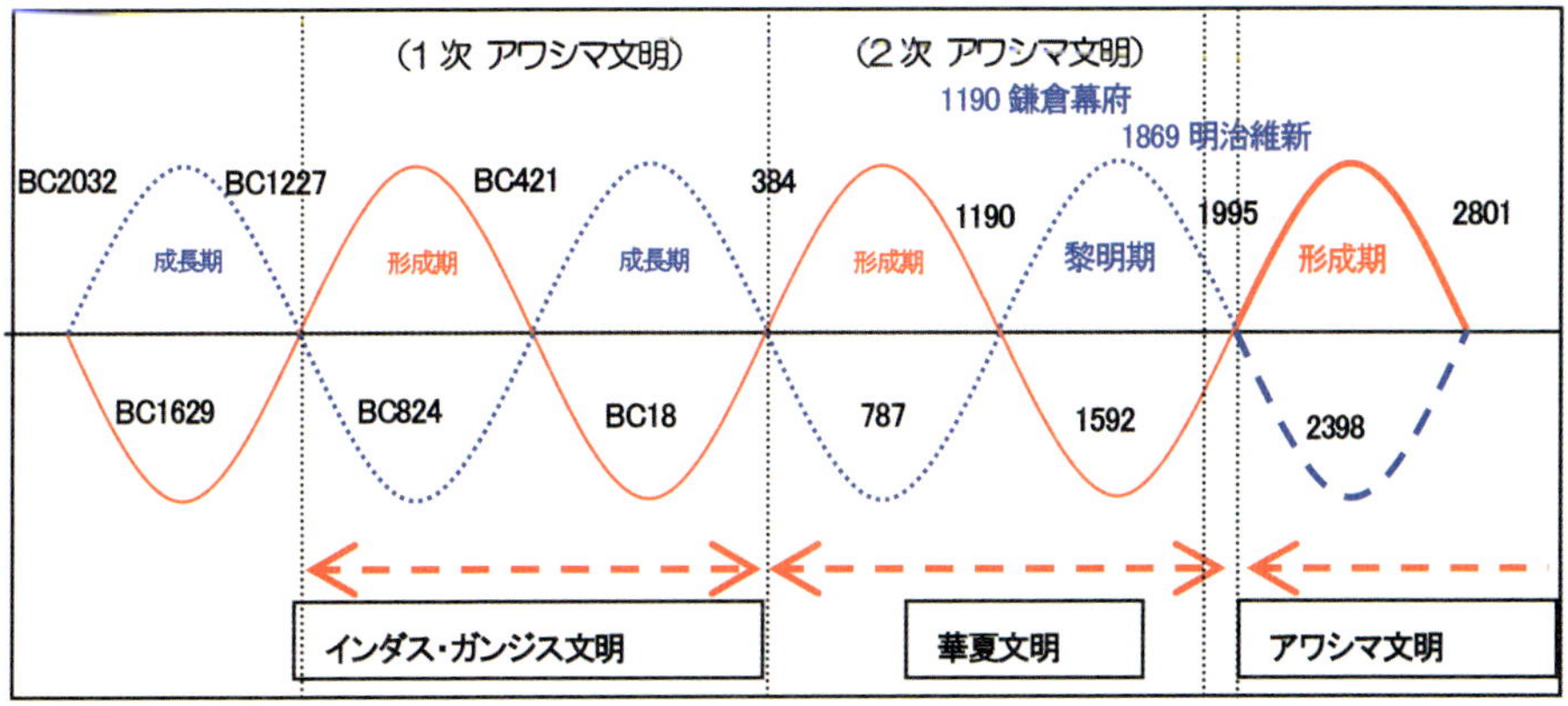

他人資本を差引いた値である。自国内の経済活動による利益の蓄積量が自己資本。他国との貿易取引や金融取引による利益、国外からの投資あるいは侵略戦争による利益の蓄積量は他人資本とみなされる。

つまり、貿易戦争や侵略戦争などで貯めこんだ資本は負債とみなされ、いずれ世界にお返しすべきものとされる。逆に、自国内の経済活動による利益（自己資本）が他人資本を上まわったときに、資本は正の値となり、はじめて資産債権とみなされます。これで外国から資本を導入して他人資本を増やす権利（債権）が獲得される経済学だということです。

つぎに、（2）の資本収益率ｓにも負の値があるのは、融資の利子や投資配当は、資本家が追加利払い（つまりマイナス金利）をして事業家・生産者に投融資を行うことを意味する。資本家の事業意欲や社会改良への使命感が強くなることが本来の意味である。

現在イスラム法のようにゼロ金利というのが精々のところなのだが、そんなケチなこと言わず、ある時返しの出世払いとか、いっそ無償贈与とかの投融資が増える時期だと言えましょう。

日本の近世（１００年前より以前）の例では、地域の豪商や素封家などが、私財を投げうって農地開発や用水路開削を行ったり、石橋を建設したりした例が多いことに気づかされる。西洋ではキリスト教会がおこなった慈善事業などがそれにあたる。また基本的に納税というのは負の資本収益率ｓをもつ投融資であるとみなされる。要するに、これまでのように資本を使用する生産活動は収益事業だけだとするのでなく、国家から公益法人、宗教法人、また個人篤志家に至るまでの、法人・自然人が投融資して行う非収益事業も包含させる。豪商や放蕩息子の豪遊による散財は立派な非収益事業である。このように資本を使用する経済生産活動の定義を拡大し、総合的な観点から考える経済学だということです。

収益事業・非収益事業をとわず、どちらもお金を使う事業なのだから、収益事業だけを経済生産活動としたのでは偏った経済学とならざるを得ないのである。

ほんとうは、貨幣そのものを金融商品として売買する事業や、貨幣そのものを直接的に取引するギャンブルその他、それから横領・詐欺・窃盗の犯罪など、「非経済活動」の仕訳で集計したデータもほしい。しかし、前者では架空の貨幣取引があまりにも多いし、後者では正直にデータ提供してくれないだろうから、難しい。

最後の（3）、大局的にr＞gという経験則が成り立つことを検証できるかの問題は105ページの図で分かる。つまり200年程度の短いスパンでは大勢は変わらないということである。トマ・ピケティが調査した200年間というのは、1611年周期の最後の1／8だから、あと200年間遡って1391〜1592年頃の調査ができたとしたら、あるいは、（2）の負の資本収益率s（寄付行為や納税など）の事業に関するデータも調べられれば、大局的にr＜gという時代もある可能性がある。新しい経済学で調査すれば、大局的にr＝gになると予想される。

さて、経済という生命体の数理モデルを構築する仕事だが、ややこしい高等数学など使わずに、直感的に把握しやすい解析数学のレベルで構築するのが理想である。その点で基礎方程式が三角関数（波動関数）であることはとても便利だ。フーリエ関数でどのような波形でも記述できるからである。

103ページの図に示した三角関数は次のページのコラムで示すようなものである。時間制約条件（t≧0）は、未来方向にだけ方程式が適用されることを意味する。

この基礎方程式は、初期振幅（初期効果）の大きさA_fとA_m、減衰係数（効果持続性）の大きさk_fとk_m、振動数（周期と反比例）の大きさω_fとω_mという6個のパラメータで決まる。これらの6個のパラメータそれぞれを、どのような経済変数の関数（パラメータ関数）として表わすかが、モデル構築の最終目標となるが、それには過去から現在までの経済変数のデータを時間系列的にパラメータ関数に入力して、できあがる基礎方程式の時間系列的総和、すなわちフーリエ級数の値を計算して、その波形が実際の経済変数データとどれだけ一致するかを検証すればよい。

・・・と、単純な研究なのだが、たいへん根気のいる仕事である。ただ、この数理モデルが完成すれば、どんなに有用なこと（有害なことも）ができるかの予想はできる。列挙すれば以下のとおりである。

（1）国家経済の未来予測ができる。現在や未来に、どのような政策をどのタイミングで実施すれば、その後の経済にどのような良い（あるいは悪い）効果が生じるかもただちに予測できる。また、戦争や自然災害が起こった場合の予測もできるようになる。

（2）過去の経済データを短時間刻みで採用するか長い時間刻み（時間平均値など）とするだけで、短期のきめ細かい予測ができるだけでなく中長期的予測もデータ変更やモデル変更なしに一つのモデルでやれるのがこのモデルの特徴である。

これは、中長期的予測にもとづいて、明日からどうするかの短期計画が立てられることを意味するので、明日からの政策はどうあるべきかの検討ができる。あるいは、やむなく実施中の愚策であるが、どのタイミングでこの政策を中止すれば、中長期的な大勢に与える悪影響を最小化できるかの検討ができるようになる。

（3）1つの国家経済だけでなく、原理的には世界のすべての国家経済の未来予測ができる。これにより、1つの国の政策が、他の国の経済にどう影響するかの研究もできる。

これは、敵国にどんな有害な効果を与えるか考える戦争の手段としても使えるが、共存共栄を志向する平和外交の手段としても使える。

敵国の経済予測もできるのであれば、自国のそれとを重ね合わせた両国の総合的経済予測もできるようになる。ということは、両国がそれぞれどのような政策をとれば総合的に最良の経済振興がはかれるかの検討が、敵国との交渉の場で客観的データにもとづいてできるようになるからである。

$F(f,t) = A_f \exp(-k_f t)\sin(\omega_f t)\ (t \geqq 0)$ ・・・雌性方程式

（資本供給サイド）

$F(m,t) = -A_m \exp(-k_m t)\sin(\omega_m t)\ (t \geqq 0)$ ・・・雄性方程式

（資本使用サイド）

（4）これがもっとも重要な効果である。私たちが、世界経済が今どのような方向に向かいつつあるのか、そして、それに対応してどのような対応をとるべきなのかを、人類史上はじめて知ることができるようになることである。

これまで私たちは、経済というものを一かたまりの人間集団が営む経済として考えてきた。したがって、敵国との関係は、つねに利害関係の対立という構図でしか考えることができなかった。ところが新しい経済学ではグローバル経済が今どのような方向に向かいつつあるかを正確に知ることができる。それに対応してどのような対応をとるべきかを、効果（3）により決定できるのである。

これまで私たちは、他国との著しく深刻な利害関係の対立は、戦争というおぞましい手段で解決するしかなかった。それがなくなるのである。

さて、現在はどうかと言えば、副島隆彦(14)によれば、ヘッジファンドと呼ばれる人々が超高速トレーディング（ＨＦＴ　high frequency trading）で1００万分の1秒間で莫大な金額の取引を繰り返して、相場の瞬間的大暴落（フラッシュクラッシュ）を引き起こしたりしているそうだ。

これらの金融工学的技術革新の手段を持たず、普通に金融商品取引をしている大多数の人々や諸国がもつ貨幣（実需）は、膨大な架空の貨幣（仮需）を操るヘッジファンドなどが、一方的かつ継続的に吸い上げることができる仕組みになっているようだ。なぜなら、彼らは膨大な架空の貨幣を用いて合法的に相場を操作できるのと全く変わらない立場にあるのだから、常に儲かるように金融商品などの売買ができるのである。

ＨＦＴのような最先端技術を野放しにしておくと、リーマンショックのような自己破滅を招く。グローバルなギャンブル経済をはじめた胴元の米国は、最先端技術に程よくブレーキをかけなければまことに危うことになる。実際、現在は誰にとってもヒヤヒヤもので、ありもしない架空の貨幣（仮需）が作る世界が崩壊・爆発したら、副島さんの言では「すべての帳簿を燃やす」ための大戦争をはじめるしか解決の方法はなくなるそうだ。

どうしてこうなったのだろう？　誰もかれもどの国もこの国も、自分の稼ぎに狂奔するあまり、それが、将来世界から、否応もない厳しい取り立てがなされる負債の積み増しにすぎないことが見えないからだ。

新しい経済学の数理モデルが完成すれば、下の図にある茶色の点線が描けるようになります。要するに自国のＧＤＰを高めることに狂奔した利己的な行為が、世界からシッペ返しされる図も見えてくるということです。

１９４１年の太平洋開戦時のハルノートの理不尽さ云々はともかくとして、極力隠忍自重すべき経済情勢のときに大陸に戦線拡大してＧＤＰを必死に増大していたから、敗戦ですべての帳簿を燃やしリセットできてヤレヤレだ。おかげで本来のＧＤＰ曲線上に戻れて、それから世界に負債を積み上げる高度成長は至って順調に進行し、負債を弁済する下降線も、バブル後は長期デフレとまで賞賛されつつ大むね順調に進行していた。

ところが、そこに大戦前と同じことをやろうとする政治家が現われた。２０１３年前後のもっとも隠忍自重が求められる時期に、異次元の金融緩和をやったのである。

幸いなことに、２０１１年東日本大震災、２０１６年熊本地震、鳥取

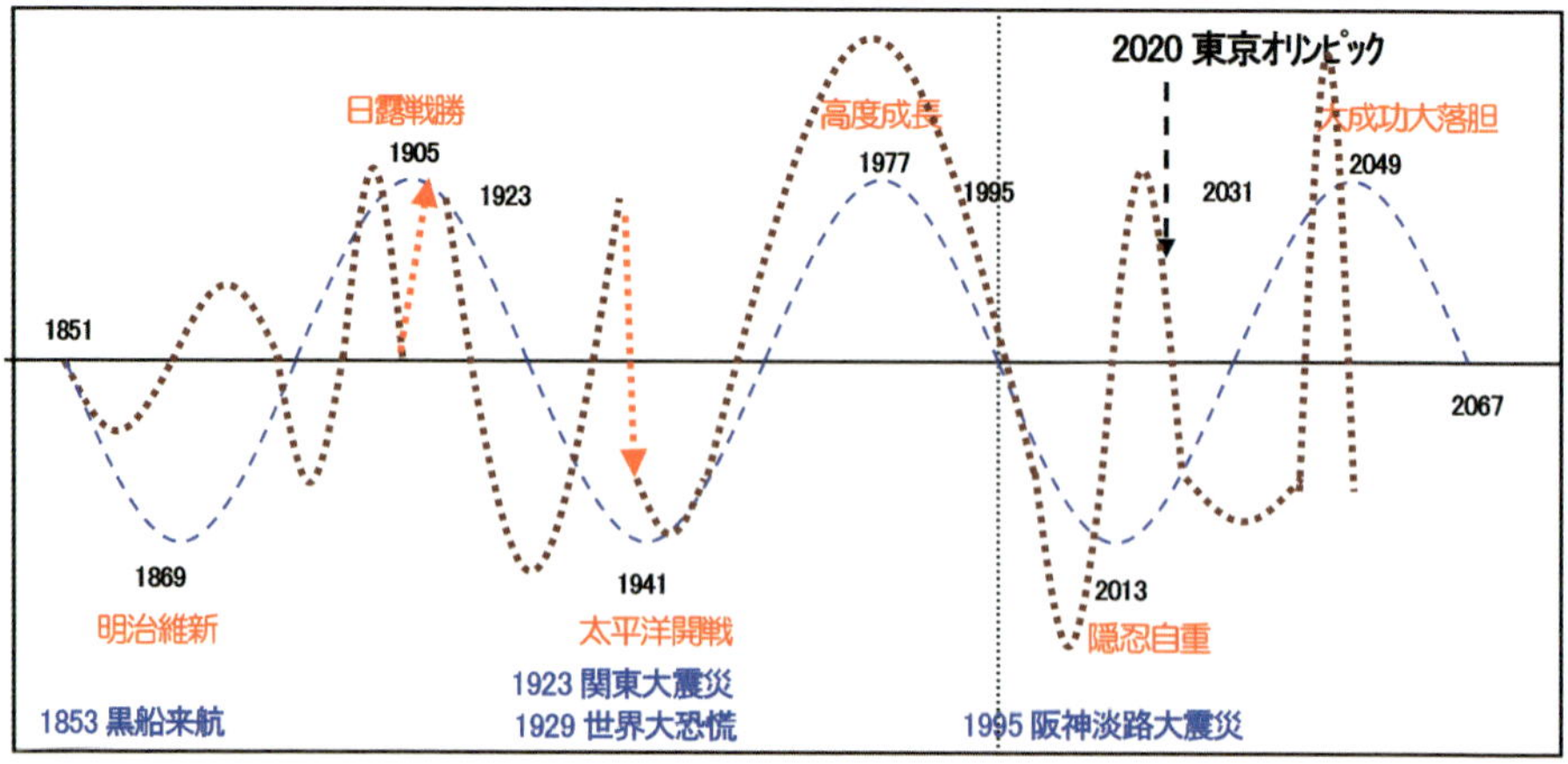

地震、今年の水害頻発の重しもきいて、96ページのマンガ絵のようなことにはならないかも知れない。大量増刷の円は震災復興やオリンピックに気前よく回し、戦争に使える金などなくすことだ。

本来のGDP曲線を地道に昇っていくに越したことはないのである。2013年を境に、すでにGDPは上昇基調に転じていたのだから。

3・3・2章　命の文明における戦争論

ス兵衛は1995年以来の「命の文明期」が深まるのを心待ちにしているようですが、わたくしが奴に、命の文明期が来たら戦争なんかなくてよさそうだなと言ってみたところ、ス兵衛の答はこうですよ。・・・いや、戦争はなくならない。戦争というのはセックスと同じで、ヒトの本能に属する行為だから絶対なくすわけにはいかない。こいつは呆れた！　そんじゃ何か？　血塗られることのない命の文明なんてウソ八百じゃなイカのウン玉ぁ！　いやいや、それはプライド文明期の人類が、戦争のやり方があまりにもヘタクソな未熟者ばかりだったからじゃ。

・・・命の文明期の戦争論は、戦争に敗北はありえず百戦百勝の戦争論である！

もう、あきれて二の句が接げなかったのでございますが、わけ知り前座のわたくしが、戦争論について少し勉強してみましたら、WIKIPEDIAに次のような記事がありました。

エー、戦争論は古来より数多く著されていて、古いものでは中国春秋時代BC500年頃の孫武の「孫子」、新しいものでは1834年、プロイセンの将軍カール・フォン・クラウゼヴィッツの死後3年たって出版された「戦争論」が有名です。

両方とも戦争とは何かの本質論があり、孫子では、「兵とは詭道なり」とし、戦争の本質は敵を欺くことであるとしています。また戦争論では、「戦争とは、他の手段をもってする政治の継続である」としています。

孫子の有名な言葉に「彼を知り己を知れば百戦殆うからず」というのがある。殆（あや）うからずとは、ときには負けることもあるが大体は勝てるという意味になる。また「百戦百勝は善の善なるものにあらず」とかで、ときには負けるのも仕方がない※と言ってます。「勝敗は時の運」という言葉もよく聞きますね。

※戦わずして勝つのが善の善なるものというのが本来の意味だが、戦わざるを得ない時代の現実を踏まえた解釈である。

ところがス兵衛の奴は、勝つ戦争しか存在しない、勝てる戦争しかありえないと言い切っています。ある日ス兵衛に、そんなに自信があるなら、百戦百勝の秘訣とやらを、孫子みたいに簡潔に言えるだろう。言ってみろよと聞いてみた。

ス兵衛の答は・・・「彼の性別を知り己の性別を図れば百戦百勝疑いなし」あるいは同じことじゃが「戦って雌雄を決すべからず、雌雄を決してのち戦うべし」というものでした。

分かったようで、分からない。わたくしが怪訝そうな顔をしますと、ならば解説してくれようと、またまた長～い講釈が始まったのでございます。しかし時間の関係もございますので、ここもなるべく急いでまいりましょう。

1．命の文明の戦争論・・・その基本概念

驚いたことに、愛の力で接近する男と女が、男女の調和的結合 harmonic ligion を実現する「ムスビの原理」が戦争の本質であるというのです。つまりス兵衛は、戦争とは国家間のセックスであり、軍とは国家の性器

であると申しております。

下の図で表わされるように、雌雄両性具備の2つの生命体のMBが、右側の絵のように最接近して「そのつもりワルツ※」を踊るような状態のときというのは互いのCB（身体）も密着しているので、セックスであるわけです。CB性器である軍どうしも最接近して、交戦中でございます。

※2・4・2章（電子力学序論、割愛）

ス兵衛は、これが命の文明期に行われる理想的に「成熟した戦争」である。楽しくセックスしてるのだから、死人がでるようなヘマなことやる必要もないのだと申します。それに子供が生まれるので、戦争とは生産活動である。この点ではプライド文明の時代でも戦争の本質は変わらない。

・・・戦争は男と男の決闘だ。女なんかを混ぜて誰が決闘などするかっ！　エエッ！そうなの？　獲物の女をめぐって男と男がやるのが決闘ではなかったの？　理屈を抜かすな。男と男がセックスするのはホモ※だ。子供は生めないから、生産活動とはいえないじゃなイカのウン玉！

※近頃はゲイと言うが、年寄りに馴染みのあるホモでいくことにしましょう。

むむっ！　ちょっとばかり痛いところを突いてきたな。確かに個人レベルのホモやレズで子を産むことはできない。しかし、ある条件さえ整えば子供も生まれる立派な生産活動になるのだ。ある条件とは、安定的男性どうしのホモセクシャル、安定的女性どうしのレズビアンであれば、下図のように子供も産まれる立派な生産的セックスができる。

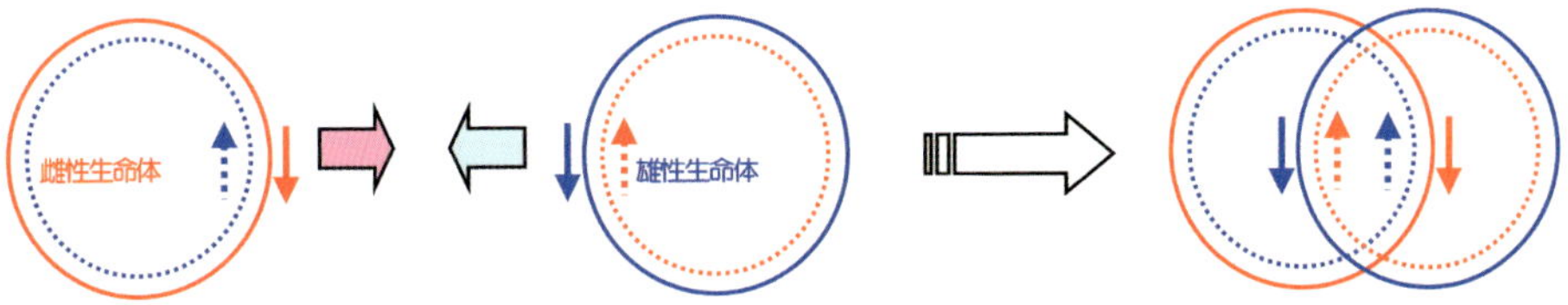

図（前ページ）のように安定的で器量豊かな国家どうしならお互いの顕在性と潜在異性どうしの活性化度に差がないので相性がよい。だから互いに愛し合って接近し harmonic ligion を実現するのも容易です。両方とも女性的あるいは男性的である場合でもそれぞれがＴＰＯに応じて潜在異性を調節すれば、時には女性的にも男性的にもなれる。相性のよい状態を保つのに大した心理的抵抗もなく、常時最高の相性が保てる。

なぜ、国家レベルのホモやレズは、子供も生まれる生産的セックスができるかは言わずと知れたこと、どちらも生身の男と女が構成員であるからだ。

なぜ、国どうしのセックスがおぞましい戦争になるのかは、次のページに示すとおり、不安定性格の未熟な国が多いからと答えることができる。これは個人レベルでも言えることである。

左の図のとおり、比較的相性がよい男性国と女性国との関係（潜在異性どうしの活性化度が等しい国どうしの関係）では、蜜月時期は図の上段の組み合わせの時だけ。

不安定な性格（行為様式）の場合は、潜在異性の活性化度が大きく変動するので蜜月時期は、突然下段の組み合わせのようになって最悪の相性に転じる。互いに、相手の非や欠点を鳴らしあって、いがみ合うようになるわけだ。

国家が未熟な不安定性格だと、惹かれあって接近しても、いついがみ合う関係になるか分からず互いの信頼関係は長続きしない。愛と憎悪は紙一重、本質は同じであると言われることが多い。

なぜ国どうしのセックスがおぞましい戦争になるのかといえば、不安定な性格で一貫した行為様式をとれないからだ。相手が自国の都合に合わないところだけに目を奪われて、協力し共に栄えるべきところを、相手を自国の都合に合わせようとする。・・・エゴイスティック

な我意を通すために軍を送るから、おぞましい戦争がはじまるのである。

人類が未熟なゆえに、強姦による戦争しか知らないのだ。戦争のやり方がヘタクソなのである。国家の生命体としての成熟度を上げ、器量豊かな国家となれば、常に調和的結合 harmonic ligion で終結する戦争が行える。それしかできなくなる。

2．命の文明の戦争論・・・アワシマ文明が生んだ国家の器量増進法

・・・ヒトがみんな聖人君子になれるわけないじゃなイカのウン玉！

おお！　ウン玉君はすばらしいヒントをくれたぞ。アワシマ文明は、国家の器量を上げるのにほんの1、2年も要しないような素晴らしい方法を編みだした。これから説明する「国家権力で包む芸能」を実践すれば、すぐにでも素晴らしい器量をもつ国家が出来あがるのだ。

アワシマ文明の黎明期に発祥し伝えられてきた数々の芸能は世界に誇るべき伝統文化です。日本の芸能のユニークさは、基本的に身体を何かで包んで圧迫する「包む芸能」だということです。すなわち、女性の収縮属性を最大限活用して修練対象を包んで締めつける方法がとられます。

例えば、柔よく剛を制する負けて勝つ柔道、宮本武蔵が生涯をかけて修練し

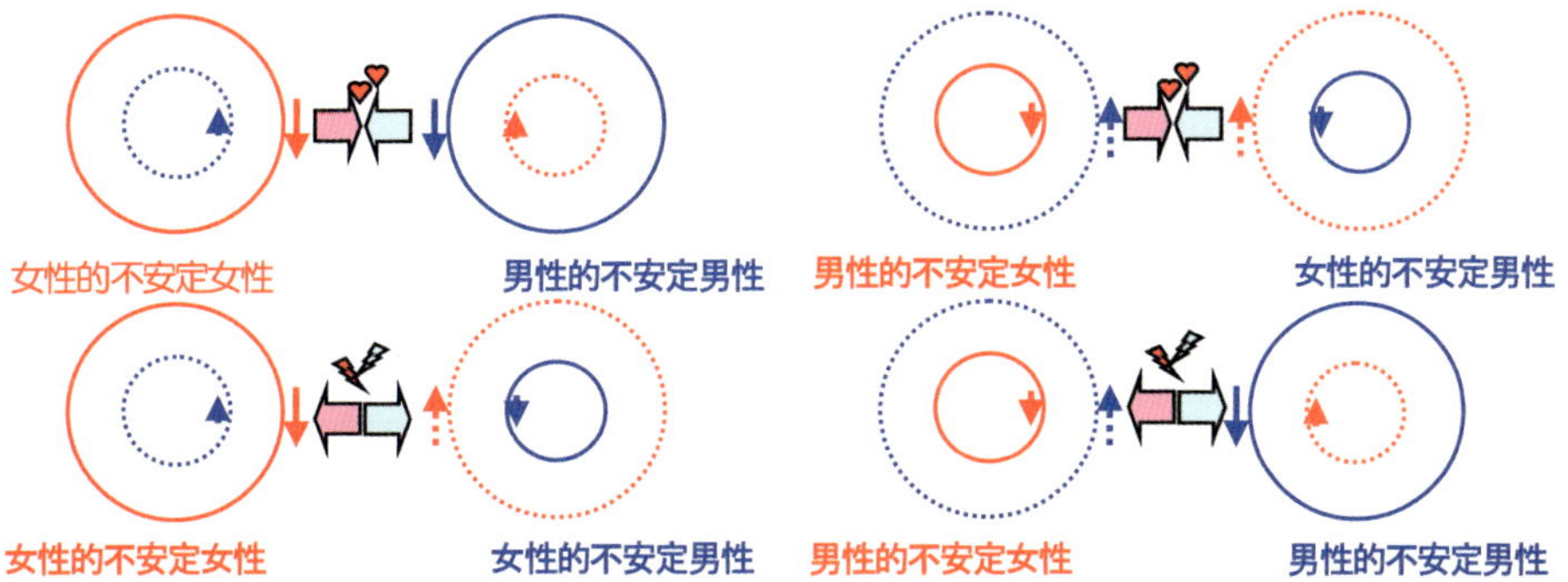

た、子供を抱えた女性の並外れた警戒能力を学ぶ剣道、空手道や相撲道などの、武道というのは包む芸能の一つです。武道の目的は、男性が男性性の器量を、女性が女性性の器量を大きく育て磨くことである。

武道修練の方法論は、男女ともに自分の身体と同性の属性で包んで身体を締めつけること。身体と同性の属性で包む行為とは、男性には男らしい所作と作法を厳しく守ることを課し、女性には女らしい所作と作法を厳しく守るのを課すことです。これを図示すれば下図が得られる。武道修練というのは、男が自分の潜在女性と包んだ男性属性とをセックスさせ、潜在女性を活性化して安定的男性となることを目指す。すなわち「男性性の器量」を大きく育て涵養するための修練である。女の場合は、意識的に包んだ女性属性と潜在男性とをセックスさせ、「女性性の器量」を磨く行為だといえる。

男女とも自分の身体と同性の属性で包む行為というのは、身体を型の決まった所作や作法に従って動かすのが修練なのであって、男女の潜在異性が育つことを念じたり、講釈を受けたりする行為ではないということです。あくまでも身体の所作と作法の型を重んじなければなりません。また、所作と作法の型については数多くの流派がございます。

以上の武道修練の方法論は、茶道や日本舞踊、能や歌舞伎などの、所作と作法の芸能とまったく同じであることも理解できると思います。

これを逆に行うと大変なことになる。これは修練の邪道です。左の図のように男の潜在女

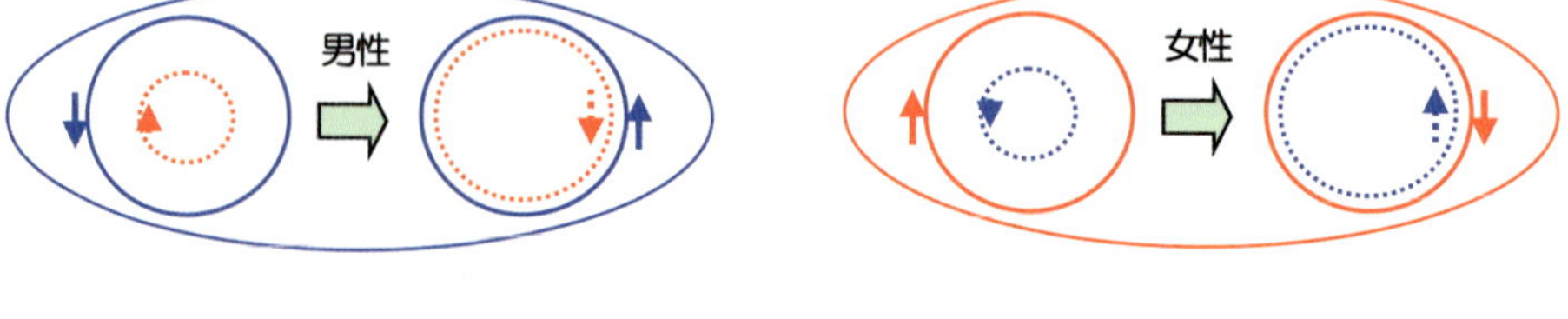

性に女性性を纏わせると、男性性の器量を失って凶暴な青鬼男ができる。また女が潜在男性に男性性を纏わせると、女性性の器量を失って蠱惑の魔女ができる。

けれども、歌舞伎や日本舞踊で男が女装して女形の所作を演ずれば、凶暴な青鬼男を内に秘めた妖艶な美女が創造され、宝塚歌劇などで女が男装し男の所作を演じ、蠱惑の魔女を内に秘めた男装の麗人が創造されるのは、またきわめて面白いところです。

以上のように、礼儀作法も含めて、身体の動かし方で描く所作の型に、厳密な意味があるのが日本武道のユニークさです。スポーツと比べて際立った相違を示すのが、ガッツポーズの禁止でしょう。これは、敗者への思いやりに欠けるスキのある所作とされる。換言すれば勝っても反撃されるかも知れないという想像力の欠如を意味する所作です。

くり返しますが、包む芸能は器量が育つように祈ったり講釈を受けることではありません。あくまで身体の所作と作法をやり慣れること、すなわち「し付ける」ことです。美しい身体の所作を追求するので「躾」と書きます。

教育の方法論で、自由やゆとりを重んじたり、かと思えば精神道徳的講釈を重んじようとか色々揺れ動いていますが、これらはほとんど無駄、あるいは有害劣悪な方法論ではないかと思われる。

近ごろ大人が子供に「行儀よくしなさい！」と言わなくなりました。親や教師自身が行儀が悪いのだから当然です。しかし、家庭における食事の作法や朝晩の挨拶の作法を子供たちに教える事、親や教師が手本を示す事。このように、身体の躾けを重視することが、包む芸能により器量豊かな人間を育てるために最も簡単かつ有効な教育方法論であろう。・・・

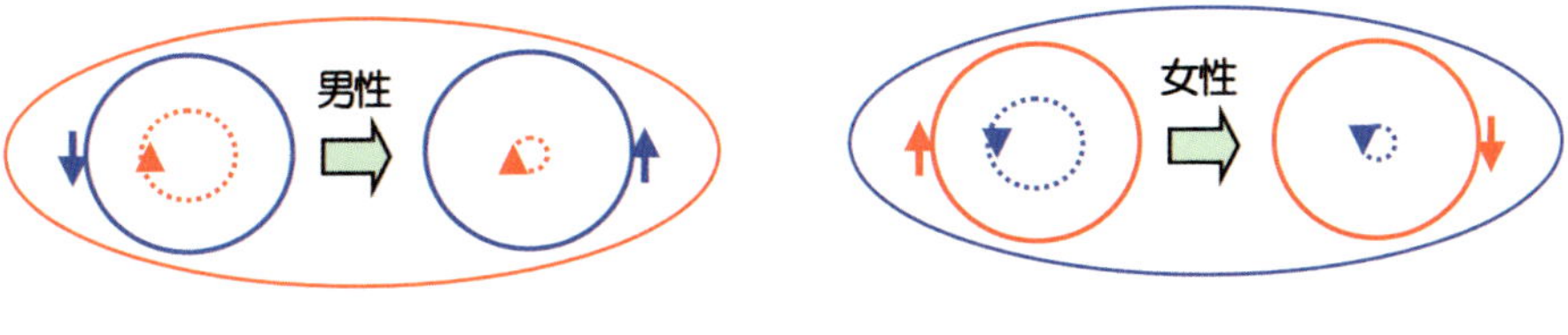

もっとも、軍事教練は極めて有効な教育芸能であるが、これは場合により殺人も犯さなければならない武人の器量を高めるための包む芸能です。青少年教育や企業教育になど、みだりに転用すべきではありません。

　しかし転用してすばらしい効果を発揮するのが、この段の主題である「国家の器量増進法」でございます。下の図で歴然理解できることでしょう。

　具体的には、企業その他の法人、軍・警察組織はもとより官公庁、政治団体、政府などの組織体に「らしくない」振舞いがあったとき、厳しく罰する法律を制定することです。「らしくない振舞い」の定義が難しいと思われるが、それに万国共通の概念がある訳ではないので、雄性国家、雌性国家それぞれの文化・伝統に応じて国民が納得できる定義を設ければよい。

　ただし、この法律を個人や家庭、インフォーマルな集団に対して適用することは厳に慎むべきです。ヤクザ集団に対してもです。ヤクザらしくない振舞いをしたら処罰されるのでは、厚生の道が絶たれてしまいます。・・・法人以上の組織体にこのような法律があることを知るだけで、個人は自ずから器量豊かになるものです。とくに次世代の子供たちが。

　以上が「国家権力で包む芸能」の具体的内容だが、考えてみれば、国家は常に国家権力で包む芸能を実践してきたのだ。それが国家の器量を育てるのに必ずしも有効ではなく、いまだに強姦によるセックスしか知らない未熟な国家が多いのは、国家権力で包む芸能を実践するという概念も方法論もなかったからだ。あるいは、左の図のように邪道の芸能修練を熱心に行ってきたからだ。邪道の芸能修練を行えば凶暴な鬼男のように好戦的な男性国家、ある

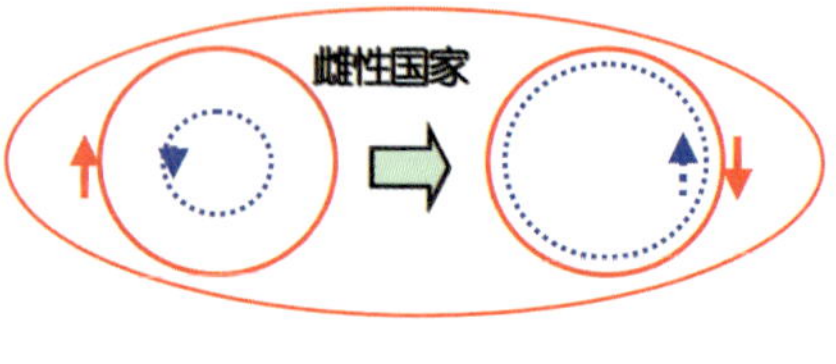

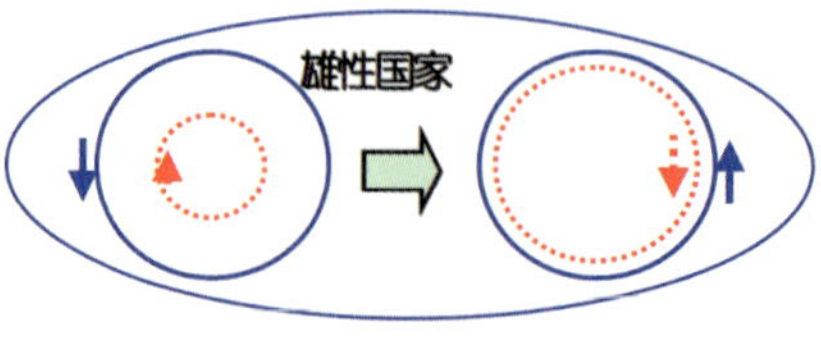

いは、中味は蠱惑の魔女でありながら、やたらと勇ましいことを言う男っぽい女性国家ができあがるのである。右の絵は瀬戸際でがんばる某国を想起するが、近ごろ日本国も、同じような男っぽい権力被膜を着せて、「戦える」軍と銃後を育成することにしたらしい。

・・・「権力被膜の性別を正しく制定する」というのが、なりゆき任せではなく、ヒトの意識的努力で実現可能かもしれないことは分かったが、そんな抽象的なことを言われても、何のことやらさっぱり分からないじゃないイカのウン玉！

プライド文明の幻影をぬぐい去れないウン玉くんには想像がつかないらしいので、次の段では、命の文明期の成熟した戦争の様子を語ってくれよう。

3. ドキュメンタリー・・・命の文明期の成熟した戦争の模様

此度の敵は、いくらお断りしてもわが国の貴重な物品を寄こせと言ってくる。ついに大軍を派遣して頂戴にくるとの最後通牒が来た。仕方がないので、当方も応戦準備を整え銃弾と砲弾を雨あられとお見舞いするから覚悟して来やがれと返答した。遠いところから物品めあてに押しよせてくるところを見ると、どうやら、いま敵は悪さを好む男になっている。当方としては、男どもの最強最大の天敵、女となって対抗するほかはない。わが国の男性諸君は引っ込んでおれ。軍の編成は、尉官以上の指揮官と将官はすべて女性とすることにしたので、必勝の軍が整うであろう。

これは、プライド文明期にはなかった戦術である。男と男の戦闘を散々行って、武運つた

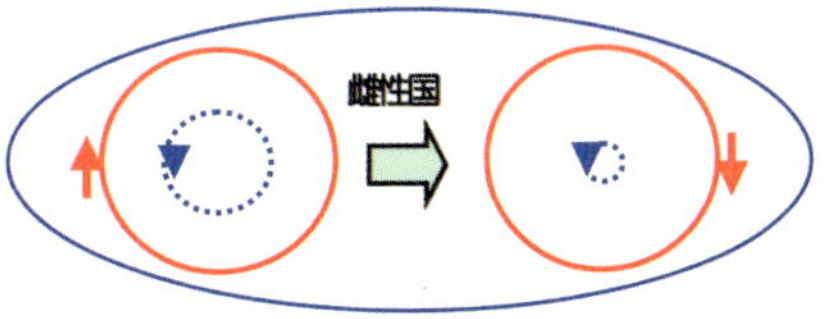

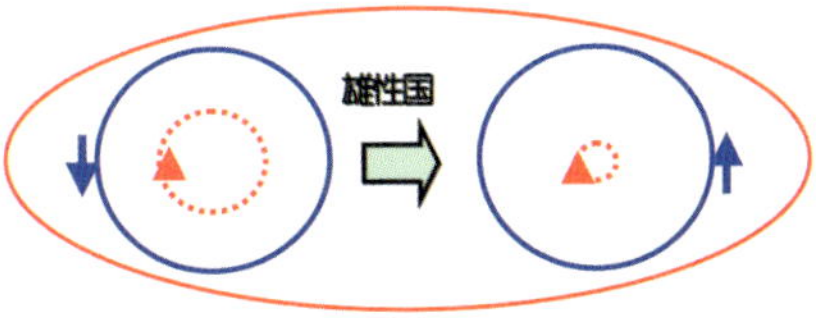

なく多大なる犠牲を蒙り、悔しいけれども降伏しなければならない土壇場でしかとられなかった戦術であった。命の文明期ではそれを最初に実行するだけの話だ。

戦って雌雄を決するなどまったく愚かなこと。戦争がはじまる時点で、相手が「物質的に」当方を必要として押しよせてくるのだから、敵国の最大活性化ＭＢの性別は、いま男性であると見極める。つまり戦いがはじまる前に、「雌雄を決して」おくことができればよいだけだ。相手が雄性優位であることを見極めたなら、当方は雌性優位の国家体制となし、女性たちに戦争を任せるだけでよいのである。

彼女たちは、敵が押し寄せていよいよ戦闘がはじまるという頃合をみはからって、降伏の白旗を掲げて肩すかしを食らわせ、敵を城内に招き入れ男どもに美味しいご飯を拵えておもてなしし、長い行軍に疲れた男どもの食欲を満たしてやる。しかる後に、敵の将兵の身体検査と学歴・職歴の記録を提出することと、その書類審査等をもって生きのいい男を選りどりみどり、似合いの美女を与え虜となし帰国させないという条件を付して降伏文書を取り交わす。捕虜からは、夜は文字どおりの子種をしぼりとり、昼間はしかるべき地位と仕事を与え、珍しい技術や思想などの子種を放出させる。帰国する軍には欲しがった物資や財貨をたっぷり託して見送ってあげれば、二度と押しよせてはきますまい。かくしてアマゾネス軍団はみごとに勝利するわけだ。

さて一方押しよせた雄性軍は、押し出す軍は男性だけで編成いたします。敵の城が見えてきた段階で将軍は次のように指令いたします。・・・今夜は明日の総攻撃に備え全将兵は入浴して身ぎれいにし新しい下着を着けよ。軍服は洗濯してアイロンがけし軍靴は靴墨をたっぷり塗ってよく磨いておけ。銃剣等も同様である。

明日の総攻撃には、背高く美男子ぞろいの第1師団は、みな汚れた軍装は捨て、儀仗兵装に整えよ。全軍は軍楽隊とともに、威風堂々城壁めざして整然と一直線に行進せよ。少しぐらいは銃弾や砲弾を見舞われるだろうが、応射は許さず。ただ断じて隊列を乱してはならぬ。さすれば城内アマゾネス軍団の女どもは、そなたらの勇猛果敢ぶりに感じ入って、ただちに白旗を掲げ、城門を真一文字に開くであろう。かくしてわが軍の勝利は揺るぎないものとなるのであ〜る！

・・・なんじゃこりゃ！　戦ごっこつきの集団見合いと変わらんじゃなイカのウン玉！　ちゃんと戦争の手続きは踏んであるし戦争の目的も達成されておるから文句のつけようはないじゃなイカのウン玉くん！

・・・いいや！　明らかに降伏した方が負けてるじゃなイカのウン玉！

なんとおっしゃるウサギさん！　持っていかれた物資・財貨は単なる投資というものだ。当方は、将来のGDP成長の糧である優秀な技術と人材を、捕虜のみならず彼の子孫までふくめてわが方の国民として入手したのだから、少々の物品などの損失はすぐ元がとれてお釣りがくる。それに、捕虜と美女たちの婚姻関係は、戦争の手続きをへて、国家間の公式文書をもって結ばれたものだ。

これは国家と国家の婚姻関係とみなされるのだ。向後双方の国民は姻戚関係にある者として交流し、自由にパスポートなど持たずに往来するようになる。いわば、双方の国民にとって国の領土が2ヶ国分に拡大したようなものだ。双方の国家にとっても、敵国の領土の治安維持や行政事務などは敵国に任せておけばよいので、いたって低コストで倍の領土を経営できるわけだ。双方の領土的野心だって満足されてるじゃなイカのウン玉君！

4．命の文明の戦争論を導いた「ムスビの原理」

1段めで、男女の調和的結合 harmonic ligion を実現する「ムスビの原理」が、戦争の本質であると申しました。このムスビの原理なるものは、じつは古代アワシマ文明が生んだ概念でございます。

これについてもス兵衛は長々と講釈しているのですが、要するに、こういうことでございました。・・・さてお待ちかね、女性性は必ず女性が担い男性性は必ず男性が担わなければならない仕事があります。それは、人類存続の根幹に関わる最初の仕事、すなわち生命を産む仕事です。むかしむかし、大陸の東端にあった東夷の倭国で著された歴史書の一つ、古事記においてじつに精緻絶妙なる記述がなされています。

イザナキの命尋ねていわく、そなたの身体はどうなってる？　イザナミの命答えていわく、私の身体は成り成りて美しいけれど一箇所だけ成り成りて成り合わざるところがあります。それ聞いてイザナキの命ハタと膝をたたいていわく、そういえば私の身体にも成り成りて成り余れる所が一箇所だけある。

どうだいナミちゃん？　この天の御柱を二人で左右別々に廻って、向こうで出会ったときに、君は左回りスピン、僕は右回りスピンとなって接近引力をフルスロットルで効かせ、僕の成り余れるところで君の成り合わざるところを挿し蓋いで生命を産もうよ。この提案に対して、イザナミの命ポッと頬赤らめていわく。それってていいわねっ！　それしましょうよっ！

・・・エー、本日はこれぐらいにしておきましょう。

3・3・3章　命の文明に至るまでの現実問題

じいさんは老い先短いから、命の文明などと呑気なこと言ってられる。オレら若いもんにとっちゃ、そんなのちゃんちゃら可笑しいんだぜ。・・・ある日ス兵衛にこう言ってやりました。珍しくス兵衛は考えこんでしまって、・・・ならば仕方がない。発禁処分も覚悟して時事問題について語ってくれようということでございました。

1．日本の「周辺事態」に対処する道は

大陸から日本列島を眺めて周辺事態を考えてみよう。中国にとって、今いちばん目障りであるとともに、取る名分もあり魅力的なのは「琉球王国」です。

折しも、極東米軍の再編計画があり、たとえば最も直接的な侵攻能力にすぐれ中国に脅威を与える海兵隊をグアム島などに後退させる動きがあることはご存知だと思います。米軍には時宜に叶う適切な処置であるのは当然ですが、わが国にとっては、沖縄を中国に引き渡す密約でもあるのじゃないかと邪推させるような米軍の動きです。

中国が、長年にわたり理不尽な反日教育や反日宣伝を行っているのは、実は沖縄を最初の標的とした軍事行動の一環です。よく思い出して下さい。薩摩藩が琉球王国に理不尽な侵略戦争を仕掛け、琉球の人々から過酷な搾取を続けていたことを。前の大戦末期では、本土防衛の最前線として琉球の人々に累々たる屍の山を築かせて放置し、今に至るまで、米軍に土地を奪わせたまま放置している事実を。

・・・数百年の長きにわたって琉球の人々を苦しめ続けたのは、私たち日本人なのです。中国は唐と呼ばれた古い時代から現在に至るまで、琉球の人々を苦しめたことは一度たりとありません。

中国は沖縄の人々にこう呼びかけています。・・・あの凶悪な日本が、諸君にどれだけ酷い仕打ちをして来たか、続けているかを思い出せ。一刻も早く凶悪な主人の家を脱出し、人民解放軍を目指せ。そして古きよき時代の伝統を回復し、共存共栄の関係を結ぼうと。

昔の唐国のように、朝貢貿易という対価を支払い、服属だけを求める共存共栄の関係を目標とすることは大いにありえます。朝貢貿易とは貿易収支が赤字になるだけのことで、中国にとっては、大量の物資、技術、

人材の輸入手段にすぎない。同時に外敵を防ぐ盾を対価を支払って購入することです。

テレビやインターネットなどで伝えられる、中国における反日デモや日本商店などへの略奪行為、ウィグル暴動に対する弾圧、それから中国内や日本国内で接する中国の人々の行儀の悪さ。人もなげな尖閣諸島の領海侵犯・・・これらの情報に触れて頭に血を登せ、中国人は劣等な野蛮人だ！などと思ってはいけない。国家の威信をかけてあ奴らを殺してしまえ!!と激怒するなど言語道断である。

それこそ、まずは琉球国を取る絶好のチャンス。日本が好戦的になればなるほど、米国も邪魔すまいと考えている中国の思う壷にはまってしまう事だからだ。そうなれば勝算のない戦をしようとする日本に留まって、無用の国際紛争に巻きこまれるなど御免だ。在日米軍はさっさと日本から撤退し、安全なハワイやミッドウエーあたりの後方に軍を後退させる公算があります。

中国は、在日米軍に十分な脅威を与えるぐらいまで中国海軍と空軍の力が充実するのを待って、いよいよ尖閣諸島への上陸作戦で警告を与え、沖縄に侵攻する構えを見せて、在日米軍の撤退をうながすことでしょうな。

在日米軍が撤退しても日本は大変ですが、撤退しなければ、いきなり大変なことになる。在日米軍が撤退しないことは、米国が中国との平和戦術を放棄し、戦争戦術に切り替えると決断したことを意味する。もし米中戦争が始まれば、自衛隊は、米軍の尖兵として獅子奮迅の働きをしなければならないのだ。

・・・祖国の領土・領海を戦場としてだ。

在日米軍が撤退する公算があると言ったのは、中国軍の脅威に曝されたままの在日米軍を抱えていては、極東米軍は存分に戦うことはできないからだ。もし沖縄の米軍が撤退せずに米中戦争が始まれば、極東米軍は沖縄米軍の防戦に大わらわとなり、日米同盟どおりに日本防衛には働けなくなるのである。

だから当面のところは、米軍は中国軍との衝突はぜったいに避けなければならないのだ。小島の一つや二つ取られようが取られまいが、何がなんでも極東においては平穏を保つ。極東米軍にとっては、中国軍とのパワーバランスによる平和を保つことが当面最大の戦略目標だからだ。スプラトリー諸島での軍事行動も、その限度内でのことである。

日米同盟が締結された1951年から60年余りもたった現在、同盟関係を囲む空間領域は大きく拡大して考えなければならないのです。だが、こう言ったからといって、日本が米国の世界戦略に協力するため集団的自衛権を行使すべきだと言っているのではない。・・・だが、どうやら近ごろはそのようなグローバルな同盟関係を目指すようですな。

祖国を火の海にして失っても、米国についていく覚悟があるのか？　男らしく旗色鮮明とはそういうことのはずだが。

それは飛んでもないことです。日米同盟は、軍事面で男が女を守るのは当然です。それを女も一緒に戦えなどと、何と意気地のない男であろうか？　もう色々と男に尽くすのはやめようとなって当然だ。日米同盟に集団的自衛権など適用してはならないのだ。

・・・こんなこと言われるのは初めてだろうが、日米同盟というのは、男性国家と女性国家が同盟関係を結んだ、世界で二番目の※事例なのである。　※1902年の日英同盟が最初。

アワシマ文明の黎明期において、女性は、男が戦いに赴くのを笑顔で見おくって、男が戦いに敗れ敵がわが城に迫ってくるなら、胸に懐剣を秘め、薙刀をふるってわが身を守るために戦ったのでございます。

同盟関係を囲む空間領域が大きく拡大していると述べたのは、東西の帝国主義戦争は、太平洋戦争前夜の時代と同様に、大日本帝国に代わった中国と、米国が、太平洋を挟んでにらみ合っているという構図で考えなければならないということです。

戦後まもなくの、60年前と異なり、日本のシーレーンを守るとか尖閣諸島を守るとかいう課題、あるいは沖縄を守るという課題でさえ、米軍としては、強大な敵地にあまりにも近い、不利な空間で戦わなければならない局地戦となっているのです。

極東軍の再編が未完成の今は何んとしても避けなければならない局地戦だ。もし太平洋戦争のときと同様、中国軍の戦線が太平洋にだらしなく伸びきってくれれば、その時こそが米軍勝利のチャンス到来なのである。

日本としては切実な問題ではあっても、今の時点で、米国にこの局地戦をも辞さないと約束してくれというのは、米国にとってはまことに迷惑な話だ。敵と戦っている最中に、些細なことに怯えた女がすがりついてくるほど、男にとって足手まといとなるものはない。

今の時代は、女は男から離れて、自分の身は自分で守る決意を固めることが肝要です。男が戦いに有利な戦場に去るというなら、笑顔で送り出してあげるべきなのである。いや、むしろ米国にそれを勧めるぐらいでなければいけないのだ。

中国が米軍を力づくで日本列島から排除するのは無理だろうが、周辺の制海権と制空権の力を互角にするだけで、在日米軍は日本列島から撤退せざるを得なくなる。

こうして在日米軍を追い落とすのに成功すれば、中国が沖縄諸島に侵攻するのは容易になるだろう。日本としては、この地をふたたび本土防衛の最前線となし凄惨な激戦地とするか、中国と何らかの妥協をはかるかの厳しい選択を迫られることになるでしょう。

妥協の道があるとしたら、日中両国が琉球国の独立を認め、双方の軍の駐留のない国家とすることであろうか。島津侵攻以前の琉球に戻すことだから、妥協できないわけではなかろうと思われる。独立した琉球国が中国との朝貢貿易で栄え、中国海軍の寄港地や空軍の補給港を多額の借地料で提供して稼ぐのは、琉球の人々がそれを望むのであれば、止むを得ないでしょう。日本にとっては琉球国がこれまで以上の市場となるのだから、文句ばかり言うわけにはいきませんな。何よりも琉球の人々に対しこれまでのような良心の呵責を持たなくてすむようになるのがよい。

このような琉球国の独立で妥協する道も、男が去るのを笑顔で送り出したことで開けることを知るべきです。中国も、あまりに強硬に沖縄を直接統治するというのは、当然わが国と戦端を開く道となるから、それは避けることだろう。

中国が、帝国主義戦争の好敵手でありかつ日本の同盟国である米国を正面に控えていながら、沖縄に陸軍を送り占領統治を強行した場合、その形勢は、中国の占領軍が、極東米軍と自衛隊に挟まれる形となります。韓国軍は米軍指揮下にあることを考えれば、三方挟みだ。北朝鮮軍が中国に味方するかどうかは不透明です。こんな形勢で、さらに中国軍が自衛隊を押しまくって、北方の日本に向かうのは、米軍に横腹を見せて進撃すること。米軍の餌食となりに行くようなものだ。おそらく、自衛隊との挟み撃ちで全滅となるでしょうな。そのような道を中国が選ぶとは思えない。ロシア軍と共同で日本を挟み撃ちする道もとれない。例え日本を滅ぼすことができたとしても、半分はロシアに進呈しなければならず、ロシアの脅威を防ぐ盾を半分失うだけでなく、ロシアと国境を接する緊張地帯を増やすだけだから。
・・・それにしても、中国が日本との戦争は回避するだろうという見込みだけがわが国安全保障の切り札だとは、頼りない戦略ではないイカのウン玉ぁ！
ス兵衛いわく、中国が日本との戦争のみならず米中戦争をも回避せざるを得なくする積極的戦略はある。じゃが、宰相に、右の消極策を採用する度胸があるかどうかさえ危ぶまれるところに、積極策など進言してみ給え。たちまち刺客がワシの身に迫ってくるじゃろう。ブルルッ！　おーこわっ！

この積極策とやらについて臆病者のス兵衛はなかなか説明しようとしなかったのですが、それは後ほどということにして、続けて彼がどう喋ったかお話しいたしましょう。

皆さんもう忘れたの？　米国は大嫌いな共産主義のソ連とも同盟した敵の連合国の親玉であったことを。日本は落ちこぼれたけど、彼ら、男や男っぽい女どもの帝国主義戦争と、戦争してないだけの平和は現在も継続中なのです。・・・日本は落ちこぼれて幸いだったけど、またぞろ国連安全保障理事会の常任理事国に返り咲こうなどとは、あきれ返ってものも言えませんな。
かれらが、まことの女を是非にと求めるなら、その席に座ってやってもかまわないけど、彼らに少しでも無礼のふるまいがあれば、そこな下郎！　それに直りゃ！　わらわが手討ちにしてくれようぞっ！となりますわよ。
男どもの悪さ仲間に入れなどと言おうものなら、即刻席を蹴って立ち全員に宣戦布告して帰国し、皆さまのご来寇を待ちますすよ。全世界の列強を相手に戦うなど、一度やったことあるから慣れてますわ。その経験から色々と工夫もついたしね。

どうもすみません。すこしテンションが上がりすぎてしまいました。・・・米国にとって、いまいちばん重要な戦争は中東方面のテロ弾圧戦争です。極東方面は在日米軍と自衛隊と韓国軍による中国押さえこみが功を奏して力のバランスが成立し、平和が保たれ貿易戦争ができることが、今一番重要な戦略なのです。だから、米国にとって中国海軍の太平洋進出作戦が気懸りな問題なのは当然だが、日本が勝手に中国と戦争だと騒いで、米軍を巻き込もうとするのは許しがたい裏切り行為であるといえます。

現在米国は、テロ弾圧戦争がはかばかしくない事もあり、かなり苛立ってますよ。ただでさえハラハラしている極東戦線で、勝手に戦争だと騒ぐ日本の行動には激怒しています。

なぜ米国がナーヴァスになるかと言えば、中国の太平洋進出作戦に対し、今や中国大陸に不必要に近すぎるようになった日本列島戦線をあくまで固守するか、それとも、太平洋のもっと後方に後退させるか、極めてデリケートな選択を迫られているからです。

苛立ってはいるが、在日米軍を自衛隊に肩代わりさせられるものならうまいオプションだな。・・・しめしめ、さっきス兵衛のやつがそうしてくれと言ったぞ。そうしてやろうじゃなイカのウン玉君よう！ フフン、そう言うと思ったわ。ヤマトナデシコ軍は日本を守るためなら戦うし、弱い者いじめする男は許さない。だから、米中の帝国主義戦争など日本でやってほしくないし、どちらにも加担する気はありません。そんな甘い期待などしないで、男らしく、胸はって有利な戦場に行ってらっしゃい。

私の身に危ない事があれば、日米同盟どおりに駆けつける律儀さがあるなら、これまでどおりおもてなしします。でも律儀なのは、米中戦争に好都合な場合だけということじゃ、ねっ、イカのウン玉さん？ 感謝はしますけどアテにはしません。

さきほど申したとおり、在日米軍が太平洋の真ん中あたりに撤退した場合、日本としては、沖縄の地をふたたび本土防衛の凄惨な激戦地とするか、中国と何らかの妥協をはかるかの、厳しい選択を迫られることになる。妥協の道があるとしたら、日中両国が琉球国の独立を認める方法。だが妥協が成立するか否かは中国の思惑しだい、米国の意向しだいなのだ。妥協が成立したとしても、その後も日本は、二大軍事強国の板ばさみでつらい舵取りを続けなければならないだろう。だが常任理事国入りで帝国主義戦争がやれる世界列強の仲間入りなどと、ふたたび指針を誤って国家滅亡への道を辿ってはならないのである。

・・・いつまでも国家の舵取りを他国にゆだねて楽チンしようとは、瀬戸際で頑張ってる国や、アジアの周辺諸国から軽蔑され、舐められるに決まってるじゃなイカのウン玉！

よくぞ言ってくれた、ウン玉君！　・・・だが、楽チンの道であっても、つらい舵取りの道であっても、いずれにしても私たちは極東の空間領域において、女神の戦術、専守防衛戦争の達人の域に達した自衛隊を蓄え、やっと独立国らしくなりつつあった大切な祖国を、またしても失ってしまいかねない情勢であることを認識すべきなのだ。

2．概念の性別鮮明にものを考えること

3・3・2章で、戦争とは雌雄のセックスであると申しました。前の大戦で惨敗した大日本帝国陸海軍は解体され、現在は自衛隊という組織に再編されました。ス兵衛の戦争論では、これを次のようにとらえています。

大日本帝国陸海軍というのは、西洋の雄性諸国の建軍思想に則って、雄性の膨張属性をむりやり持たされた軍であった。つまり女性の身体をもつ日本に、むりやり男の一物をとりつける性転換手術を施したようなものであった。

それ以来日本人は性同一性障害に苦しむようになり、大戦直前（昭和初期）にはとくに病状が重篤となり、戦争を行うのにもっとも重要なソフトウェアである戦略を完全に見失い、果ては、敵の挑発にうまうまと乗せられて、惨敗必至であることを承知しながら無謀な戦をはじめてしまった。

それでも、女神の戦術である引いて後の先をとる防御に徹する戦略が採用できたならまだよかった。悲しいかな、むりやり持たされた膨張属性一方の軍では、戦線をドンドン拡大していくだけだった。国の周りに軍を集結させ、燃料消費も極力抑え、索敵に万全を期して敵の来寇を待つという専守防衛の発想はできなかったのである。

歴史にもしもは考えられません。しかし、どうしても戦争をしなければならないのなら、祖国の性別にあわせて、軍の性別も決めて厳守しなければならないと思うわけです。

普段からいちいち性別を意識して生きる必要はないだろうが、このような重大なことがらに関しては、きちんと性別を明らかにして概念構成し、法整備等を行わないと、意味不鮮明でいくらでも拡大解釈が可能。全く逆の意味にすら解釈可能なものしかできません。

例えば日本国憲法第9条の「戦力」の概念についても、雌性戦力と雄性戦力をきちんと区別して記載すれば、今日のように見苦しい混乱を招くことはなかったはずです。

「自衛のための戦力は是」というような解釈がまかり通っているようで、そもそも自衛という概念が極めてあいまいです。自衛の概念は広すぎ自衛のためと称して他国を先制攻撃するなど、今日ほとんど常套句と言っても差支えありません。

しかし、中には性別鮮明な用語もあります。自衛隊が戦後60年にわたって採用してきた「専守防衛」という戦術概念です。専守防衛というのは、明らかに女性の引き技である「後の先」をとる戦法であり、女性国日本にふさわしい戦術である。

その意味で、自衛隊の名称はやめて「専守防衛軍」とした方が、名が女性の体を表わすことになってよいだろう。もっと鮮明に「ヤマトナデシコ軍」とするのもおシャレだ。

前3・3・2章の1段め冒頭で述べたとおり、軍とは国家の性器である。こういう名称だったら、詭弁を弄して自衛隊を膨張属性をもつ一物に改造して、ふたたび日本国に性転換手術を施そうとする動きを、白日の下に曝すためにも有効だ。


集団的自衛権というのは、あきらかに外国との戦争、他国への攻撃を志向する膨張属性の雄性概念です。同盟国からの要請があろうがなかろうが女性が行う行為ではありません。悪さを好む男どもが行うことだ。敗戦で男の一物をむりやり切除されて、悔しいと思う人は多いと思うが、何も、あなたの一物が切除されたわけではない。国家が女性となる性転換手術が施されたのであって、考えてみれば、日本が生来の自然な姿に戻れただけなのだ。


女性国となれた日本は、自衛隊の拡充は行ってきたが、集団的自衛権を行使して米国が行う戦争に協力してくれという要請は、憲法第9条などを盾にとって、頑なに拒否してきました。それでも、金はだすが血はださないとか、旗色鮮明でないなどと嫌味を言われて、PKOならとか戦闘地域でなければとか言いながら、渋々と協力してきたわけです。

ス兵衛だったら・・・女の操は守ります。外で戦をやりたいなら、悪さの好きな男だけで勝手になさい。嫌味言うなら金もださないわよっ！　と突っぱねるでしょうなあ。

それを情けないことに、周辺事態が厳しくなったから、アメリカさん見捨てないで～っ！とばかりに、今ごろになって、集団的自衛権でも何でも言うことききからとにかく見捨てないでね、と言うのは女の性なんてものではなくて、明らかに人間としての恥である。

3．日本国憲法第9条改正案（イザナミ憲法）

ところで、前3・3・2章の最後に紹介した古事記では、イザナミとイザナキは夫婦喧嘩をいたします。・・・とにもかくにも、イザナキが黄泉つ比良坂に千引の岩をドスンと置き、現世と黄泉つ国を遮断したところで二人の停戦と平和条約交渉が行われます。イザナミは、私は現世の人間を1日に1000人殺すと言って和解の条件を提示します。

これではイザナキは敵いません。そういうことになるとオレ様は1日に1500人の生命を産むために、た～くさんセックスしなきゃならん。オレさまのたった一つの道楽、戦で人殺しするのはそっちを有利にするだけの利敵行為になるじゃないか！それじゃ戦を楽しむ大義名分も暇もなくなる。そんだけじゃなか。産んだ子を養う為に働いて稼がにゃならん。不平等条約だ、勘弁してくれ～ナミちゃん！

しかしイザナミは頑として譲りません。愛しいあなた、人間は必ず死ぬことになってるから私の仕事のやり易いことといったらないわね、お～ホホホホホ！と笑い、・・・滂沱の涙をこぼしつつ黄泉つ国の女王として相勤めるために去っていったのです。

イザナミはイザナキに、人殺しは黄泉国を有利にするだけの利敵行為になることを思い知らせ、イザナキの唯一の道楽を禁じ、物理的に封じ込めたわけです。

さて、イザナミがイザナキに強要した女尊男卑の不平等条約はそれに近いものを以下の日本国憲法第9条として産みだしました。

第九条　日本国民は、正義と秩序を基調とする国際平和を誠実に希求し、国権の発動たる戦争と、武力による威嚇又は武力の行使は、国際紛争を解決する手段としては、永久にこれを放棄する。
第二項　前項の目的を達するため、陸海空軍その他の戦力は、これを保持しない。国の交戦権は、これを認めない。

現在まで、この条項を日本国政府が遵守したことはなく、今では露骨にこれを無視しようとしていることはご存知のとおりです。しかし実はそれも無理のないことなのだ。
なぜなら、憲法起草者の国語作文力が足りなくて、イザナミがイザナキに強要した不平等条約に合致しないからだ。女が、男にとって嫌なことを強要したはずなのに、憲法第9条には、性別に関する記載がただの一箇所もない。だから「イザナミ憲法」とは言えないのである。ス兵衛は、日本国憲法第9条は次のように改正すべきだとしています。

第九条　日本国民は、正義と秩序を基調とする国際平和を誠実に希求し、国権の発動たる雌性戦争と、武力による雌性威嚇又は武力の雌性行使は、国際紛争を解決する手段として、これを必要に応じて行使する。
第二項　前項の目的を達するため、陸海空軍その他の雌性戦力は、これを必要十分に蓄積する。雌性戦術をもってする国の交戦権はこれを必要に応じて認める。
第三項　日本国民は、正義と秩序を基調とする国際平和を誠実に希求するため、国権の発動としては雌性戦争のみを行使し、雄性戦争の行使は永久に放棄することを、世界に対し高らかに宣言する。

「正義と秩序」を基調とする国際平和ではなく、「正義を大義名分とする力の行使」を基調とする国際・

国内戦争が蔓延する現在の世界で、国家の威厳たる武力なくして国家の安全保障が成らないのは国家の雌雄を問わず至極あたり前です。

互いに武力行使をしない世界をめざす最終目標を捨ててはならないが、あくまでもそこに至る経過措置として、国際社会の現実に則して武装するのは止むをえないだろう。これは、世界のどの国でも賛同するであろう世界共通の認識です。

ノーベル平和賞オバマさんの偉大さは、武力行使をしない世界をめざす最終目標を捨ててはならないと、世界最強国の元首として世界に宣言したことです。しかし現実問題として戦争をやめるわけにはいかないのだから、現実に則して武力行使するのは止むをえないと言わざるを得なかったことはご存知のとおりです。

日本国憲法は米国が押しつけたものだと言われますが、押しつけた米国が、それをいちばん悔やんだのも事実です。日本は、憲法第9条という、命の文明期が相当深まった時代にこそ相応しい憲法を、世界に先駆けて70年間掲げつづけてきたというのは素晴らしいこと、誇るべきことだと思います。

とくにオバマ前大統領などは、別の意味で押しつけたことを悔やんでいることでしょう。・・・あれは、わが国こそが掲げるべき憲法であった。世界に先駆けてアメリカ合衆国の栄光を示すべきところをジャップに先駆けされてクヤシーッ！


右の憲法改正案は、現憲法の理想を少しだけ現実に則したものに戻そうとするものです。だが理想を捨ててはならないのだ。少しずつでも理想に近づくことができるように戦力概念に雌雄の性別があることを明確にしたのである。

・・・後の先をとる専守防衛の戦術だなどと生ぬるいことを言っておっては、現下の厳しい国際情勢下では屁のツッパリにもならんじゃなイカのウン玉！

イカのウン玉君よ。雌性戦力というのは、屁のツッパリにもならんような弱い戦力のことを意味するのではない。アワシマ文明黎明期の女性が手にした武器は、刀剣などよりずっと威力のある薙刀であったことを思いだしてくれ。それと、恥辱を蒙らんときは自決するための懐剣であったこともだ。

「専守防衛」の概念は、現在のようなチマチマした概念とはだいぶ違うのだ。戦力になるものなら、ありとあらゆるもの、とくに情報謀略の力などは予算が許すかぎり世界でピカ一のものを保持すべきだと考えている。これが、敵味方ともに生命の損耗を減らすのにいちばん有効だからだ。

むろん、兵器や戦術の進歩は著しいのだから、当然最先端のものを保有すべきだろう。２０１３年まで、自衛隊の東部方面総監であった渡部悦和氏の新著(19)によると、米軍ではミサイル迎撃システムの進歩も著しく「レールガン」なども5〜10年ぐらいで実戦配備される見込みがあるそうだ。専守防衛戦争では防御戦力の充実は最優先事項だから、これらの防御兵器の研究開発は欠かせない。ただし戦争の方法論的自己矛盾に陥らせる（自殺兵器に等しい）核兵器は保有しない。保有することは、相手に核攻撃の口実を与えるだけであるからだ。むろん女は核による威嚇など怖れはしない。

雌性戦力というのは、他国の富を奪う※ための戦争は、絶対に行わない戦力ということだ。専守防衛というのは、自国の富が故なく不当に奪われることはあらゆる戦力、あらゆる威嚇行為、あらゆる謀略を行使して断固阻止するということである。

※「奪う」を「故なく不当に奪う」とすれば雄性戦力の正当な定義となる。

憲法改正案で第三項を新設したのは、このようなわが国の考え方を全世界に宣言し、もしこれに自ら違背することがあれば、いかなる非難いかなる攻撃を受けても敢えて甘受する。懐剣を用いて自決することも厭わないということである。

死ぬことを美化しているのではない。世界との連帯を求め女は女らしく男は男らしく、この過渡の大動乱期を、信念をもって怖れることなく乗り越えて、生きて、命の文明期を迎えようと呼びかけている。

3・3・4章　近代国家の戦争論から脱却しなければならない

さて、国家と軍の性別を明らかにして厳守しなければならないというス兵衛の戦争論は、現在の戦争論ではなかなか理解しがたいものであろう。あるいは、阿呆くさいたわ言だと断定されるかも知れません。

現在の戦争論については、ここを書いていた2014年の秋ごろ、近所のコンビニでタイムリーな書物を入手しました。忙しすぎるビジネスマンのための「新戦争論」と銘打った文藝春秋 SPECIAL 2014・10・1発行号(17)でした。この中には池上彰さんや当代一流の論者の皆さまが、戦争というものについて豊富な学識経験にもとづいて個性的な観点から論じておられます。

皆さまデータ豊富で、説得力のある戦争論を展開され、現在の世界がいかに危機的状況にあるかを「平和ボケ」した日本人は知るべきだということを説いておられます。

しかし、私たちはこの危機的状況をいかにして乗りこえることができるのかということについては、残念ながら沈黙されるか、改憲や集団的自衛権などの俗論、あるいは、戦前からある精神論を説かれるなどで、ス兵衛としては少なからぬ不満をおぼえます。

社会国家が雌雄性別を有する生命体だという一点が見えないことが盲点となっています。戦争という物理現象は、イカのウン玉君の大好きな男どうしの決闘だとしか見えないのである。

ス兵衛が、日本国は女性であるから女性器の軍を保有しなければならないと述べたことには、ガッカリした方も多かったことと思います。しかし、男は強く女は弱いというのは、じつは西洋のキリスト教文化圏の思想であることに思いを致す必要があります。明治維新いらい、私たちはこの点でも洗脳され切っているわけです。

東洋の文化圏では、男と女が戦って男が勝つことは滅多になく、むしろ、女は強く男は弱いという思想※が優勢です。それは男が手加減するからということではなく、もっと本質的なことです。

※たとえば「舌切り雀」の説話などなど。

前の大戦で惨敗したのは、女性の日本が大日本帝国陸海軍という男性器を保有し日本人がすべて性同一性障害に陥ったことが、最大の敗因であったと考えています。したがって、現在の自衛隊という女性器をもつ日本国は、軍事的にも世界でもっとも強い国になりうるという結論になります。・・・勝つのではなく、負けないという意味で日本は世界一の軍事強国になったのである。ただし、軍の運用を誤って雄性国の真似では誠に危ういのだ。

現在、一国だけで防衛するのは不可能だからというのが集団的自衛権の根拠とされているが、それは雄性諸国だけに通用する常識。雌性諸国はみな一国だけで十分防衛できるのである。むろん、孤立した一国だけでという意味ではない。現在の中国を見ても分かるが、雌性国は敢闘精神に満ちた機能的な群れは作れないか、至って苦手なのだ。都合による裏切りを完全には阻止できないのだから。

国家と軍の性別を明らかにして厳守しなければならないというのは、そういう意味です。同時にこれは、現在の世界的な危機的状況を、世界の人々と共に乗りこえていく道を切り開くことでもある。

1．現代戦争論・・・世界の常識とその盲点について

まず第1の盲点は、近代工業化社会のパラダイムである、「富国強兵にもとづく近代国家の行為様式」を

至上とする思い込みにある。

高橋洋一氏は「阿部政権の応援団」と評されることがあるそうだが、氏の言われるとおりとんでもない誤解だと私も思う。自分で数理モデルを作ることがあり経済データを解析し、それらに基づいて様々な政策提言をしてきた経験も豊富な人物だ。思弁的議論は軽視し物理モデルを重視するス兵衛としては、この人の言うことは信用している。氏の言われるとおり、解析結果がたまたま阿部政権の政策を支持しているにすぎないということであろう。

「地政学入門」(18)では、スティーブン・ピンカー「暴力の人類史」が引用され衝撃を覚える。

・・・3~5世紀の古代ローマ帝国滅亡から20世紀の第二次世界大戦までの大戦乱21件の死者数がランク付けされている。第1位はやはり第二次世界大戦（5500万人）。第2位毛沢東禍（4000万人）、第3位13世紀モンゴル帝国の征服（4000万人）、第4位8世紀の安史の乱（3600万人）、第5位17世紀明朝滅亡（2500万人）、第6位19世紀太平天国の乱（2500万人）・・・何んと！エントリー21件のうち第2位から第6位までが中国に関係する戦乱だ。しかも8世紀安史の乱までは世界ランキングに上ってさえ来ないのに、それ以降はこのありさまだ。これらの戦乱は、すべて華夏文明※1がソリトン付きの文明期（384~1995）とくに、後半1190~1995年の男性的成長期に起ったことに改めて気づかされた※2。アワシマ文明は1995年からソリトン付きの文明期に入り、世界のスタンダードになるのだった。華夏文明の歴史をみればソリトン付きの文明期がけっして輝かしいだけの甘いものではないことが分かる。

※1　漢民族の別名「華夏族」から、中国文明は華夏文明と称する。

※2　しかも21件すべてがプライド文明最後の1／4周期、ローマ文明期に属する。

この書の第3章では、イスラムの人々の帰属意識は国家より部族に対してのほうが強いことや、第一次世界大戦で主にイギリスの勝手な不始末により、民族と国境線の不一致が放置されていることがパレスチナやアラブ世界の大きな紛糾要因であること等を教えていただいた。

エピローグ「日本の現在と今後を考える」で集団的自衛権についての高橋の見解が述べられる。地政学的リスクで考えれば「集団的自衛権」を世界常識どおりに運用することの有用性は明確すぎるほどだと言う。いくつかのデータに基づいて、現在はアジアが世界最大のリスク地帯である事を論証。国際常識では集団で守り合うことが自衛権の前提であり、「個別」と「集団」の区別なく、いずれも「self-defense」といわれている。以下、ブルース・ラセット&ジョン・オニール「Triangulating Peace」２００１の研究が紹介される。

膨大な戦争のデータから戦争リスクを減少させる程度が数理統計的に次のようになると証明された。同盟関係の強化40％、軍事力バランスの増大36％、民主主義の程度増大で33％、経済的依存度の増大で43％、国際的組織への加入率増大で24％になるという。

高橋の解説は、独立国にふさわしい軍備をして牽制効果を高め、きちんと同盟関係を結び（集団的自衛権は自明）、民主主義国同士で自由貿易を行う関係を築き、国連に加盟する（安保理常任理事国となって大いに貢献？）。こうすれば世界の戦争リスクはぐんと下がる、ということであった。


しかしここからは、にわかに政治家的な言い回しが目立ち、一部野党や識者、マスコミをバカ呼ばわりされるので、高橋さんそれじゃ応援団に格下げだよと言いたくなった。

彼の結論はこうである。・・・集団的自衛権は、日本を戦争に駆り立てるものではない。むしろ正反対で、強い同盟関係を作っておくことで牽制効果を高め、戦争を回避するものととらえるべきだ。まだまだ「より広い、よりよい土地」を求め、実力に訴える可能性がある国（中国？）に対し、信頼できる同盟国とともに集団で守り合う姿勢を「見せる」ことは、自己防衛の基本なのであると言う。

以下、「近代国家の行為様式を至上とする第1の盲点」を指摘する独自の視点から、僭越ながら批判めいたことを述べてみる。

大づかみに考えれば、同盟関係の強化、軍事バランス、民主主義の程度、経済的依存度の増大（自由貿易）、国連組織というのは、すべて西洋に興った近代国家の安全保障概念なのである。近代国家のデータがベースとなって構築された数理モデルだから、解析結果が近代国家の行為様式を支持するものになるのは、至極あたり前なのである。

日本も近代国家になっているのだが、地政学的に日本は西洋には位置せず東洋に位置する。おのずから、日本の安全保障を論ずるためには東洋にある近代国家の地政学的モデルを構築した上で数理モデルを立てなければならない。

さらに、地政学的に雌雄を論じたうえでモデル構築しなければならないが、東西は雌雄性別が異なるというのはＳＳＴモデルだから、それを加えるのは「試合直前のルール変更」になるので、従来どおりの地政学で論じることにしましょう。

偵察衛星技術の進歩で地上は丸見えだから、より広い土地とは、現在では原子力潜水艦を展開できる、より広い海のことだと教えていただいた。自由貿易戦争で覇者となるためにも広い海の支配が必須であることも自明であろう。となれば、太平洋を独占支配している米国に対し、ほとんど支配領域のない中国が広い海をほしがるのは当然だ。

中国が広い海を求めることに危機感を抱くのは米国なのであり、日本ではない。日本としては両国と友好関係がありさえすれば、太平洋を米国が支配しようが中国が覇権を握ろうが知ったことではない。日本は、広い海は昔米国に奪われてしまったのだから、自分が覇者になろうと志すのでない限り今さら欲しがる必要はないのである。これが、日本の地政学的な物理モデルであるはずだ。

日本が自由貿易戦争で負けない原動力は、今や海の覇者たることではない。日本人がもつ繊細な感覚を生かした物やサービスを生産・供給する高い技術力なのである。それなのに米中の戦争で米国に加担し、中国だけを脅威だと考えるのは如何なものか？

日本の地政学的立ち位置から考えれば、米中両国ともに脅威なのである。殊に、もしも両国が熱い戦争を始めるようなことがあれば、それが一番の脅威である。

高橋さんは地政学者としても自負するところがあって「地政学入門」を執筆されたと思う。確かに紹介されるデータや地政学的見解などはきちんとしたテキストがあり客観的かつ正確なものであろう。だが、いざ現在の日本が関係する領域の地政学的見解になると、とたんに学問的な公正さを欠くようになったようだ。強国に挟まれた国の立場が、両方からの脅威にさらされた状態とするのは、地政学的に明々白々な初歩的な概念のはずです。

しかし今の日本で米国も脅威だと述べるのは、（アングロサクソンには至極あたり前の常識だから）米国政府からは大したことなかろう。だが、極左と誤解されるおそれがあるだけでなく、現政権からは睨まれる。いや国内世論やメディアからも叩かれるだろう。そこでつい冷静な学問的判断を誤って、中国だけが脅威だというご見解を発表したのだと推測される。

さて米中両国ともに脅威という地政学的判断から、日本の取るべき進路を考えるなら、今のところ、大戦後まもなく、米国がうっかり押し付けた日本国憲法第9条と「偏務的」日米同盟を最大限活用しうまく立ち回るのも日本が生き残る現実的な道ではあるのだ。

少なくとも、集団的自衛権の世界常識に立ち戻ったり、もともと日本は覇権など握る必要のない国なのを、覇権争いをやろうとは思わなくても、日本は軍事的にも世界に影響を与えるべき大国なんだと考えるのに較べれば、ずっと益しである。

なお「偏務的」と言ったが、地政学的には十分に双務的であることを忘れてはいけない。在日米軍は日本領土内に駐留することを見逃すから偏務的という形式論理に惑わされるのだ。右では、この形式論理は日本の国益のために利用するのもよいと言っただけである。

在日米軍が攻撃されれば、自衛隊は在日米軍を守るために必死に血を流して働かなければならないのである。日米同盟は十分に集団的自衛権の世界常識に従っているのだ。必要もなく望みもしない戦争であっても、祖国の存亡をかけてしなければならないのである。

ちょうどＮＨＫの大河ドラマ２０１６でやっていた。日本は真田昌幸のようにズル賢く立ち回らないと生き残れないぞと言っていたようだ。戦国時代において大きな軍事強国にはさまれているという地政学的条件は、そっくり同じではないか。

日本は、柄でもない大国意識など捨てるべきなのだ。けっして卑屈になれと言うのではない。むしろ逆だ。アワシマ文明への自信と誇りを取り戻せというのである。

当然日本は米国に脅威を与えるわけにはいかない。しかしいくら何でも米国の世界戦略にくっついてヤマトナデシコ軍を世界に押し出すというのは中国には大きな脅威を与えることだ。地政学的に米中両国の脅威にさらされているということは、米中両国に対して脅威を与える行為は厳に慎まねばならないということでもある。

中国にとって日本は地政学的条件からそう易々と揉みつぶせるような国ではないのだ。私たち日本人は「小さな島国」と思っているのだが同じ島国の英国ブリテン島とアイルランド島を合わせたより大きな面積がある。平地を比べれば半分ぐらいだが、とにかく総面積は結構大きいのだ。軍事的に考えるかぎり、全土を武力制圧するのは容易なことではないのである。

今のように、巨大都市文明を謳歌しているなら政府防衛省を降伏させるのは容易だろう。しかし、自衛隊脱走兵たちが日本国の新たな象徴たりうる人※の同行を願い、地方の山地に立て籠ってゲリラ戦を展開した場合、自衛隊は災害救助活動で訓練を積んでいるし、地方住民が支持するのだから占領軍にとってその制圧はきわめて困難となるだろう。

※たとえば天皇の意を体した皇族のどなたか。

要するに、日本のちょっとした動きは、米中両国にとって脅威となりかねないのである。だから現政権のように中国を一方的に脅威として米国一辺倒の「旗色鮮明な」態度を見せるのは、中国の孤独感を爆発させ、米中戦争を招きかねないのだ。在日米軍を抱え込んだ状態で米中戦争※などやられては堪ったものではない。

※前章最後で紹介した渡部悦和氏の著書(19)で、米中戦争は絵空事ではなくまさにその最中であることが分かる。2016年末にこの書を読んで強い衝撃を覚えた。これまで述べてきたこと、これから述べることさえ・・・「何を呑気なことを」と思われるほど、現実は著者の想定を越えて先に進んでいると知ったからである。

たとえば、中国の対米戦略として採用されている「接近阻止／領域拒否（A2／AD）戦略」は、強大な米軍にいかに勝利するかを徹底的に検討した末に人民解放軍が導き出した戦略で、米軍はその対処に頭を悩ますことになったという。A2／AD戦略とは、まず第1列島線より西に次に第2列島線より西に米軍艦船等が侵入することを阻止するための戦略である。海軍の太平洋進出作戦とも呼ばれる。

A2／AD戦略は、相対的に軍事弱者である中国が強者である米国に対して編みだした「専守防衛戦略」であると言え、きわめて合理的だと思う。だからこそ米軍を悩ませるのである。往時の大日本帝国陸海軍がこういう戦略をとれたならと悔やまれるほどであるとも言える。

中国軍が米軍のアキレス腱と認識しているのは、米軍の兵力展開の基盤となる前方展開基地、航空母艦、そして作戦・戦闘の基盤となる4ISR機能（衛星GPS等利用による作戦・戦闘指揮システム）であるという。在日米軍基地などは中国にとっては米軍のアキレス腱の一つで、すでに恰好の餌食に等しいのだ。

ところが、中国のA2／AD戦略に対抗する戦略に関する米軍構想は「エア・シー・バトル（ASB）」

と呼ぶそうだ。日本など、中国を囲む同盟諸国にとっては、付け焼刃のお粗末な戦略と言わざるを得ない。米中戦争が勃発した場合の第1段階で、米軍主力の空母艦隊などは真っ先に安全な太平洋の中間地点辺りに逃げ出すというからだ。米軍につき従った女たちを最前線に置いて、真っ先に逃げ出すような男であることが露呈されるのである。

米軍の作戦構想としてきわめて合理的であるのは分かる。しかし前線に残した女たちの、中国軍との激闘の成果にＡＳＢ作戦全体の成否がかかるというのでは「何んと意気地のない男であろうか」と、前にス兵衛に罵られたとおりではないか。

一時的だという言訳は通らない。そもそもＡＳＢ構想というのは第2段階で勝機を見出そうというのだ。中国軍（とくに陸軍）の戦線が大平洋の第2列島線あたりまで伸びきってくれれば好都合なはずである。こんな戦争を日本と米国はやったのだが、中国はやったことがないのだから。

前章の初めで、米軍がハワイかミッドウェーあたりに後退する公算があると述べたが、公算どころか既に計画まであったとは、この書(19)を読むまで知らなかった。

そういうことなら、米中戦争が勃発する前に、在日米軍は日本領土内から撤退し中国軍に女の身体が狙われるのを避け、まず女の安全を図ることだ。それが頼もしい男というものである。むろん、男が去ったあとの女は、自分の身は自分で守る覚悟を固めなければならないが、中国のＡ2／ＡＤ戦略を阻止することはできないだろう。

だが日本としては沖縄や南西諸島に中国のロケット基地などが設置されること（日本の独立が脅かされる）だけは阻止しなければならないので、ギリギリの妥協線として琉球の独立という消極策を考えた。しかしながらこれでは、米中戦争のさ中に日本と戦争することは中国も避けるだろう（帝国陸軍は、対露作戦のさ中に中国と戦争する愚を冒したが）ということに一縷の望みを託すしかないのである。

現状で米軍に従属・依存させられている自衛隊幹部だった渡部氏が、中国を脅威と捉えるのは当たり前だし、立場上、米国を脅威と述べるわけには行かないだろう。

しかし、中国の優れたＡ２／ＡＤ戦略、対しお粗末なＡＳＢ構想。氏は口が裂けても言えないだろうが、ス兵衛は、これは亡国の事態を告げる書として読んだ。

なお、高橋さんだけでなく、近代国家の行為様式を至上とする思い込みは、当代一流の戦争を論じる皆さま方の大部分にあるだろう。

2．専守防衛戦争の概念は世界に広がる

次に、第2の盲点は、テロリストたちを弁護するつもりはないが、あれだけ弾圧もしくは懐柔してもテロリストの勢いは弱まるどころか、盛んになる一方の世界の現実があることに目を背けようとすることです。テロリストたちが多用するようになった自爆テロ戦法というのは、近代国家の戦争論では許しがたく卑劣で残虐な戦法とされます。

しかしこれは、前の大戦後半で帝国陸海軍が多用した特攻・玉砕戦法が起源であることに目を背けてはなりません。自爆テロ戦法の起源がアワシマ文明にあるとなれば、日本人としてはそのことに目を背けることなく、よくよく考えてみなければなりません。

帝国陸海軍がテロリストとしてではなく正規軍として行った特攻・玉砕戦法というのは、戦況と精神状況としては現在のテロリストたちとそっくり同じです。

特攻・玉砕戦法というのは、いかに劣勢であろうとも、絶対に降伏せず、最後の一兵まで戦い抜くという意志表示であり、近代国家の雄性軍にとってはまことに厄介かつ怖ろしい「女性の戦い方」なのである。・・・女が要らないなら全部殺せ！と迫るのだから。

現在の中国が米中戦争で採用している戦術は「超限戦」と称することも、この書(19)ではじめて知った。文字どおり「限界を超えた戦争」であり、全ゆる制約や境界（作戦空間、軍事と非軍事、正規と非正規、国際法、倫理など）を超越し、あらゆる手段を駆使する戦法である。

「わたしはか弱い被害者なんだから何やっても文句ないでしょ！」という、近代国家の雄性軍にとっては、まことに厄介かつ怖ろしい、まさに「女性の戦い方」そのものである。特攻・玉砕戦法が、命と引きかえに勝利を得ようとしたのに較べても、か弱い兵員（漁民など非正規兵）の命だけでなく、国家の正当性・大義名分、名誉も何もかもかなぐり捨てて勝利を掴もうとするのである。

超限戦は特攻・玉砕戦法を越える壮絶な戦法だと、感心ばかりしている訳には行きませんな。超限戦をも超える汚くて卑怯な女性の戦術となれば、やはりお核兵器（お＝汚）だろうか。これを巡航ミサイルに仕込んで飛ばせば、迎撃しても大量の核廃棄物や核燃料が飛び散るだけである。女のヤケのヤンパチ最終兵器の名に相応しいですな。

・・・さて、第二次世界大戦後のアワシマ文明が世界に先駆けて見出したものは「専守防衛戦争」の概念である。その文明史的意義については、当の日本人がよく理解していないし、まだ世界的に認知されるには至っていない。

専守防衛とは、敵から叩かれてもひたすら守るだけで反撃しないことではない。武道でいう「後の先」をとる戦い方ということである。当然速やかに反撃するし、勢いあまって敵を全滅させるかもしれない。ただ、けっして先制※攻撃はしないということである。武力行使が始まってしまえば、先制も反撃もなくなるわけで、互いに侵略※行為を繰りかえすことになる点で、戦争の様相は現在のものとまったく変わらないだろう。しかし、決して先制攻撃はしないことと、武力行使の目的が敵の戦意をくじくことだけであり、自国が蒙った損害の賠償金以外は敵国から収奪しないことが、専守防衛戦争の特徴である。

※以下「先制」も「侵略」という用語も用いるが、定義は近代法的に思弁的にではなく純粋に物理的に行われる。侵略とは他者の生命・財産を破壊または収奪することだから、先制・反撃ともに侵略行為であることは変わらない。先制とは、時間的に先に侵略行為の発令がなされることをいう。

なお、勝った場合は右のとおりだが、敗れた場合の降伏文書はこうだ。戦争責任は先に侵略を行った敵方にあることを理由に賠償要求は拒絶。敵の武力行使の目的（資源収奪）は遂げさせる。が、一定の期日までにその対価の支払いを求める権利を保持し敵方は義務を負う。ただし不当な価額の取引を不当なタイミングで行わされる事による損害については賠償請求する。

敵がこの条件を呑まないかぎり降伏はありえず、最後の一兵まで戦うということである。このような専守防衛戦争の概念を国際法に反映させるべきだと考えているわけである。

これがなぜアワシマ文明が生んだ文明的成果の一つであるか、以下文学的に述べてみよう。

・・・地政学入門(18)では、集団的自衛権の概念は世界の常識であり日本もこの常識に従うべきだと言います。しかし日本は、70年前までこの常識に世界一忠実に従い遵守した国です。ただ、国際法は悪さを好む男の子たちが定めたルールであることを知らなかった。それが男のリアリズム（力の論理）で運用されることを理解できなかったのである。

日本人は歴史的に戦国時代を経験したはずだのにグローバルな戦国時代には対処できず、翻弄されるばかりだったと言えましょう。これが70年まえまでの状況で、結局、女の子は数多の英霊の屍の山で天の岩屋戸を築いて隠れ、現在にいたっているわけです。またぞろ、世界中の男の子（近代国家）たちが「遊ぼうよ」と盛んに誘っています。隠れた数多の英霊たちは、天の安河原で熟慮しかつ盛んに討議中です。世界の常識に再び戻って遊んであげるのがいいのか、それとも、このような条件を呑むなら参戦してもよいと。・・・女の子が定めたルール（ムスビの原理）も常識にしないと遊んであげません。ルールの運用も女のリアリズム（命の論理）に則るものでなければダメですと。

なぜ、専守防衛戦争が世界の危機的状況を打開する方策になるのか？・・・先制攻撃などやりたくてもできない、世界の大多数の弱小国家は専守防衛戦争を採用するようになる。しだいに中堅どころも採用し、それを大国も認めざるを得なくなるからである。

紛争においてテロルを用いることなく、また相手の威嚇など全く意に介さず、常に公正な解決方法を堂々と主張する。公開の場でのみ交渉し、相手との秘密取引は一切行わない。常に真正なる正義を有することが世界のだれの目にも明らかとなろう。もし力任せに先制攻撃すれば、相手が弱小であっても、かなりの損耗を覚悟しなければならないこともお分かりであろう。

大国にとって、テロリストよりはるかに恐ろしい国家が、しかも多数出現することになるのだ。・・・男の最強最大の天敵、すなわち女が出現すること、アマゾネス軍団の出現である。国際法には、以下のとおり「アマゾーン条項」を設けたらよいだろう。

第1条（認定・承認）次の各号の条件を満たすと認められる場合には、当該国はアマゾーン国と認定され、被認定国は第2条に定める特権を有することが承認される。

（1）国権の発動としては専守防衛戦争のみを行使し、先制攻撃による戦争は永久に放棄することを、憲法等で宣言すること。（3・3・2章の憲法改正案第9条第3項参照）
（2）お核兵器（お＝汚）を保有せず※、国際機関による随時査察又は隠密査察を拒否・妨害せず、かつその非保有が検証されること。
※核保有国も認定対象から除外しないための規定である。
（3）陸海空軍その他の専守防衛戦力の装備・性能・数量については、自国民のみならず全世界の国民に対し、必要十分なる情報開示が保証され実行されること。

第2条（女性の特権）アマゾーン国は次の各号に定める特権を有する。
（1）非アマゾーン国との同盟関係において、集団的自衛権の行使は偏務的であり、非アマゾーン国を防衛する義務はかならずしも負わない。
（2）専守防衛戦争を発動した場合、定めるところ（148ページ参照）により、降伏しない権利および降伏する権利を有する。
（3）いかなる戦闘行為も行っていないアマゾーン国の軍はいかなる交戦地域であっても自由に飛行・航行・通行する権利を有する。交戦国は交戦当事者以外のアマゾーン国の軍を認めたら、その飛行・航行・通行の安全を確保するのに必要十分な時間だけは直ちに停戦しなければならない。

・・・こんなのが国際法になって世界の常識になれば、オレ様の大好きな道楽が台無しになるじゃなイカのウン玉！　特に第2条（3）号だけはオレ様は絶対反対だ！　うむうむ、ス兵衛も気持ちはよく分かる。ま、何人も反対する権利はあるということじゃな。

実は、第2条（3）号というのは、日本の周辺事態のところで提言した、琉球独立という消極策の欠点を克服する「積極策」の行き着くところなのである。積極策とは、軍事同盟の概念を全面的に改変することをわが国が先頭に立って提唱し実践することである。

実践の第1歩として、まずわが国は中国と「専守防衛同盟」を結ぶ。専守防衛同盟とは、どちらか一方が第三国から先制攻撃を受けた場合には、双方の国益云々とは無関係に一致団結して第三国に対する反撃戦を行うこと。ただし一方が第三国に先制攻撃を行った場合、他方はその戦争には一切協力しない。国益云々によっては第三国と一致団結して敵対することもありうる。また今日ありえないが、一方と第三国が宣戦布告書を取り交わし正々堂々と開戦する場合、他方はそれを妨害はしないが中立の立場をとるというものだ。

同時にわが国は、日米同盟を専守防衛同盟に改訂するための交渉を進める。これも難航が予想されるが、米国が先制攻撃しない限り、在日米軍基地を抱え込んだ危険な状態でも、日本は味方するというのだから、ASB構想は有効に機能するのである。

先制攻撃のオプションが妨害されるのは不愉快だろうが、日本は中国の先制攻撃のオプションも妨害しようとするのだ。これを拒否し続ければ、両国とも先制攻撃を狙う好戦的な国家だとの世界的風評が、事実として定着しかねないだろう。

実践の第2歩めは、日本以外に中国を取り囲む米軍の前方基地を提供しているオーストラリア、タイなどを含む中国周辺諸国が、米中両国と専守防衛同盟を結ぶための協調条約体制を構築することである。これにより、それを妨害する弱小国もろとも踏みつぶす覚悟と力があれば先制攻撃が可能であったのが、おそらく不可能となるだろう。

中国周辺諸国のみならず米中両国も、一部の狂信的やからを除けばすべてが米中戦争の勃発など望んではいないのだ。米中両国に先制攻撃のオプションがなくなれば、米中戦争の勃発はあり得ない現象となるのである。

・・・古来より先制攻撃は必勝の戦術であったものを、日本は必敗の戦術と化すことを目指す。

日本の行動はどの国が見ても非難しようがないのだから、専守防衛同盟の締結運動は、なんら陰謀的策略を弄することなく情報公開しつつ進めればよいのだ。いや、むしろ情報公開と宣伝を行いつつ進めるべきである。

第3歩めは自然に進むはずだ。現在の有力な大国といえば米中印露欧の5大勢力であろう。大国間の戦争があっては不利益を被るだけの関係諸国は、挙って大国と専守防衛同盟を結ぶだけのことだ。

アマゾーン第2条（3）号というのはこれが行き着いた先に存在する女性の特権を表わす。交戦国を停戦させるために飛来したアマゾーン国軍の戦闘機1機でも先制攻撃で撃墜しようものなら、たちまち、全世界の軍と戦わなければならない羽目に陥るだろう。その頃の軍事同盟の概念は、専守防衛同盟以外には存在しないのだから。

現在の世界で、こちらが譲れば相手は図に乗って押し出してくるのが常識だ。だから、日米同盟を強化して中国に対処しなければならないというのは正解である。しかしス兵衛が反対するのは現在の日本の姿勢である。米軍をけしかけてか、拝み倒して戦わせるという姿勢では同盟の強化にはならないからである。前章で述べたことは、自分の身は自分で守る決意を固めるのが肝心であることと、日米同盟を真に活かすには、在日米軍は危地から撤退し日本の後方から無言の圧力をかけていただく態勢に転換するのが肝要であることだった。その延長上には琉球独立という消極策の可能性もあるということであった。

一方、今述べたアマゾーン第2条（3）号をめざす積極策は、地政学的な新機軸である。ランドパワーやシーパワーなど、全世界が広義の帝国（パワー）のモザイク模様で彩られ、押し合っている現代世界で、常に帝国に狩られる立場にあったリムランド（周辺）諸国が、一致団結して諸帝国に一定の譲歩を求め、安定した独立と特別な地位（世界の警察官）を獲得しようとするものだ。譲歩は敵の侵略を促すだけという現状から無理な企てに見えるかも知れない。

だが、命の文明期に差しかかった現在、また反グローバリズム（反ローマ文明）が台頭しつつある現在、パワーゲームに疲れ、もう止めたいと思う帝国があっても可笑しくはない。


むろん、ス兵衛の理屈だけで国際法にアマゾーン条項が設けられるわけがない。それには圧倒的なパワーが必要だ。このパワーについては結論だけを述べてみよう。

いまイスラム圏からの大量難民が「ローマ帝国」に押しよせヨーロッパの人々には、「イスラムの逆襲」と映るかも知れない。確かにそれはそうなのだ。イスラム国やアフリカの同盟グループはそう考えているのかも知れない。だが、断じて過去のような血で血を洗う戦争にしてはならないのだ。それは、もはや世界の破滅を招くのみである。

じつは、イスラムの人々こそが、専守防衛戦争の概念を理解し共感できて、世界の常識としていくパワーの持ち主であると考えている。女性の地位を向上させる努力と原理主義の克服という困難な課題は伴なうのだが。

そして、パワーを圧倒的にする上で頼りにしているのが、世界一現実的かつ冷徹な思考の持ち主、アングロ・サクソン民族を生んだ大陸西端の島国英国である。

3・3・5章　近代国家超克への道

近代工業化社会（ローマ文明）のパラダイムに慣れすぎた私たちは、国家安全保障の切り札は強大な軍事力と経済力、つまり富国強兵であると考えています。軍事力も経済力も、流通経済の手段である貨幣をどれだけ潤沢に使えるかにかかっている※。

※以下、軍事だけでなく経済の問題も論じなければならないが、全て3・3・1章（命の文明を支える経済学）に基づくことに留意されたい。これは経済学というよりSSTモデルという物理学であり、経済学として完成されたものではないので、現代経済学に精通した読者は、随分と無知で乱暴な議論だと思われるだろう。たとえば「貿易依存度」や「貿易収支」の用語は、適当な用語がないので用いるのだが、現在、統計数値で公表される概念とは異なる概念を表現しようとする。

貿易収支は、海外の富の「収奪額」と海外への「被収奪額」との差額というような意味で用いている。例えば加工貿易による利ざやというのは収奪マイナス被収奪がプラスの取引ということになる。したがって、海外の富の収奪額が自国の富の被収奪額（コスト）を上回ることを貿易収支の黒字と表現する。その意味で、貿易とは富の奪い合いに他ならず戦争なのである。クラウゼヴィッツの戦争論に倣い、「貿易とは不条理ならざる手段をもってする戦争の延長である」と定義できるだろう。たとえば、海外の安価な労働力を求めて企業が海外進出する手段は、昔の奴隷収奪と本質的に同じと見る。後者が現在では不条理な手段とされるだけの違いである。

同様に、貿易依存度は、自国の富の活用による経済利益に対する、海外からの収奪利益の割合と定義できるだろう。グローバリズムとは、貿易戦争を全世界のどの国とも自由にやらせろという主張に他ならず、貿易戦争の強者が、強者である間だけ行う主張であると言える。ただし、貿易は悪だと決めつけているのではない。物理学に善悪の価値判断はないのだから。

富国強兵の本来の意味は富国のための強兵だったのだが、日本人はこれを「強兵のための富国」と読みかえ、明治維新から前の大戦までは、国策として富国強兵による国家安全保障が図られた。・・・だがどのように読みかえても、富国強兵概念は西洋の雄性諸国には有益であっても、東洋の雌性国家の一つである日本には合わないのである。

富国強兵概念は、西洋諸国が用いたら素晴らしく役に立つ概念であったが、東洋の日本で用いるには、大きな仕様変更を施さないかぎり国防に役立たないどころか、逆に国防を危うくするものである。これに気づかなかったばかりに、日本人は１８６９年の明治維新以来、１４８年経過した現在に至るまで、多大の血と汗を流しながら必死になって国家の安全保障を危うくする努力を続けてきた。誠に奇妙な物理現象だと言わなければならない。

・・・じじいめ、とうとう気がふれたか？　国家の安全保障を「盤石とする」努力を続けてきたに決まってるじゃなイカのウン玉！

豊穣の女神のお気に召されるために、西洋の男性諸国が備えた強兵だったのに、豊穣を産む女神が、自ら強兵を備えるのに懸命となって何をしようというのか。豊穣の女神のお気に召されるために西洋の男性諸国が強兵を携えて女神をお護りしようと来たのに、女神が強兵をもって拒んだのでは、男性諸国は絶望し強盗でも何でもやらかそうとするだろう。

・・・テメェ、オレさまの突っ込みを無視してボケたつもりか！　毛唐どもが備えた強兵に、日本は蹂躙されるがままでよかったと言ってるじゃなイカのウン玉！

さらにおまけに、戦後はＧＨＱから「富国のための強兵」であると教えられたが、何んの躊躇いもなく「富国のための強貨幣」でよかろうと、今度は強兵を備えなくてもよくなって、西洋諸国の尻馬に乗って彼らと同じように貨幣稼ぎに狂奔するようになった。相変わらず女性国日本がもっとも犯してはならない錯誤の度合いを深めるありさまだ。それが、「資源のない国」日本の現在の姿である。国家安全保障がもっとも危うくなった、現在の日本の姿だ。

貨幣を稼ぐのに最も効率がよいのは貿易だ。国の経済は貿易に依存せざるを得なくなるので、必然的に、日本は「資源がなく、安全保障もない国」となってしまったわけだ。

イカのウン玉君の折角の突っ込みを無視して悪かったが、西洋の雄性属性と東洋の雌性属性の、本来の働きと目的を考察し、富国強兵の概念をどのように仕様変更したら、日本の国家安全保障に役立つ概念が導けるものか、順を追って考えてみたのじゃよ。

・・・そうか。じゃあ日本の国家安全保障に役立つ概念とやらの答えが出たのなら勘弁してやろうじゃないカのウン玉！

答えは意外に簡単なものだ。国家が貨幣を欲しがらなければよいということだ。欲しがる必要のない国家とすることである。

富国強兵という雄性諸国からの輸入概念だったが日本人が得意とする読みかえに失敗したのだ。富国強兵概念をそのまま忠実に模倣したのである。あまりに忠実すぎて、日本は西洋諸国と同様に、いやそれ以上に貨幣を欲しがる国、金の亡者の国となってしまった。

女性国日本は、強兵をもって海外進出して富国をはかるなど出来やしないし、その必要もない。もし日本が女であり、西洋が男であるとする認識があれば、女が男の真似をするような国策は採らなかった筈である。最後の将軍慶喜の無念はそこにあった。薩摩隼人の兵児たちをこよなく愛した西郷隆盛の無念もそこにあったのである。

・・・富国強兵は「富民美国」、すなわち「富民のための美国」と仕様変更して用いなければならないのだ。

民を富ませようと日々立ち働く美しい母の国を目指せということである。国民が富むことが大事、国家が富む必要などないのである。国は十分に豊かで美しいのだから。

恵み深く美しい母の国に包まれて生きる民が国を愛さずにいられるだろうか。女性国家の安全保障はまず民である。男性国のように富める国家が民を守るのではないのだ。国を愛さずにはおれぬ富める民が国家を守るのである。・・・実は、富民美国というのはアワシマ文明古来からの国家安全保障政策であった。

それは古事記においても、倭健の望郷の歌や仁徳天皇の民家の炊煙にまつわる逸話で、すでに富民美国を政治の規範とする思想がうかがわれる。

近世に飛んで、260年余りの徳川政権の思想的基盤を築いた保科正之など、幕府の重臣たちが代々用いた江戸時代の基本政策であった。他に、名君上杉鷹山の藩財政立て直し策など、富民美国は江戸時代までは日本で長らく実行されていた古くからの国策だった。揺るがぬ政策規範とされたことは確かである。

富民美国とは、日本人なら誰でも共感できる「お上のあり方」の理想であり目標なのである。超ロングランドラマ「水戸黄門」の葵の御紋の絶大なる威力のワンパターンぶりは、それを如実に物語っている。

西欧男性諸国の富国強兵概念を単純模倣したばかりに、女の長所を生かせず前の大戦では国を亡ぼした。それだけでなく、現在にいたるまで貨幣稼ぎに狂奔し、国家安全保障を日々刻々と台なしにしつつあるのである。

1．ローマ文明による世界征服が、グローバル戦国時代を招来した

貨幣稼ぎ、すなわち外貨稼ぎは、現在の自衛隊を維持・強化するのに足りる程度になったとしても十分なのだ。なのに十分すぎる貨幣をさまざまな形で貯めこみ、ブクブク太って使い道に困るほどになっている。それを少数の日本人に集中管理させ、彼らをますます太らせて国家の貨幣稼ぎの力を増強しようとするほど愚かなことはないのだ。大勢の国民がますます貧しくなるように税制を改革したし、年金財政は破綻に追い込み、さらに株式投資に注ぎこんでますます危険にさらす・・・富国強兵を忠実に実践しつつある近代国家日本は、以前は懸念のなかった国内の治安維持さえ危うくなるだろう。わが国におけるイスラム国の台頭もはじまり、西欧諸国と同様にテロの嵐が吹き荒れることになりかねない。こんな所まで忠実に模倣しようというのか？

富民美国を実行しようにも、国家の生活費が伸びるだけで国家が生き延びるための強兵すなわち軍と警察、それらを統括管理する国家権力機構を維持できなくなる。強兵を維持するため、貿易収支の黒字を増やし、そこからの税収を充当する必要がある。これがないと、国民生活の安全保障を図るべき税収を流用しなければならない。あんまりこれをやると、セーフティネットを失った国民からの反発は必至で、下手すると国家安全保障の重要な一環である治安維持を危うくしかねないじゃないイカのウン玉ぁ！

「国民の安全保障」をとるか、「国家の安全保障」をとるか、為政者にとってはまことに悩ましいジレンマに満ちた問題であろう。貿易収支の黒字が十分確保でき、経済が成長している分には楽ちんなのだが。・・・ああ、お金がほしい！

わが国に限らず、このような近代国家のジレンマには、西洋の雄性諸国や、中国その他東洋の雌性諸国すべてが陥っている。それが世界の現実である。

こうなった原因は、ひとえに、ローマ文明が世界征服をはたしてしまったからである。近代工業化社会のパラダイムである「富国強兵」の雄性概念を駆使する帝国主義戦争が、自由貿易のグローバリゼーションと名を変えて(15)、今や世界の常識となってまかり通っているのだ。・・・世界中の国家がみな富国強兵をはかり、貿易戦争や熱い戦争をもって成長一本槍の膨張的経済政策をとったのでは、世界は紛糾沸騰のグローバル戦国時代となり、いずれ破滅するのは分かりきっている。

世界経済が全体として成長基調にあるうちはまだ何とかなる。しかし世界経済がデフレーション基調となれば、近代国家はすべて、野盗の群れに落ちぶれて世界を彷徨うしかなくなるのである。

2. 富民美国は世界を救う

・・・テメェ！　総理大臣も習近平も、採用したくてもできない「富民美国」のゴタクを並べやがって、時代錯誤のモーロクジジイはくたばれってんじゃなイカのウン玉！

いやいや、富民美国が実行不可能などとは言っておらんぞ。ローマ文明の中でも似たような目標を掲げた政策が実行されたことさえある。社会主義や共産主義の国家がそうだし、アメリカのニューディール政策もそうだった。グローバリズムに逆行する政策もあった。これもアメリカのモンロー主義というのが有名だし、一昨年はトランプ大統領候補が盛んにブチ上げた。確かに、ローマ文明が終焉した現在は、グローバリズムに逆行する政策の方が正解だから、米国民はまことによき大統領を選出したと言える。

しかし、これらはみな、右肩上がりの経済成長を至上とする膨張志向の政策ばかりだ。社会主義政策しかり。外に向かって膨張しないことには続けられない政策であることは、歴史を見るまでもなく、現在の中国の膨張志向ぶりをみればよく分かるだろう。孤立主義や保護主義、ブロック経済圏にしても、衰えた膨張圧を経済圏の空間容積を縮小して一時的にでも高い膨張圧を維持しようとするものだ。

・・・近代国家の為政者にとって、膨張圧が衰えることは恐怖なのである。

エー、なんでございますな。ス兵衛が申しますには、ワシのような老いぼれの男性諸氏なら皆んな思いあたるだろうが、あの膨張圧が衰えるのは、恐怖というかなんと言うかえもいわれぬ悲哀感がある。近代国家の為政者が富民美国を採用できんわけじゃよ。もうローマ文明の時代は終わったのだ。男性の一物のはたらきは、政治経済にはもはや無用の長物と化しているのである。命の文明期には、人類存続の根幹に関わる仕事、生命を産む仕事で女性のお手伝いをするのに専念すべきなのじゃぞよ・・・。

さて、それはともかくといたしまして、膨張圧が衰えることに全く恐怖を覚えない近代国家のグループがあります。東洋半球に棲息する雌性国家群がそれでございます。日本の総理大臣も習近平さんもそれに気がつかないばかりに、バカの一つ覚えの富国強兵の膨張政策にしがみついてるだけなんですな。外に外にと出て、補給困難な砦をやたら沢山築くのは即刻やめて、戦線はグーッと縮小して、本来の国土を、富民美国の難攻不落の城に改造する大事業に着手するだけのこと。

豊穣の女神が住まう美しいお城なんだが、此度の城は、大航海時代とは異なり不心得者の悪さを好む男どもには全くつけ入るスキがない。幾重にも張り巡らされた固い防衛線を、国を愛さずにはいられない富める民が守っているからだ。前3・3・4章で雌性国は一国防衛が可能と述べたゆえんである。

これが、なぜ世界を救うことになるかといえば、世界中の近代国家が揃いもそろって、ぜんぶが膨張圧をもってグローバル戦国時代を繰り広げているところに、東洋半球の雌性諸国が収縮圧をもって縮んでしまえば、紛糾沸騰しているグローバル戦国時代は急速に収束に向かうからである。

3・3・6章　地方分散は安全保障戦略のかなめである

日本の周辺事態を論じたところで、在日米軍が撤退する公算があると申しました。日米同盟は続くとしても、もしそうなった場合1億人が暮らす日本はどんな立場に立たされるでしょうか？　すぐ思いつける事態は、日本のエネルギー輸入の生命線である南方航路を中国に通せんぼされることでしょう。もう一つの事態は、もしもどこかの工作部隊が東京の地下空洞の数箇所に核爆弾をセットした。新宿駅のものを確認してみよと通告されたらどうでしょう。日本は手も足もでなくて言いなりになるしかないでしょうな。

・・・こんなこともあろうかとシンゾー親分は、米軍に日本に留まって一緒に戦ってくれ、集団的自衛権でも何でも言うこと聞くからと、恥を忍んで頼んだんだ。同時に、異次元の金融緩和で戦費調達し、戦える自衛隊にするため安保法制も整備した。国民もそれに信任を与えたのだ。テメェ！　お上のご政道にケチばっかりつけて、人心を惑わしてるだけじゃなイカのウン玉！

・・・ウン玉君よ、どうしても戦争をやらなきゃならんのなら、目先の状況にばかり目を奪われて小手先の戦術を弄していては国家百年の大計を誤るのだ。百年の大計を見据えた戦略はいかにあるべきかを君にも考えてもらいたくて第3章はここまで128ページも費やしてきたのじゃなイカのウン玉くん！　もう第3章規定の134ページはとっくに過ぎて161ページになった。師匠とオバQ編集長がイライラしてるぞ。

しかし、お上のご政道にケチつけてばっかりでもいけませんな。少しばかりは前向きの提言もしてみましょう。

軍略面ではシンゾー親分以前の政府が60年間堅持してきた専守防衛戦略が正しかった。ヤマトナデシコ軍を、日本の領土を守る目的外に向けて、世界に分散配置するなど絶対にやってはならないのだ。防衛ラインは日本の国境線まで縮小してあれば、絶対に敗れることのない世界一の軍ができあがるのだから。

国境外に出るのは、儀礼的な海外訪問と、公海上であれば日常軍務としての哨戒活動に限定する。とにかく、外に向かう軍事行動はそぶりも示さないことだ。その意味で米軍との合同演習も、専守防衛戦以外のものは一切やらないことである。

国連のＰＫＯも今後は縮小していくことです。海外にある日本人の安全を守れないのは悔しいことだが、これは一切を当事国政府に委ねるしかない。身代金要求があれば、法外なものでない限り喜んで応じることだ。ない場合は信念のあるテロリストであろうから、こうメッセージを送るしかない。日本人は身に寸鉄もおびず、母国の後ろ盾もなくその地にいる勇気ある人々である。君らは勇者を殺すのか、殺せるのかと。

前の大戦で、日本は敗色濃くなった段階で初めて戦線縮小をはかり、専守防衛に入ろうとしたのだが、時すでに遅しであった。初めからこの軍略をとり、国の要所に軍を集結し、交渉決裂の後は、静かなること林の如し、座して敵の来寇を待つべきだったのである。

たとえば、陸軍と海軍との確執に血道をあげる（じつは女の弱点なのだが）ようなことをせず、戦艦大和の主砲クラスの大砲を陸軍も備え、特別鉄路で移動式にして日本各地の要所に設置しておいた場合、来寇軍はたとえ外の防衛線を突破できたとしても日本に上陸できただろうか？　ゼロ戦にしても、その優れた戦闘能力を外で見せびらかさず、また航空戦法も見せびらかさずひたすら敵の来寇を待って日本近海で専守防衛の戦をすればよかったのである。どちらが悪い男であるか、米国民に一目瞭然となる利点もあったはずだ。

女の長所は防御に強いこと、後の先の技の専守防衛戦で最大能力を発揮する。勇猛果敢な日本兵は、じつは辛抱強くて従順な弱兵なのだ。難攻不落の城（自己完結性の高い身体）にこもっての防衛戦でなら、ぜったいに敗れることはない。

自己の安全が保証された状態で最大能力を発揮するのが、日本人の女性的特質なのだ。戦国大名のもっとも大切な役割は、戦死者の親族の生活を保証する事だった。高度成長時に、日本的経営と外国から評された終身雇用制や年功序列制などなど。

・・・とにかく「軍の集中」ということが軍略面のキーワードである。

国の周りに集結した軍であれば、その補給は至って容易だから、これは、この軍略のもっとも優れた点の一つと言えます。

しかしその補給物資を生産する国家の身体をいかに構築するかということは、軍略以上に大切な戦略です。補給物資が簡単に乏しくなったのでは、いかに世界一の軍であろうと、潰えてしまわざるを得ないのだから。簡単には破壊されない生産体制を構築することは、きわめて大切な戦略であることが分かります。

・・・生産体制を構築する戦略のキーワードは、「生産手段の分散」である。

1．日本を難攻不落の城とするためのエネルギー自給と食糧自給

2014・9・27の新聞に政府が「再生可能エネルギー固定買い取り制抜本改定に着手」という一面記事がありました。聞くところによると、九州だけで原発20基分のソーラー申請があって、九州電力の買電引き

延ばしで申請業者はパニック状態だそうです。申請にはダミーや架空のもの、本気で実行する気のないものなども多く、実質はこんなに多くはないそうですが、実質5％と見積もっても原発1基分にはなります。

東京の山の手線内ぐらいの面積で原発1基分の電力が得られることを考えれば、九州だけで太陽光発電に利用可能な土地面積が原発10基分ぐらいは十分にあると考えられる。架空やダミーの申請だと言っても、まさか阿蘇火口の上だったりすることはあるまい。諸般の事情が整えば十分にソーラー敷設が可能な土地であることは間違いない。

送電網の増強には数兆円かかるそうで、政府はそれも言い訳にしているようだが、本末転倒もいいところだ。数兆円かけて増強するからそれまで待ってくれ。倒産しそうな業者は法的・財政的に支援するというのが本当です。

なぜこんなことを言うかといえば、なんと！　日本はソーラー発電だけで電力自給のかなりの部分が達成できる国であることが証明されたからです。発電量が昼間しか確保できない事や、天候により不安定であることなどの技術的問題はいくらでも克服する道がある。天候に左右されず24時間発電できるバイオマス発電などの手段もある。コスト高などは、送電網などのインフラ整備が財務的にも完了すれば解消するし、戦争で莫大な貨幣を費消することを考えれば安いものだ。

石炭は別として自給可能なエネルギー源は薪や木炭しかなかった昔と違って、日本経済の長年の念願であり、国防上の致命的弱点を克服できるエネルギーの自給が、一挙に達成できるチャンスなのである。

しかも全国各地にパラパラ分散して、一挙に破壊するのは不可能な形でだ。国家安全保障にこれほど有効なエネルギー源はないのだ。

さらに、電力生産事業が現在のような集中生産方式ではなく、希釈されて、全国各地にパラパラと分散する形態となれば、それぞれの地方で数多くの小粒な資本が形成されて、地域産業振興のチャンスが生まれる。当然、地方の人口吸収力は増大する。国家安全保障にとってまことに危うい都市一極集中の現在の日本のすがたを改めるのに、これほど有効で効率的な手段はないといえるだろう。

東洋の女性国家が、経済効率だけを重視する男のような強さを備えた国家になろうとすることが、いかに国家安全保障を危うくするか考えることです。米国の石油禁輸制裁から始まった戦争であれ程の惨敗を経験しても、日本人は戦史から何も学べない愚かしい民族だとは思いたくありませんな。

戦には、女の国がまことの女になりきったときが最も強いのである。あのベトナム国が、男では世界一強い米国を打ち負かしたようにね。・・・彼らの戦略のキーワードは「分散」だった。どこを叩いても決定的にならない。勝つためには核兵器でも使って全土を焦土と化すしかない。しかしそれでは奴隷として使役するベトナム人は一人もいなくなり、生産手段も全滅だ。米国は、戦争の方法論的自己矛盾に陥るだけだったのである。

前の大戦で、日本は飢餓列島に陥って国民がたいへん悲惨な状態になったことを覚えている戦前・戦中派の人々はもはや少なくなりました。また大戦中期の1942〜1944年に惨敗した戦争に、ガダルカナル島戦とインパール作戦というのがある。どちらも、食糧補給が軽視され（ざるを得ず）、ガ戦の戦死者22493人（投入兵力の62％）、イ戦56000人（同61％）のうち、少なくとも半数〜大半が、餓死か飢餓衰弱による戦病死とされています。華々しく戦って死んだ兵士はほとんどなかったと言ってもよい。

いずれも軍略の拙さが原因となって生じた惨事だったが、戦争をしなければならない時、前線でも銃後でも、いかに食糧が重要であるかを物語るものです。

戦後の日本人は、またしてもこの戦史から何も学ばなかった。大戦までは、兵糧の大切さは認識されていたので、農業を衰退させようという発想はなかったが、戦後は、食糧などは外国から買えばよいので、その金稼ぎに効率の悪い農業など安楽死させればよいというところまで行った。飽食の時代と言われたこともあって、日本人は国家安全保障に食糧がいかに重要であるかを、すっかり忘れてしまったのである。

今や39％という、先進国で最低の食糧自給率を誇っています。いざ食糧輸入ができなくなった時、国産に転換するのは（転換可能な国土も技術もあるが）1年や2年でできることではない。その間食わないで生きられる訳がないので、敵が兵糧攻めでくるなら日本は降伏して言いなりになるしかないのである。

食糧の自給率は70％ぐらいはなければ・・・腹7分めぐらい食べればかえって健康になるので・・・健全な国家安全保障は維持できないのだ。シーレーン防衛など不必要となるぐらい、エネルギー自給率だけでなく食糧自給率を上げる事業は大切です。

一つの案は何年か戦える分の米だけは備蓄できるよう、米の大増産を行うことであろう。国民の必要カロリーの7割ぐらいは米で供給できるぐらいの増産目標とすれば、余剰分や輸入米を国家備蓄に回すことにより、備蓄目標は短い期間で達成可能である。古米や古々米は、平時は家畜飼料用などで処理していく。イザという時、敵による農業破壊が著しくなっても、何年か戦える分ぐらいは備蓄米で確保してあるわけだ。

2. 地方創生の妙案かも

シンゾー親分の政策で、これはよいと思えるのは「地方創生」でございます。しかしこれは経済界の反対がきつくて実行不可能でしょうな。現在の巨大都市文明が貨幣稼ぎには理想の形態なのだから。産業人たちだって明治以来・・・国民福祉の利益ではなく、富国強兵のための貨幣利益を上げろ上げろと言われつづけて、現在の日本社会を築いてきたのですからな。今さら、貨幣稼ぎに非効率な地方分散になど応じられる訳がない。地方創生などはアクセルを強力に踏みながらちょこっとブレーキをかけるようなものだから、適当にやってくれというのが本音であろう。

・・・とはいえコキおろしだけやってはいけませんな。地方創生のスローガンが、地方分散を志向しているのは事実だから少しぐらいは前向きの提言をすべきだろう。

ス兵衛の親友で同じ団塊世代のじじいだが、現在は、九州のとある山村で保育園を経営している嫁さんのところで居候を決めこんでいます。彼がホンのちょっとだけ面白いことを言ってましたよ。

いわく、近ごろはこの辺りも限界集落にちかづいて、嫁も悩んでいるようだ。若者はここを嫌って出ていく一方だから、後期高齢者や末期高齢者ばかり残って、生業のみかん作りも次々と廃業に追い込まれている。ここでは、ワシなんか「五十六十は洟垂れ小僧」の部類だ。山は荒れはて、近ごろはイノシシやお猿さんに占拠され、道路を車で走ると彼らが我がもの顔で闊歩するありさまだ。日本の国は、その固有の領土をイノシシやお猿さんに侵略され、他種族に実効支配されて刻々と面積が狭まってるんだぞ！

今では、山奥に某国の特殊工作部隊の秘密基地が設営されていたとしても、発見するのさえ無理だろうね。あの国が恐いのは核兵器だけではない。へたに刺激すると全国で一斉蜂起して、地方部はぜんぶ制圧されるだろう。ワシらなんかは、みんな人質にされる。

だがワシには、農林畜水産業その他の地域産業の振興のためには、取っておきの妙案がある。キーワードは「人材のリサイクル」だ。

現在の巨大都市文明のなかには、こんな人物がたくさんいるはずだ。・・・苦労してサラリーマンを勤め上げられそうだし、念願のマイホームも手に入れた。子供たちも、社会人として貧しいながらも楽しいわが家の幸せもつかんでくれたようだ。しかし、共かせぎで育児・家事もまともにできず、この分ではワシら老夫婦が世話になるなど望めそうもない。

こうなったら、田舎にひっこんでノンビリ畑仕事でもやって老後を楽しみたいものだが、・・・肝心のその田舎がない！　わずかな退職金や年金もらっても、田舎暮らしもきついだろうからな。やはり、このまま都会暮らし続けて、働けるうちは所得5分の1でも稼いでいくしかあるまいて。ワシら夫婦の行く末は、いずれ巨大都市文明の中での孤独死ということだろうなあ！

・・・きみ君っ！　孤独死だなどと情けないこと考えるもんじゃない。ワシが君らに田舎を提供してあげようではないか。ここでは君らだって「五十六十は洟垂れ小僧」なんだぞ。巨大都市文明の中では、そろそろ廃棄物となりつつある君らだって、ここでは立派な青年だ。ワシが君らをリサイクル利用してやるから、おいで、おいで！

・・・テメェ！　大口たたきやがって。そんな事できる訳ないじゃないイカのウン玉！

おいおいイカのウン玉君！大口たたいたのはス兵衛の親友なんだから、突っ込みいれても聞こえないぜ。まあ、黙って聞いてやっとくれや。

ということでしたが、ス兵衛の親友という人物の「人材リサイクルによる地方創生論」も長たらしくて困ったものですが、捨てがたい味わいもございますので、巻末のあとがき追記の段に掲載しておきましょう。

3・3・7章　命の文明・・・総括

さて、もう終わりにしよう。女性顕在の国家が、格差の少ない富民美国の幸せな国を求めるのはごく自然なことだ。いずれ命の文明期が深まり、世界の女性が主導権を握るようになる。中国などの政情不安定も収まって急激な格差是正が自然に実現する。

男性顕在の国家が、格差の大きい富国強兵の強力な国を求めるのもまたきわめて自然なことである。西洋の顕在男性性は東洋の顕在女性性に先行する位相で振動し、成長し成熟しつつある。命の文明期も深まれば、いずれ、女性顕在の国家との調和的結合 harmonic ligion をめざす余裕も出てこよう。現在の、グローバルな戦国時代も収束し、世界は急激に恒久的な平和へと向かうはずである。

勿論それほど楽観しているわけではない。３・２・３章の71ページで述べたとおり「ある種の慣性法則」が働いて、旧文明が新文明に移行するには２００年ぐらいの遷移期が必要なのだ。この大混乱期を、人類が無事に生き延びることができなければ、新たな命の文明期を享受できるようにはならないのである。

・・・国家のスケールが最小の部族国家であった時代から、人類が一元的に統治できた国家のスケールは、持てる武力が殲滅しうる領域のスケールに等しかった。

ところが現在、核兵器の発明により、近代国家が持てる武力で殲滅しうる領域は、近代国家のスケールをはるかに凌駕し、全世界のスケールに達している。

人類が、全世界を一元的に統治するノウハウと国家制度の基盤を確立しない限り、旧態依然たる近代国家は核兵器を管理することができず、いずれすべての核兵器を互いの想定敵国にむけて発射し、暴発処分しなければならなくなるだろう。

だがそれほど悲観することもあるまい。遅くも１９９５年の２００年後２１９５年までには命の文明期が訪れるという文明交替の経験則を、天気予報の如く全人類が知るならば、

・・・これは自然現象とは異なり、人為的に操作できる現象なのだから、２００年の大混乱期など経ることなく、案外に早く、人類は生きて命の文明期に到達できるかも知れない。

３・３・４章の最後では、アマゾーン第２条（３）号という、全世界の一元的治安維持を図る上で確実に機能する「世界警察軍」の創設構想案も提言しておいた。

そうなれば、冒頭３・３・１章の新しい経済学も確立され、それに基づく政策決定が行われる時代も来るだろう。すると地球ガイア女王の顕在女性性と潜在男性性のバランスが整い、世界中の国家が、強く、かつ幸せな国だらけとなるのである。

・・・どうです？　すばらしいでしょう、ス菜穂お嬢様？　ええ！　とってもステキだわ！

テメェ！　また、シンパにばっか喋らせるじゃなイカのウン玉！　素晴らしいかどうか決めるのはオレさまだっ！

・・・ところでおじいさま、わたくしス菜穂とは申しません。
いやいやスというのはス兵衛のスと同じ。尊いという意味の尊厳接頭語なんですぞ。
・・・ダマされちゃダメよ菜穂ちゃん！　じいさん今ほくそ笑んでたわよっ！
いや！　これわぁ！　歯くそ干してただけなんで・・・ドドンッ!!

第4章　文明の分水嶺、生か死か?

エー、昨日の録画鑑賞会、前座の弟子のやつが如何に長話を続けたかお分かりでございましょう。真打で師匠のわたくしなんか、ほとんど寝っぱなしでございましたよ。

さて「文明はどこに行こうとしているのか」という、この本の副題のことでございますが、老い先短いわたくしなんぞには知ったこっちゃありませんな。どうせ、こんな文明はいずれ滅び去って死の世界に行こうとするに決まっております。

お話に入る前に、雌性国家や雄性国家とか申しても具体性に欠けるので、国家の姿というのは、物理学的にどのような形になるのか描いてみましょう。

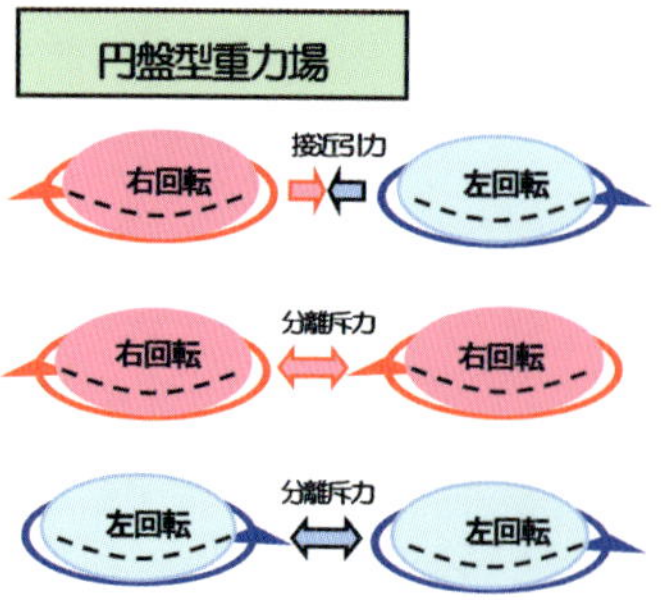

上の絵は、ミクロ領域の粒子とマクロ領域の天体がもつ円盤型の実体的重力場で、下の絵が、私たちが暮らすセミマクロ領域ではじめて現れる葉巻型の重力場である。

これは、2・4・4章※で紹介した磁石のピン重力場でございます。※本書では割愛。

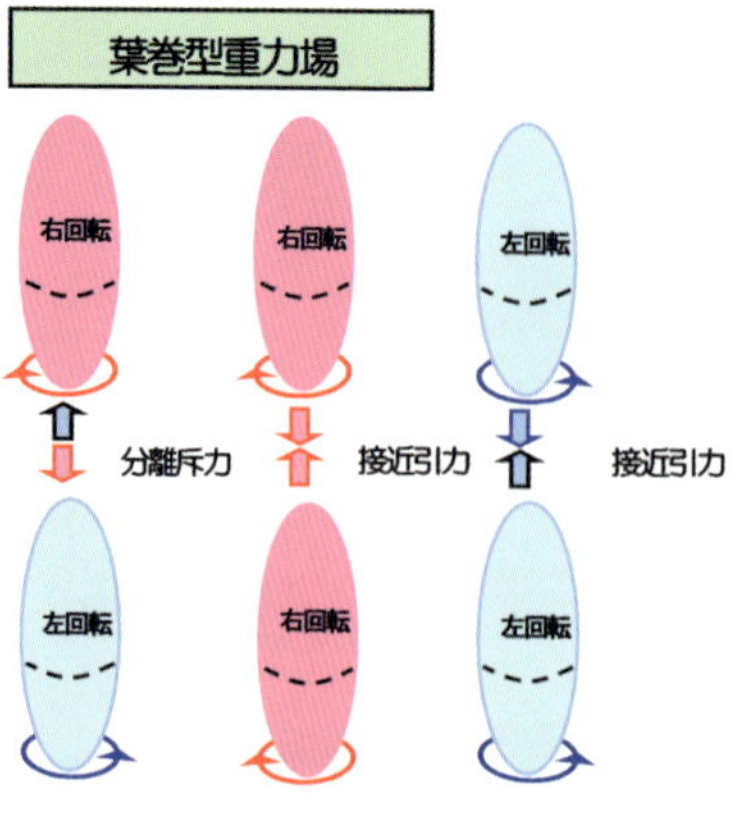

これらを、重力場密度の分布を表わす図として描けば次のページの図が得られます。図の左側は、慣性系粒子で成る物体などを核とする重力場ですが、右側は重力場（拘束系粒子で成る）だけが存在する場なので、赤で描いた反葉巻型の密度分布となります。

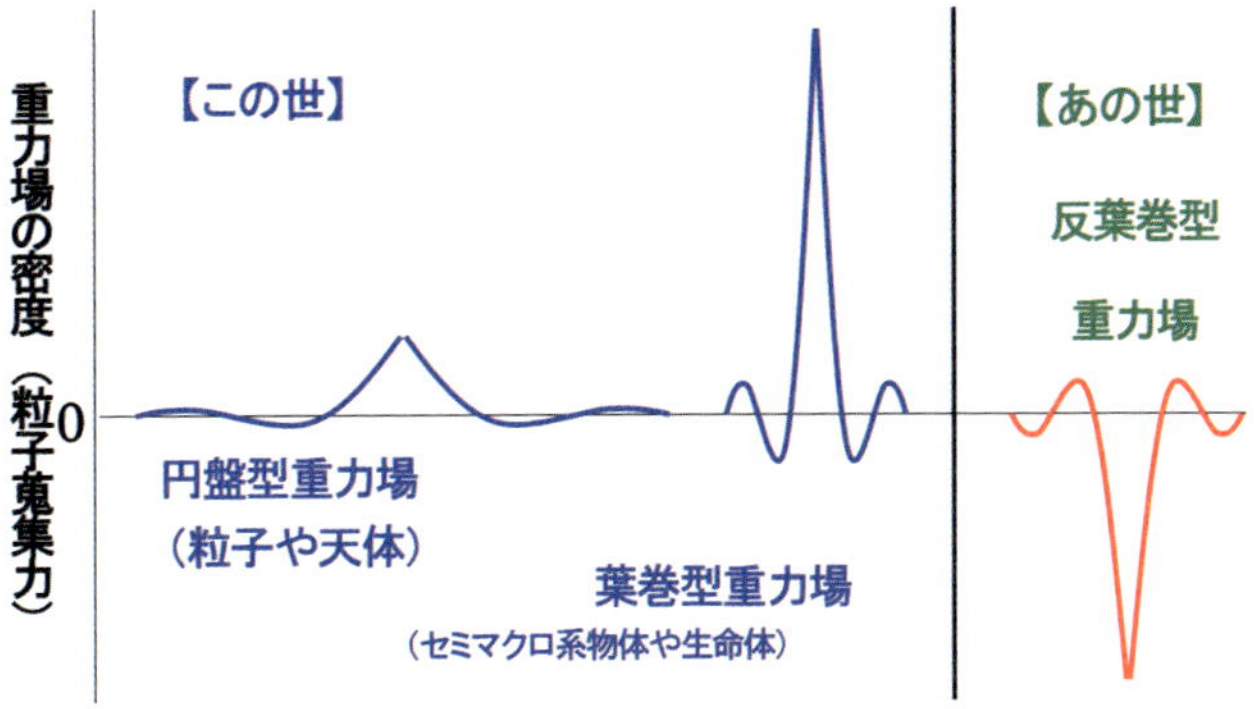

この世とあの世の違いを、葉巻型と反葉巻型の重力場分布の相違として、はじめてお示しいたしました。

古事記国産み神話の夫婦ゲンカの段で、黄泉つ国を訪れたイザナキが見たものは、何もかもが雌雄正反対であった。イザナミは荒々しい男になっていたので、仰天したイザナキが逃げだすのを追いかけ組んずほぐれつの大格闘となった。イザナキが蔓の髪飾り（美）を投げつけるとイザナミの荒々しさ（雷神）は消えた。櫛の歯（豊穣）を投げると竹の子がニョキニョキと生え、それを食べたイザナミの物欲むき出しの姿（黄泉つ醜女）も収まった。最後は桃の実（女性器）を差し出してイザナミの猛り狂った男根を受け入れると、ようやくイザナミは愛しい女性の姿に（イザナキも男に）戻ったのであった。

それ以来イザナキの命が逃げかえった世界のことを「この世」、イザナミの命が女王として治める国のことを「あの世」と呼ぶようになったのでございます。

アワシマ文明の「国の形」は、卑弥呼の時代に確立した「部族国家連合」であり、その統合の中心に天皇という「大いなる虚」があるというものです。これは、ギリシア文明や中国の周の時代の都市国家連合と同じであり、格別の独創性が認められるものではありません。相違点が認められるとすれば、雄性文明の国家統合の中心が常に「大いなる実」であるのに対して、正反対の虚を用いていることです。

それぞれの国の形を図示すれば次のページの絵のとおりです。左側の絵は右上の図で葉巻型重力場としたもので、重力場密度は中心において無限大に発散する。これに対して、右側の絵で重力場密度は中心において無限小に発散するので、前のページでは反葉巻型重力場としてありました。

現在の社会通念から、まことに困ったものだと言わなければならないが、国の形を示す絵は男性器と女性器の形態に対応する。・・・女性はあの世と同じ重力場なんだ。

「大いなる実」を中心とするローマ文明においては、必然的に、財貨・人材や権力を、中心に一極集中させた構造となり、頂点に最高権力者を戴くヒエラルキー構造が形成されます。これに対し、「大いなる虚」を中心とするアワシマ文明は財貨・人材や権力を中心から極力排除した構造となり、中心の天皇は、周りの権臣群よりはるかに深い位置にあり、その周囲の民々よりも深い地下世界にあるわけです。

例えるなら、天皇の位置はカルデラ式火山の噴火口の底にある。火口周りの権臣たちの作る権力機構は、内輪山の形に分散されており、民々がつくる外輪山にくらべてもさほど高い山にはなりえない。権臣たちは常に権臣どうしの権力抗争を行わねばならず、それに勝利して筆頭権力者になれたとしても、他の権臣を殺してしまうと内輪山が崩壊して元も子もなくなる。自分の一族だけで内輪山を構成しても、もっと陰湿な内輪もめが続くわけです。これが「内輪もめ」の語源なんでございますよ・・・。

他族や同族の権臣を野に放逐しても、絵のとおり彼らはさほど低い位置に落とされたわけではないので、いつかまた取って代わられる恐れは常にある。それを防ぐには、中心にある天皇の権威を四方八方に照射して、反逆者どもの眼を眩ませる方法しかないわけだ。

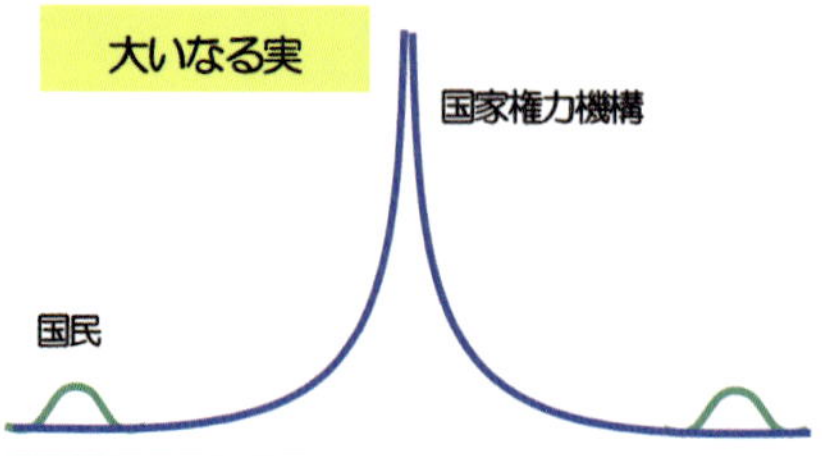

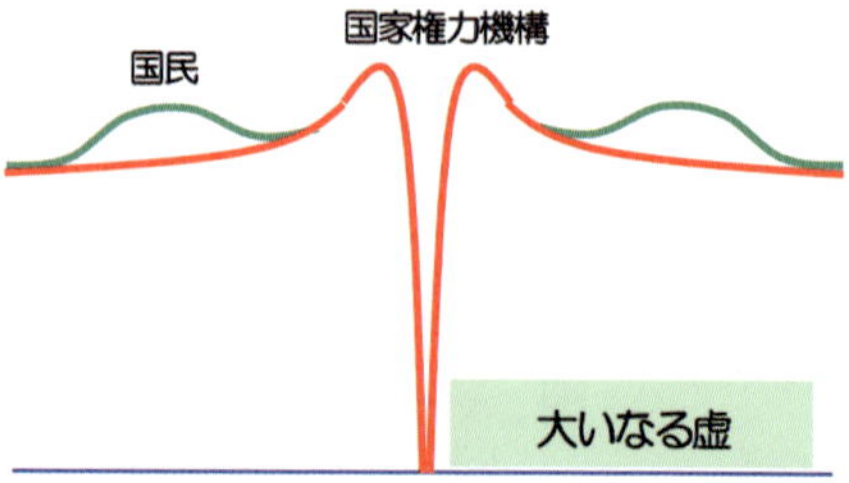

４・１章　世界の終末、ネガティヴシミュレーション

さて、ＳＳＴモデルの文明史、そろそろ何とか終わりにしたいものです。そして、何日間にもわたる史上最長の落語か講談の本、いやいや、正真正銘の物理学の本であるこの本もお終いにいたしましょう。世界の終末、ネガティヴシミュレーションを描くのに、もっともふさわしい舞台設定は、３・２・３章で話したヤンガードリアス亜氷期が開始した時期を思わせるような気候変動が、今まさしく現在も進行しつつあることであろう。それにス兵衛のやつ、亜氷期がまた来るぞ、来るぞと言わんばかりに、次のページのような図を描いておりましたねえ。

そして、グローバル戦国時代がこのまま紛糾沸騰をつづければ、どうやらハルマゲドンをもってフィナーレを迎えるという舞台設定までしてございます。

・・・これだけそろえば、真打で師匠のわたくしの話芸にかかれば、世界の終末の模様を描くなど、朝飯前のそのまた前の夕飯前、も一つおまけの昼飯前でございますよ。

ゼカリア・シッチンの学説(16)では、南極の氷冠滑落による大洪水はＢＣ１１２００年頃、つまり約１３０００年前ということでした。またしても１２８８８年前というのが出てまいります。超古代核戦争が引き金となって、南極の氷冠滑落※が起こり、続く超巨大津波で、地球上の陸地に暮らしていた生命はほぼ絶滅し、続く急激な寒冷化で10年ぐらいの短い間でヤンガードリアス亜氷期に突入した。・・・何んと！　この亜氷期は自然現象ではなく、グレっちのホモサピエンス種族がひき起こしたものだったのだ。

※シッチン説では、氷冠滑落の原因については別の説明がされている。

氷河前進が著しかった北米、ヨーロッパ、ロシア、中国北部では食糧生産が危機に瀕し、堪りかねたどこ

かの国の誰かが、核兵器発射のボタンを押してしまったのだ。後は止めどもなく、全世界にあるすべての核兵器が自動的に発射されてしまうだろう。・・・という具合に、終幕のシナリオはこれで行くことにいたしましょう。

1．ネガティヴシミュレーション終幕前夜

年々荒々しく、不規則になっている世界的な異常気象は、地球が１２８８８年前と同じく、亜氷期のような寒冷気候の定常状態に落ち着く状態になるまでの遷移状態にすぎません。もっとも、今回は間氷期内の現象だから、温暖化で融ける氷は北極海と周りの大陸北部、グリーンランドぐらいのものです。これでもたらされる寒冷化は、１２８８８年前ほどにはならないだろう。ヤンガードリアスでは、10年で７・７℃の下降だったが、今回は４℃ぐらいで納まるかも知れない。しかし氷期と間氷期の気温差は４℃ぐらいのものだと言われます。気温が４℃下がれば、ユーラシア大陸の北西部と北米大陸の穀倉地帯を壊滅させるには十分かも知れない。当然、年々の豪雪で氷河前進も始まる。

しかし全世界的に食糧生産地域を開発する巨大プロジェク

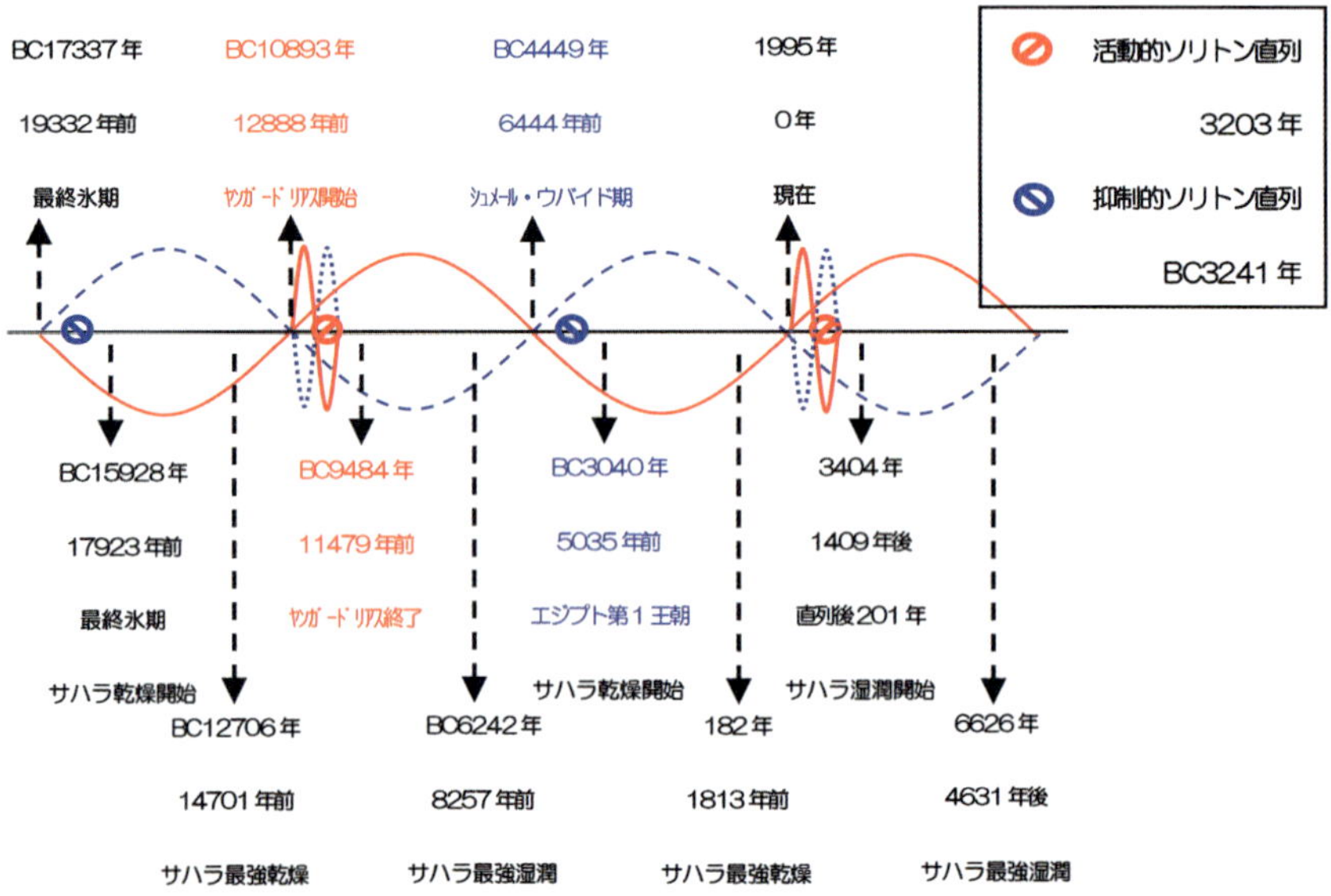

トを実行できれば、飢餓による大量難民の発生と食糧争奪戦争が頻発し、ハルマゲドンを引きおこすようなことにはならないのです。「巨大プロジェクト」は、慌てて急いで実行する必要はない。数十年か百年計画で、寒冷地になると想定される地域から温暖が保てる地域に、全ての生命と必要なインフラストラクチャーを移設するだけでよいのである。一家の引越しという複雑な作業を、誰でも手際よくやれる人類が、たかが数カ国の引越しをやれないわけがない。しかも今からなら十分に間に合うのである。

野生動植物は自力で移動するから、政策的にそれを妨げない措置を講じるだけで、ノアの方舟など用意しなくてもよい。寒冷想定地に必要不可欠な地下資源があるのなら、そこから耐寒耐雪の堅牢なトンネル道路やパイプラインを建設すればよい。

温暖地域に新たな耕地を開拓するのがいちばんの難事業だから、これには資金・技術と、研究開発などあらゆる努力を注がなければならないだろう。しかし急がずのんびりと着実に進める根気さえあれば何とかなる。・・・いずれにしても、現在の技術レベルをもってすれば実行不可能なことは一つもないのである。

・・・そのようにサラリとおっしゃるが、何か忘れておるではなイカのウン玉！

そうなのだよ。現在のようなチマチマした近代国家の統治機構が健在である限り、これは、実行不可能なプロジェクトだ。だが障害はそのたった一つだけである。

１２８８８年前までの人類はこのたった一つしかない障害を乗りこえられなかったばかりに、多大な犠牲を払って６４４４年もかけて築いた文明を、地上の全ゆる生命を道連れに喪失したのである。

たった一つの障害を乗り越えられなかった原因は、形而上学的信念体系という、ヒトの自尊心やプライドを支える大切な概念について、深い省察をくわえて改変する努力を怠ったからである。

人生は戦いである。戦いに勝利するには人一倍の努力をしなければならない。禁欲による節制と犠牲をきらってはならぬ。勝利してこそ、人類の栄光も幸福も、文明の進歩もあるのだ。前進のために、自分の生命はもとより親や家族、友や恋人、同朋の生命の喪失を恐れたり、悲しんでばかりいてはならない。むろん行く手をさえぎる敵は必ず粉砕しなければならない。・・・その信念と自尊心・プライドがヒトの文明をここまで進歩させ支えてきたのである。このような形而上学的信念体系が、６４４４年間もの間大成功をおさめ、人類は現在というところに到達したばかりだ。

「万物の霊長」とまで自らをほこってきた私たちであるが、そろそろ、自問自答しなければならない時期にさしかかっている。シュメール文明にはじまる「プライドの文明」と名づけた男性的文明はすでに終わったのである。如何に強く、大義のために死ぬかが最も称揚される男性的倫理規範が、如何に美しく、逞しく生きるかがもっとも称揚される女性的倫理規範をもつ文明に移行しつつある。だが・・・。

このままホモサピエンス種族が、プライドで固めた近代国家の概念を改変するなど、死んでもいやだとがんばる限り、いよいよ１２８８８年前の二の舞だ。かくしてハルマゲドン～大洪水～亜氷期突入というネガティヴシミュレーションの最終幕が開かれ、始まるはずの命の文明の６４４４年間は、またしても放射能の自然消滅と地上の動植物生態系の回復のために費やされなければならない。気の遠くなりそうな、長い長い文明喪失の時代となるのである。

世界中の国々がそろいも揃って近代国家の概念にしがみつき、こうも力強く、焦りにあせってネガティヴシミュレーションの終幕を引き寄せようと頑張っているのだからもう仕方がない！　いよいよ終幕の開演とまいりましょう。

２．ネガティヴシミュレーション終幕

さあ〜て、いよいよネガティヴシミュレーション終幕のお時間となりました。このお断、どのような味付けと筋立てで行ったらいいものか、噺家のわたくしとしては悩ましいかぎりでございます。

ス兵衛のじじいに小難しいこと言われずとも、数々の聖典だけでなく、世界各地に伝わる洪水伝説。これも単なる予言や伝説ではないのだろう。いま地球温暖化により海水面が上がり、北極や南極の氷がどんどん融けていることはご存知だと思います。

・・・しかし、わたくしの推測では、こんなのは問題でも何でもない。

実際は、太陽の黒点は最小数に達し、地球は何度めかの氷期に向かっているそうです。だから温暖化ガスなど出せるだけ出して大気を暖めてやらないと、そのうち寒くてかなわなくなる。しかしそれでは、極地の寒気団と赤道の暖気団との戦いが年々大規模になり、超大型台風やハリケーン、そして、夏場の大熱波大雨と冬場の大寒波襲来が、年々荒々しくなっているのはどなたもご存知だと思います。

・・・だけどこれぐらいのことは辛抱しなくちゃいけない。

赤道の暖気団と極地の寒気団とを程よく混ぜて安定した温度に達しさせようとしている、ガイア女王様のエアコン装置が働きだした遷移状態にすぎないのだ。ガイア女王のお父上であるソーラー大王が熱供給量を絞り込んでいるから、仕方ないじゃないですか。まぁ、人間も温暖化ガスなど出して、無理に大気を暖めようなどとせず、大人しく氷期を迎える引っ越し準備だけしておればよいのです。

・・・しかしやはり、こんなのも問題でも何でもない。

せっかくソーラー大王が熱供給量を絞り込んで、極地の氷が融けないように計らってくれてるのに、温暖化ガスをチビチビ出して暖を取るだけで足りなくなったホモサピエンス種族が、食糧不足で危機感を募らせた挙句に、ハルマゲドンなどやって効果的に暖を取ってごらんなさい。・・・せっかくのソーラー大王の計らいも台無しになって、融けはじめている極地の氷が、とくに南極大陸に乗っかっている氷が急速に滑落するのが怖ろしい。

・・・これを一大事というのである。

さて悩ましい噺の味付けの問題ですが、あまり凄惨なものでは落語のネタとして相応しくない。ハルマゲドンでも人類の半分ぐらいは生き残れたとしよう。

南極大陸の氷冠滑落も全部ではとてつもない大惨事となるので、大負けにまけて10%ぐらいの規模といたしましょう。

たまたま2015・1・4NHKスペシャル「巨大災害」シリーズ再放送の中で西南極の氷河の流速を調べた科学者の話が報じられました。5本か6本ぐらいのまとまった氷河の氷がぜんぶ海に流れ込むと、ちょうど南極氷冠の10%ぐらいになって、海面の6メートルぐらいの上昇をもたらすそうです。これらの氷河の流速は年々急速になっており、いずれ6メートルぐらいの海面上昇は避けられないそうです。まあ、ゆっくりした海面上昇ならなんとかなるだろう。

しかし、これらの氷河のクレバスが、ハルマゲドンが引きおこす大地震で一気に長大な亀裂となり、氷冠の10%ぐらいが分離されて、1週間ぐらいで、一気に海に向かって滑り落ちてしまったらどうなるでしょうか？

松下電器（現パナソニック）社員であった頃の高木善之さんの試算によると、周期2週間、波高300メートルぐらいの巨大津波が発生するそうです。ウロ覚えの記憶なので、数字は正確でないかもしれないが、およそこんなもんだとス兵衛は申します。

あれ！　今夜の満潮はいつもより高いな？　それに干潮もいつもより引きが弱かった。翌日は何だこりゃ！　朝から高台の住宅街まで水浸しじゃないか！　夜になると平野の大部分が水没。おかしいな？　どっかの川が氾濫したか、でかい水道管が破裂した筈なのに、なんでこの水はこんなに塩辛いんだ？

・・・なんて呑気な奴はいないと思います。洪水は300メートル以上の高台に避難するか、ノアの方舟に乗れても、一緒に乗り合わせたライオンさんに食われず、一ヶ月ぐらいは無事でないと生き残ることができません。ようやく津波が収まって故郷に戻ってみると、街は6メートルぐらいの海の底にあります。世界の沿岸都市のインフラストラクチャーは壊滅です。一番深い時は300メートルぐらいの海底に沈んだりしたのだから。

してみると、ハルマゲドンや大洪水があってもホモサピエンス種族がぜんぶ死滅する訳ではない。しかし残った僅かの種族も放射能汚染で生存が難しくなっている上、熱で蒸発した海水が作る分厚い雲で太陽光線が遮られ、食糧生産はほとんど不可能となるばかりでなく、地球はより急激に亜氷期に向かうだろう。ごく少数の運のよい人々が、赤道近くで原始時代の生活を細々と営むような状態となるでしょうな。

だが、最古のシュメール文明から僅か6444年で核兵器を開発したホモサピエンス種族のこと。その倍の12888年もあれば、前半の6444年はガイア女王様の手で放射能はあらかた除染される。だからシュメール文明段階ぐらいには到達できる。そして後半たったの6444年で、また核兵器が手に入るのだから、また何度でもハルマゲドンはやれる。人類絶滅だなどとまた大げさな。何も心配することはないのです・・・。

・・・あ〜あっ！　こんな話疲れますね〜！　お喋りする私めなど、お客様にはゲラゲラ笑ってもらわなくちゃおまんまの食い上げだし、もう疲労困憊ですよ。早いとこケリつけてほしい。ア痛っ！　何だぁ弟子の前座じゃないか？　何で師匠のオレ様を蹴りつけるんだっ！

アアッ！　アーッ！　アアア〜〜〜ッ！

4・2章　SFコメディ　世界最終戦争

わけ知り前座のわたくしが、タイムマシンの旅から戻ってみたら、ちょうど師匠がケリつけてほしいと言ってたので、師匠はわたくしが乗ってたタイムマシンに蹴りこんでおきました。エー、わたくしの旅先での噺は、3・3章の録画を師匠が勝手に放映してしまったので、前半はもうございません。本日は、後半の録画鑑賞会ということで、わたくしはもう帰宅させていただき、ゆっくりと旅の疲れを癒させていただきたいと存じます。

1．桃太郎の鬼退治作戦

どうやら、この世の中で困るのは、自宅の裏山に大きな洞窟掘って、金の延べ棒で床や壁を張りつめたり大きなプールをこしらえ、中に金銀サンゴに大判小判をザックザクと詰めこんで、毎晩のようにプールで泳いではゾクゾクする喜びを味わおうとする大金持ちと、国家機密を貯めこんで強大な権力保持者であることに無上の喜びを覚える権力の亡者だけのようです。なに、ごくごく少数の女々しい赤鬼男、もしくは凶暴な青鬼男だけです。

・・・そこで、全世界の男どもは団結せよ！　これから桃太郎が鬼ヶ島の鬼退治じゃあ！

鬼退治の作戦計画を発表する。・・・桃太郎が、父母より授かりしキビ団子を１個あげて従えた雉島大尉の諜報連絡によると、世の中が危機的状況を脱出できない原因は、全世界の軍が真の敵を見誤った戦ばかりやってるからだ。次のように真の敵を見極めよ。

・・・男の敵は男にあらず。敵のように見える男は、力くらべと、知恵くらべの悪さが大好きな、近しい遊び仲間である。

同じくキビ団子を１個あげて従えた猿田少佐の軍略によれば、男の敵と相まみえたら、互いに肩をたたいて祝宴を催し、双方の持てる戦力と本国の物資不足度を詳細に比較検討し、極秘裏に勝敗は決しておく。しかる後に報道陣を呼び寄せ、迫力満点、ド派手な鬼ごっこの実弾演習を楽しんだら早々と停戦する。そしてまた遊ぼうねとバイバイすればよい。

敗けた方は、帰国して女性たちに責められるだろうが、なぁーに次は絶対勝つから辛抱してねと慰めてあげればよい。女性たちも男どもが何かやってる事に薄々感づいても、生きて帰ったことだし、次はぜったい勝つのならと許してくれるだろう。

軍師猿田少佐の洞察によれば、男の真の敵は最強最大の天敵、女性たちなのだ。なぜなら、女は生命を産み育み世に送りだす人類存続の根幹に関わる仕事を為す主体者。男はお手伝いの助っ人である。主体者に助っ人が敵しうるわけがない。従って、国家どうしが戦争を行うとき戦争の主体者は双方の女性たちなのである。

現在の世界が危機的状況を脱出できない原因は、女と女の戦は、女どうしの井戸端会議で、・・・うちの宿六に醤油買ってと頼んだらお酒2升も買って困ったわ。あら、それならウチのお醤油あげるからお酒1升と交換してね・・・という具合に決着つければよいものを、いつまでも男と男の代理戦争で決着をつけようとしているからである。その女たちの怠慢が生んだものが金の亡者の赤鬼男および権力亡者の青鬼男であった。鬼ヶ島は女性たちの中にあり！

・・・そこで桃太郎は、父母より授かりしキビ団子1個を犬神将軍に取らせ全軍の進発を命じるのである。

2．緒戦・・・ハルマゲドンの戦い

チョ〜ン！　時はヘイキの平左18年。今や中東地域のイスラエル、イラン、サウジアラビアの3国だけを残して全て併呑した、あの卑劣で残虐なテロリスト集団で成るイスラム帝国に対し、米英仏3ヶ国連合軍が決戦を挑む事態と相成りました。

わたくし、犬あっちけ放送のアナウンサー、一休ス菜。恥ずかしながらス兵衛の孫娘でございます。此度3ヶ国連合軍より取材要請がありましてこの世界最終戦争の天王山の大決戦、ハルマゲドンの戦いが、ここ、シュメール文明発祥の地で行われます。

すでに、ペルシア湾奥深くには、核兵器使用の大統領裁可を得た米原子力潜水艦群や、原子力空母群の配備は完了しているようです。地中海イスラエル国の沖合にはＮＡＴＯ軍の原子力潜水艦群や、空母群。トルコ国境方面には同じくＮＡＴＯの陸軍３００万が進撃の準備を整えて待機しているもようです。

ああっ！　なぜかヤマトナデシコ軍の掃海艦や補給艦と護衛艦までが、ペルシア湾内を多数遊弋しているとの知らせがたった今はいりました。そこは非戦闘地域ではありませんったら！　ついにわが国までが集団的自衛権を行使した模様です。


えーっと、本日へイキの平左18年８月15日。まず、ハルマゲドンの戦いはここシュメールの野での戦車・歩兵による戦闘をもって行われるそうです。双方とも戦車１００両と歩兵１０００名と限った限定戦争をもって緒戦は飾ることとの協定があるのだそうです。あの卑劣で残虐なテロリストたちも案外に紳士的なところがあるのですね。

私の立っているところはシュメールの野の南方にある小高い丘の上で、ここで米英仏３ヶ国連合軍の最高司令官閣下お三方と、イスラエル、イラン、サウジアラビアの３ヶ国同盟国からの派遣武官の方たちが観戦されるから、ここから取材報道してよろしいとの許可が得られました。各国報道陣も同様に待機しています。この丘の守備は、米兵50名ほど、大丈夫なんでしょうか？

さて、ただいま現地時間で午前10時半、いよいよわが方の戦車兵団はそろそろ出撃予定の時刻ですが・・・ああっ！　動きはじめました。戦車１両につき歩兵10名の整然とした隊列を組んでゆっくりと出撃開始です。北方から来るはずの敵の姿はまだ見えません。・・・ここで衛星放送のカメラを地平線あたりにズームアップいたします。ああ！　わが方の雄姿のはるか彼方に敵の兵団がこちらに向かってくるのが小さく見えています。
・・・１時間ほど経ちました。わが兵団の姿はくっきりと画面に映っているのですが、まだ敵の姿はあまり鮮明ではありませんね。あっ！　わが方はただいま停止いたしました。敵が近づくのをゆうゆうと待って戦車砲の射程ギリギリに入ったら砲撃開始するという作戦予定がただいま知らされました。・・・いま午前11時55分、そろそろ兵士の皆さんもお腹が空いたのではないでしょうか？　ああっ！　ついにわが方の戦車砲がいっせいに火を噴きはじめました。敵の方も砲撃を開始したようです。

・・・戦況やいかに？　ああ、どうやら敵の砲弾はまだこちらに届いていないようです。敵の戦車からは次々と火柱と猛煙が上がっているところを見ますと敵の損害は甚大、わが方の圧倒的勝利が見えてまいりました。ああっ！　こちらの猛砲撃をかいくぐって猛烈な勢いで突進する敵が見えてきました。その数え－っとおよそ戦車50両。ああっ！　敵の砲弾が味方兵団に届くようになりました。皆さん気をつけてっ！・・・しかし敵の砲撃は走ってる戦車からだしテロリストたちの砲撃の腕前は大したことないみたい。砲弾はことごとく狙いが外れ砂漠に砂煙をあげるだけ。ただの1発も味方戦車に命中しません。いっぽう、こちらから停止した戦車から優秀な砲撃手が狙い撃つ砲弾は百発百中。次々と敵の戦車は撃破され、もうもうたる煙に包まれて姿が見えません。こうなれば、敵兵はぜんぶ武器を捨て手をあげて降伏するしかないでしょう。・・・ところが、ああっ！なんてこと！　敵兵たちはみんな白兵突貫攻撃をしかけてきました。あっそうだ！　彼らは卑劣で残虐なテロリストなんだ。みんな腹巻に爆弾を仕込んでるんだわ。皆さん気をつけてっ！

・・・味方１０００名の歩兵団は戦車の前方に出て膝射陣をつくり、突貫してくる敵兵をすべて１００メートルぐらい手前で射ち殺してしまいました。なんだか、味方の銃は少し上向きだったみたいだけど、ああ、なんて酷いこと！　足を狙い撃つぐらいのことはできないのっ！　それをぜんぶ射殺するなんてっ！

ただいま12時55分、戦闘開始からぴったし1時間で、味方の戦死ゼロ、テロリスト戦車兵団の１００両はぜんぶ撃破、歩兵１０００名はみな戦死。６４４４年間の長い血塗られた文明史で一度もなかった奇跡としか思えない米英仏連合軍の大勝利でした。

これは！　ハルマゲドン緒戦において最後の審判が下されたという神の啓示にちがいありません。卑劣で残虐なイスラム帝国は、これ以上の戦争継続はあきらめて、さっさと連合軍に無条件降伏なさい。そうすればけっして悪いようにはしないのだから。・・・以上シュメールの野で行われたハルマゲドンの戦いの模様、実況中継放送をおわります。

・・・ただいま13時00分！　臨時ニュースです！　わたくし犬あっちけ放送のアナウンサー、一体ス菜がそのまま臨時ニュースを申しあげます。米英仏連合軍がとつぜん武器を捨てて手を上げています。戦車乗員もすべて外にでて同様です。一体全体なにが起こったのでしょうか？　・・・すると、砂漠に倒された敵軍兵士が突然ムクムクと起き上がって、銃をかまえて友軍兵士たちに迫ってきて捕虜捕獲作業をはじめたではありませんか！　友軍兵士たちはみんな跪かせられ、敵兵が後ろから首筋にナイフを当てています。

まったく訳が分かりません！　・・・そうよ！　テロリストたちはみんなキョンシーだったんだわっ！　中国からこんなに沢山のキョンシーが、いつの間にかテロリストの味方になってたなんて！ああ、いよいよ世界の破滅のときが近づいたのです！

・・・えーっと、ただいまこの丘の上の観戦展望台から知らせがあり、観戦室内の模様を中継するようにとの指示です。いそいであちらの展望台に向かいます。

・・・あれ？　連合軍最高司令官閣下のお三方が後ろ手に縛られて、首にナイフを突きつけられておられます。これはどうしたことでしょう！　ナイフを突きつけているのは、イスラエル、イラン、サウジアラビア３ヶ国の派遣武官の方たちではありませんか！　さては裏切ったのね？

・・・これから、イスラエル首相みずから声明文を読みあげるそうです。あ！　部屋の向こう側のドアが開いて首相が入ってきます。あれ？　米兵の服装です。ああなんだあ！　さっきの守備兵50名ほどの中に紛れ込んでたのね。・・・声明文の読みあげがはじまります。わたしヘブライ語は分からないので、急ぎ同時通訳お願いいたします。わたくし犬あっちけ放送のアナウンサー、恥ずかしながらス兵衛の孫娘がお送りした現地レポート、これでひとまず中断させていただきます。画面を首相の声明読みあげ場面に切りかえます。

・・・わたくしイスラエル首相ダヴィッドが、わが国イスラエル、イスラム帝国、イラン、およびサウジアラビアの4ヶ国を代表して声明する。本日、午後1時30分をもって、イズラーハム部族主義連邦の成立を宣言する。連邦の暫定大統領として、このわたくしが就任したこともあわせて発表いたします。

すでに本日のイスラム帝国軍の前代未聞の逆転大勝利をもって、米英仏3ヶ国の大統領お二方と、首相お一方とは、まことに失礼ながらわが特殊工作部員がナイフを突きつけての交渉ではあったが、イズラーハム部族主義連邦の成立を承認しての降伏文書を取交わし、さらに停戦協定の手続きに入ることの承認をとりつけてある。但し講和条約の締結は当分の間行わないことも合意した。

現在、地中海およびペルシア湾、ならびにトルコ国境に展開した米英仏3ヶ国連合軍は、この最高司令官お三方の指令により、ことごとく撤退しつつある。

このシュメールの野にある、連合国戦車兵団および最高司令官お三方と守備の米兵49名、並びにヤマトナデシコ軍についていては、連合国軍の撤収完了を確認できるまで、残念ながらお帰しするわけにはいかない。ヤマトナデシコ軍の撤収を許さない理由について申しあげれば、先程より卑劣で残虐なテロリストだとか事実無根の憶測報道を行ってるヤマトナデシコのスーナ・ヒトヤスミ嬢に、若干ではあるが個人的憤りを覚えるからである。

われわれはこのとおりナイフをもって生身の敵とタイマン張って勇敢に戦っている。敵に突刺せば鮮血が噴きだし返り血を浴びる我々は、holism 全体性を有するヒトとして気も狂わんばかりの苦痛を蒙らねばならないのだ。これに対して敵は、けっしてタイマン張らず動画撮影装置つきのミサイルをボタン一つで発射し、後でそれをながめて楽しんでいる。どちらが残虐でどちらが卑劣であるのか、ヤマトナデシコの皆さんに、物理学的、かつ日本政府の権威ある判定を下していただきたいのである。

何故わたくしダヴィッドがイズラーハム部族主義連邦の成立を画策したのか？　これについては、ス兵衛なる者が書いた私版本(1)を参照していただきたい。ただ、われらはわれらの宗教改革の成果をアラブとペルシアの人々に伝え、賛同をえて本日のハルマゲドンの戦いに臨んだのである。

われらの宗教改革の成果を、このヘイキの平左18年とかの、アジアの同胞日本の年号8月15日に発表したい。われらユダヤ教徒の場合は、異教徒が改宗するか否かの如何をとわず、あらゆる異教徒をユダヤ教徒とみなすことにした。ユダヤ教に改宗する者のみをユダヤ教徒とする選民思想を捨て、全人類が選民であるとする思想への改革を行った。

イスラム教徒には、このように説いた。・・・ユダヤ教徒として新米の君たちは理解しがたいかもしれないが、異教徒にはこのように言いなさい。イスラム教徒として新米の君たちは理解しがたいかもしれないが、シャルリエブドのようにムハンマドの絵を描く行為は偶像崇拝なのだ。表現の自由は当然だから咎めはしない。いささか荒っぽい抗議をした者もあったが古参教徒のわれわれは傷つくのだ。そのことは知っておいてほしい。もちろん新米キリスト教徒のわれわれは、古参教徒の君たちからもっと学びたいのだと。

この改革により、われらはイズラーハム部族主義連邦を建国し、今後も全世界のユダヤ教徒に、連邦への参集のためそれぞれの国内における決起を呼びかけるものであ〜る！

・・・わたくし犬あっちけ放送のアナウンサー、一休ス菜。たった今ユダヤ教徒にされてしまったス兵衛の孫娘が再びレポートいたします。あっ！　最高司令官閣下たちが、約束がちがう裏切ったなと叫んでもがいています。どうしたのでしょうか？

どうやら、ただ今の、イズラーハム部族主義連邦暫定大統領の最後の言葉が波乱を招いた模様です。やっぱり！　これはユダヤの陰謀だったのです！

しかしこのようにナイフを突きつけられての抵抗ではもはやどうにもなりません。捕虜の兵士たちも一時はザワめいていましたが、どうやら諦めて静かになりました。・・・男ってイクジがないわねっ！　なんで黙ってるのよう？・・・えーい！　わたしが言ってやる。やっぱりあんたたちは、卑劣で残虐なテロリストだ～っ!!

・・・きゃっ!!　いきなりわたしの首に、後ろからナイフの背があてられました。いったいだれっ？　あら～ん！　けっこうイケメンの米兵じゃな～い？　捕虜のくせにナイフなど持ってると危ないじゃない！
これ読めっていうの？　いやよっ！　あっ、ナイフの刃をあてないでよ。自慢のうなじに傷がついたらどうするのよっ！　分かった読むわよ。To Prime Minister of Japan. へー、日本国首相あてなんだ。えーと、この女の命が惜しかったら即刻ヤマトナデシコ軍主力艦隊を派遣してイズラーハム部族主義連邦を倒せ。あーっ！　首相さま、言うとおりにして、わたしの自慢のうなじを助けて～っ！

しばらくして、珍しくすばやい返答が来たわ。・・・そんなことできるわけないじゃないイカのウン玉！ですって。するとナイフの刃がわたしの首筋に。きゃ～!!　助けて～!!　えっ、これを読めというのね？・・・ならば仕方がないこの女はオレの妻にするですって。いや～ん！　どうしようかしら～ん！

3．世界最終戦争、その後の模様

・・・さて、シュメールの野で行われたハルマゲドンの戦いから20年後、前座のわたくしは、アメリカで暮らしているス菜ちゃんにインタビューしました。このとき彼女は、スザナ・アレスト・オバマと名を改めて幸せそうに暮らしていました。なぜそんなことが分かるかって？　もうお忘れですか？　わたくし、只今タイムマシンに乗ってるんだから、それぐらいのことは朝飯前でございます。

スザナのいわく、・・・あの直後ネットであの時の大統領の姿の流出映像が流されたけど、夫に似て明るい目は伏せていましたが、降伏文書にサインするとき、口もとがゆるんで笑いをこらえるのに必死だという感じがしたの。女のカンよ。その時は、何んて無責任な大統領なんだと思ったわ。

ああ、舅のバラクはやっと授かった孫娘の紫誉（シヨン）ちゃんと、毎日あや取りゲームやって元気よ。まだまだ長生きしそうだわ。

私の結婚？　あれから5年後よ。あれ以来、女子アナに戦場報告させるのは危ないということで局は戦場報道で女性を締めだしちゃったのよ。デスクに抗議したら、女性は真相がどうか紛らわしい報告が多くて正しい戦場報道ができないからなんだって。たとえば味方の銃が上向いてるというのは、アバウトで正確ではないとか、敵が匍匐前進に移ったのに射ち殺されたと勘違いしキョンシー説を繰り広げるなど完全に間違いだと言われたわ。バンザイして後ろに倒れた敵兵も多かったのにあれも夫みたいにフザけてたのかしら？

夫は、ボクは日本国首相と約束したんだ。国際条約は早くはたさないとアメリカの信用に関わるから早く結婚してくれと言ったけど、女の沽券に関わるから5年待たしてやった。

だけど、わたしもよく考えてみたの。あのハルマゲドンの戦い以来、何度か大きな戦争があったけど、なんだか不思議じゃない？　戦争の規模はドンドン大きくなって戦争費用もドンドン増える。だから女の不安と悩みは深まるばかり。なのにふしぎと戦死者の数だけはあまり増えない。それも病死者と事故死者だけだという噂があるのよ。男性の死亡率は戦時より平和なときのほうが高いのよ。ちかごろは、女の平均寿命が男に追いつかれてしまったわ。

　アメリカには、トルネードとハリケーン警報しかないのだと思っていたら、戦争がはじまると、空襲警報がしょっちゅう出て、敵の戦闘機や爆撃機が頻繁に空の上を飛ぶのよ。女は子供たちの手をひいて必死に逃げまわらなきゃならない。男性たちは勇敢に危険地域に飛びこんで逃げ遅れた人たちを救出してくるから頼もしいわ。

　でも空襲がすんでニュースをみると、郊外にある大きな廃屋が爆撃されたり、廃止のため爆破予定寸前のダムが爆撃されたりで、あまり大した被害はない。市街地が爆撃されたときも、廃ビルだけがピンポイントミサイル攻撃で爆破されただけ。

　男性たちは、そこが爆撃されることを知っているかのように、女子供や老人を避難誘導してるような気がするのよ。なんで彼らが急いで郊外や廃ダムに向かって車を飛ばすのか不思議に思ったこともあるわ。そこで遊んでた子供たちをちゃんと連れて帰るんだもの。

　戦争があるたびに、女は不安と恐怖に襲われて生きた心地がしない。おまけに、戦費調達のためだとかで税金は高くなるし戦費のためにたびたび寄付が求められて、生活するのがやっと。そう、大金持ちのソレスさんなんか裏山の宝の山ぜんぶ寄付させられ、オーマイガー!! とベソかいてたわ。

　そうそう、あのハルマゲドン戦争の直後だったけど、日本はめずらしく自主性を発揮して、イズラーハム部族主義連邦と北朝鮮のテロリスト集団の圧力に屈して、さっさと講和条約を締結してしまったのよ。死んでしまった捕虜には十分な賠償をする。生きていたら高額の慰謝料つけて返還するという条件に飛びついたのよね。

　あの時の大統領もおかしかったわ。なんだか、異常に興奮して激怒してたみたい。ホワイトハウスの執務室でテーブル叩いたり、ドアを蹴ったりする映像が流れたわ。そのわりには、何だかんだ言いながら、黒船艦隊の派遣はしなかったのよ。たぶんあの頃は日米同盟を失いたくなかったのよね。

・・・ハルマゲドンの戦い以来、この20年で世界戦争が何度もあって、米欧露三つ巴の戦争は最終的にアメリカの勝利、次は、イズラーハム部族主義連邦と中印連合国との戦争では連合軍勝利。中印連合国は、トーヨージョテイ国という名前の得体の知れない連合国家の成立を宣言したわ。そのころは世界中で比較的小さな二国間戦争も頻発してたわ。アメリカは北のカナダとも戦争して敗けたのよ。

なぜアメリカでも空襲警報が多くなったかといえば、たとえば対カナダ戦争よ。太平洋艦隊はトーヨージョテイ国を抑えるのに必死で、大西洋艦隊は、当時、関係が険悪になったヨーロッパを抑えるのに懸命だったわけ。だから、カナダ空軍機はゆうゆうと飛来してなぜか中南部の砂漠地帯の地下軍事施設をあちこちと絨毯爆撃してたそうよ。こんな時にかぎって、アメリカ海軍は外で遊んでばかりで祖国防衛にはちっとも働かないのよ。

トーヨージョテイ国と、アフリカ・南米諸国連合軍との戦争は傑作だったわ。ジョテイ国海軍による運河掘削阻止作戦で予定線の見事な直線的絨毯爆撃が功を奏し、諸国連合軍は野牛動物たちの避難作戦と、爆撃後の修復整備作業に忙殺され、ロクな反撃もできなかったのよ。とうぜんジョテイ国の大勝利で終わったわ。

だから、そろそろ米欧連合軍とジョテイ・ロシア・イズラーハム連合軍との最後の最後の最後の大戦争が始まるのよ。日本は、敵側と結託してトンネル掘削技術を供与してたのが分かったの。一方的に日米同盟の破棄を通告してきたけど通告文の最後に、アメリカは「別れても好きな国」だと書いてあったそうよ。日本って枠で可愛いいとこあるのよね。やっぱり忘れられないわ。

大統領が、・・・その名前はあなたたちの未来の選挙妨害になるから言えないけど、年頭教書で、特にジョテイ国とロシアへの敵意を露わにしてたわ。

それは無理もないのよ。ジョテイ国がシルクロードの地下に万里の長城なみのトンネルを掘削し、ヨーロッパ侵攻作戦を開始したのが偵察衛星で発見されたの。これは、ロシア側からもひそかに進められ、油田地帯からこの地下トンネルにつないでジョテイ軍に燃料補給しようとする動きが認められたというのよ。

また長い戦争になりそうだけど、どうせ米欧の大勝利で終わるのでしょうよ。なぜって、NATO軍によるロシアやイズラーハム空爆や、米太平洋艦隊からの中国空爆や、インド洋艦隊からのインド中部の地下軍事施設の空爆の模様のほうが派手に報道できるからよ。おそらく、トンネルがダーダネルス海峡を渡った頃、ジョテイ・ロシア・イズラーハム連合国の無条件降伏で終戦よ。

近ごろフッと思うことがあるのだけど、男性たちはみんなで結託して、女をだましているのではないかしら？　ハルマゲドンの戦い以来、戦場では私たちが見ていないのをいいことに、敵の男とも結託して勝手にド派手なだけの戦争を演出し、戦争を悪ふざけの種にして遊んでるんじゃないかしら？

わたしの夫だって、ハルマゲドン戦争の最中に、あんなステキな、いいえ！　悪さのすぎるプロポーズなどしてくれて、まったく困ったものだわ。そう、私の父のス瑠雄だって、バラクの家の周りの土地をぜんぶ買い占めちゃって、NO! ENTA'IN なんて名前の、わけの分からないNPOこしらえて、バラクが引退して帰るとすぐに、「君もやっと廃棄物になれたんだから手伝え」とか失礼なこと言って、どこかのトウモロコシ畑の手伝いをさせてたのよ。でも結構仲よさそうなのが不思議だわ。ケンカするのは、シヨンちゃんの遊び相手の座を争うときぐらいのものね。表に出ろなんて言って庭の芝生で本気でスモウ取るから、母の菜穂と姑のミシェルもあきれて見てるのよ。

バラクに息子はいなかったはずですって？　そんなの分かるわけないでしょ、男なんだからね・・・。

４．２２１７年

さて、わたくしは、スザナちゃんにインタビューしたあと、ただちに２２１７年の日本国の首都を訪問いたしました。その頃には日本の都は沖縄の那覇市に置かれ、天皇陛下は首里城内にお住まいでした。そろそろ地球大帝選挙にご出馬されるとの噂が流れています。世界中の女性票の数が絶大だから、いちばんの本命だとされていました。コンビニで現代世界史の本を立ち読みしたら、こんなことが書いてありました。

ス兵衛の予測は大よそあたり、20年間で４℃ぐらい気温が下がる特異現象から、現在は亜氷期時代に突入したところである。これは21世紀初頭当時の先進諸国における食糧生産を重大な危機に陥れるところであった。しかし、世界最終戦争のケガの功名により現在では氷河の底に設置された原子炉の熱で氷を融かして水を生産。長大な地下トンネル道路の下の巨大な圧送式用水路を通り南方にあった砂漠地帯に送り、運河の用水路網で灌漑する超巨大な食糧生産地帯が整備された。過去の負の遺産をも活用する人類の叡智が示されたのである。

南太平洋の島嶼諸国は、沈没寸前であったのが海面の急低下で急浮上し、いずれはムー大陸が出現するだろうという臆説がある。また東南アジア方面の海も急激に浅くなり、スンダランドの出現が予想されている。日本の沖縄本島に２０１７年頃に存在したとされる米軍基地跡は、現在は広大な水田地帯となり美しい田園風景がくりひろげられ日本有数の食糧生産基地となった。

この亜氷期は、ＳＳＴモデルによれば３１８３年前後には終了するだろうという世界気象局の超長期予報が発表されたことがあったが人々はまったく信用していない。とくに女性に世界の統治権をぜんぶ奪われた男性たちの不満には根強いものがある。

男性たちは亜氷期永続説を唱え、月や火星に新天地を建設するためほぼ女人禁制の事業に約半数が従事している。そして宇宙輸送船や銀河鉄道999※、宇宙戦艦ヤマト※やらの試験建造・試験航海をやって遊んでいる。

※松本零士の作品タイトル。

日本が中国に尖閣諸島の贈呈を申し出たところ、中国は人民解放軍をさしむけ拒否する。台湾も、一度差しあげたのだから絶対受取れとの回答。日本としては、折角の進呈を断るとは許せないと、ヤマトナデシコ軍を差向けた。しかし、両軍とも侵略者に対する備えはあったが贈呈者に対する備えがない。敵が押してくれば退却するしかない。こちらが押しても敵は退却するだけ。双方にらみ合いの膠着状態で本件は結局うやむやのままである。その頃のリンちゃん総理の発言です。・・・いま北海道・東北をどうするかで精いっぱいなんだから、南方はぜひとも中国にやってもらわなくちゃ。今度は尖閣諸島なんてケチなこと言わず沖縄本島を、いいえ、わが軍の面目にかけて日本をぜんぶ進呈すると言いなさいっ!!　・・・この戦争もエスカレートする一方なんですな。

なあ~んて、このとおりの落ちでございまして、本日はこれでお開きとさせていただき、この本も終わりとさせていただきましょう。もしこの本をホンのちょっとだけでもお気に召していただけましたなら、是非とも1冊お買い求めになり、お友だちにもお勧め賜りますよう、お願い申しあげますよ~!

・・・チョ~ン!　チョン!チョン!チョン!チョンっ!　ケチョン!　ケチョン!

エピローグ

西洋大帝国と東洋女帝国との結婚がめでたく成ってハルマゲドンの危機が回避されて、わずか何百年かの間に、地球上の文化文明と科学技術は、それまで、十数万年かのホモサピエンス種族の歴史に一度も刻まれたことのないような超巨大飛躍を遂げました。

そんなある日、地球大帝国の帝王たる西方大帝と、妻の東方女帝との間にほんのちょっとしたモメ事があったようです。・・・あのイズラーハム国とベーゴマ国は今だに揉めとるそうじゃないか。どっちも男ぶりが良いからのう。女のそなたには治めきれんのじゃろう。

何をとぼけた事をおっしゃいますやら。そのような些細な内政問題など、妻のわたくしにお任せくださりませ。私たちが結婚したときの約束、もうお忘れですか？　東洋女帝国の所有物は、すべて、西洋大帝国の大帝だったあなた様に差上げました。東洋女帝のわたくしは、あなた様の所有物となった地球大帝国全部をお預かりして治めることになったのです。あなた様は地球大帝国の代表権者として地球外進出事業、外交や戦争の指導者として働いていただく約束でしたよ。

だから帝王たるあなた様は、近頃ルナ衛星国の近辺に出没し、防衛軍に対する挑発行動が目立つようになった隣国の火星大帝国との戦争にお備えなさい。できればス兵衛の戦争論などお読みになることです。別に難しいものではありません。すべての物事すべての概念の男女性別を明らかにして考えなさいと言うだけですもの。

私たちにはまるで興味のない遠方の火星くんだりから、わざわざ軍を派遣するような悪さをするところをみると、火星大帝国の性別は男です。だから今度はあなた様が女性となって、防御に万全を期し敵につけ入るスキを与えず、仕方なく敵の方からプロポーズするようお仕向けなされませ。マルス軍神とガイア女王様との結婚が見事成らば、地球大帝のあなた様は火星大帝の妻となって、この太陽系全体の内政問題をお治めなさりませ。

私たちのかわいい皇太女にとって、あちら様の皇太子との結婚まことによき縁談ではございませぬか！

むむっ！　さりとは申せこのワシが仮にも女となるは残念じゃ〜無念じゃ〜！　ならば此度の戦、女のわたしが指導いたします。むむむむっ！　それも残念じゃ〜無念じゃ〜！

・・・世の中いつまで経っても、男には分がわるいようですな。

さて、こうして見ますと、ハルマゲドンで自殺したり巨大津波で他殺されたりを、ようやっと免れたホモサピエンス種族ですが、どうやらいつまで経ってもしんどい戦の肉体労働を続けなければならんようですな。・・・戦の肉体労働は、雌雄の調和的結合 harmonic ligion を戦略目標とすれば、少しばかりはしんどさが減ることをやっとこさ覚えたホモサピエンス種族でしたが、戦の肉体労働そのものは一向になくならない。どころかますます大規模かつスリルに満ちた大戦争になっていく。

どうも人間を創造した神というのは、かなり意地の悪い奴らですな。彼らの日常は多分こんな感じでっせ・・・オイ弟！　ちょっと見てみろや。今度もこの種族がハルマゲドンやらかすか、いっちょ賭けてみようぜ。よし兄貴！　オレはやらかす方に賭けるぜ。兄貴が、この種ならオレたち神種族と同じ属性をモノにして、俺たちの代わりに肉体労働やらせるのが可能だと言い張るからこれまで黙ってたんだ。今度またやらかしたら、今度こそオレ様が、超々巨大津波でホモサピエンス種なんか根絶やしにしてやるからな。兄貴もいい加減、この種に見切りつけ、別の種を拵え研究開発を一からやり直せよ！　大体だなあ、小さな地球に設けた、ごく小規模な核兵器システムの管理もできず、ぜんぶ自爆させるような種族に惑星間戦争や宇宙戦争を任せられるわけがない。フェイルプルーフ原則に則って、核兵器の照準をぜんぶ太陽あたりにセットして管理すればよいものを。

もの凄い会話ですが、今回はこの賭けに兄の方が勝って、弟がビールを奢って兄と飲みながらボヤいていいます。・・・まぁ、今度だけはス兵衛のじじいめが、オレたち神種族のことを物理法則の事だと妄想したから悪さやらかさないで済んだようだな。・・・それにしても、オレたち神種族もしんどい事よなぁ！　太陽系征服戦争なんか早いとこ片付けないと天の川銀河大帝からキツいお叱りを受ける。天の川銀河大帝だって近々起こるアンドロメダ銀河帝国との大戦争に備えなきゃならん。どちらが雌でどちらが雄か、雌雄を早いとこ決しておかないと、まともに衝突してエライことになる。やはりharmonic ligionで終結しないとな。

銀河大帝の皆さま方だって、早いとこ宇宙征服戦争を片付けないと宇宙皇帝からきついお咎めを受ける。その宇宙皇帝だって、下手すると、九次元空間０の、超越えてる多宇宙大女帝陛下からエネルギー供給を差し止められ宇宙ビッグクランチ消滅の刑に処せられる。あ〜ぁ！　宮仕えは辛いなぁ〜！　・・・とボヤくところを見ますと、どうやら神の概念が定義できそうだ。神とは、宇宙管理の公僕、すなわち官僚のことなんだ。自分は何もやらず人民をこき使う。頭は良いが底意地が悪いんですなあ！

コリャッ！　ス兵衛のバカものめっ！　あっ！　神様のいじわるっ！　なんですかっ！　そなたも此度はいい線を行っておった。だが怠慢の罪を犯しておるぞっ！　もっと物理学書、神書や古典の数々を勉強せぬかっ！　勉強怠けていい気になりおって、今度は傲慢の大罪でも犯すつもりかっ！・・・へへ〜っ！　神様、どうかお許しくださいっ！　一休ス兵衛、畏れ入谷の鬼子母神さまでござりまする〜っ！

という顛末となりましたが、いまス兵衛としては最も現われてほしくないタイミングで現われてス兵衛を叱りつけた神とは一体ぜんたい何者なんか？　神々の兄弟という神種族とはちがうもっと巨大な存在のようですな。神々を創造し、神々に人間を創造させ管理せしめている、・・・どうやら唯一神Godというやつだ。いったい何者なんだろうか？

他者の姿はよ～く見えるが自己の姿はまったく見えない。だから、他者の欠点などはす～ぐ気がつく。他者の長所や美点、幸福にもす～ぐ気がつくのだが、しかし、せいぜい悔しげに賞賛するか、焼餅焼いて邪魔か攻撃したくなる。その性格は神々や人間にそっくりでございますな。なにせ、似せて創ったと聖書にも書いてあるからね。

もしかして、ひょっとしたら、他者のほんのちょっとしたミステイクや欠点を見つけると、鬼の首でも取ったかのように有頂天になり目線だけは天から目線に昇ぼせる。自分のことは完全に棚にあげ他者を頭ごなしに叱りつける性癖をもつ。・・・あなたなのでは？

いやきっとあなたですよ。唯一神、自己以外のありとあらゆる他者の存在を知るためには、あなたを通すしかない。唯一神の資質をもつのは、あなた以外には考えられない。

そうですよ多分、おそらくね。・・・多分・・・おそらく・・・いやきっと・・・・・Oh! God!

参考文献

※本文中の（#）は、文献の冒頭にある数字に対応しています。

（1）一休ス兵衛「スピン空間論的宇宙のお話しⅠ、Ⅱ、Ⅲ」私版、２０１５
（2）ブライアン・グリーン　林一、林大（訳）「エレガントな宇宙」草思社　２００１
（3）ニール・ドナルド・ウォルシュ　吉田敏子（訳）「神との対話」サンマーク文庫　２００２
（4）野本陽代「ベテルギウスの超新星爆発」幻冬舎新書　２０１１
（5）リサ・ランドール　向山信治（監訳）塩原通緒（訳）
「ワープする宇宙　５次元宇宙の謎を解く」ＮＨＫ出版　２００７
（6）西成活裕「渋滞学」新潮選書　２００６
（7）鈴木厚人「ニュートリノでわかる宇宙・素粒子の謎」集英社新書 ２０１３
（8）楢崎皐月「静電三法」シーエムシー技術開発株式会社　２００６
（9）小保方晴子「あの日小保方晴子」講談社　２０１６
（10）千賀一生「ガイアの法則」徳間書店　２０１０
（11）村山　節「波動進化する世界文明」博進堂　１９８０（初）１９９２（改）
（12）竹信三恵子「ピケティ入門」株式会社金曜日　２０１４
（13）苫米地英人「『21世紀の資本論』の問題点」株式会社サイゾー　２０１４
（14）副島隆彦「再発する世界連鎖暴落」祥伝社　２０１５
（15）C・ダグラス・ラミス「経済成長がなければ私たちは豊かになれないのだろうか」
平凡社ライブラリー　２００４

(16) ゼカリア・シッチン、竹内慧（訳）「神々の起源と宇宙人」徳間書店5次元文庫　2010
(17)「新戦争論」文藝春秋SPECIAL 2014・10・1発行号
(18) 高橋洋一「地政学入門」あさ出版　2015
(19) 渡辺悦和「米中戦争」講談社現代新書　2016

補遺　SSTモデルの定量的検証 ⊙ 目次

要約と結論 …………………… 204

補遺A　SST標準モデルについて

A・1　SST標準モデルの発端
A・2　ミクロ領域のSST標準モデル
A・3　マクロ領域まで包含するSST標準モデル
A・4　原子の安定性指標、重力圏半径比率ιの発見
A・5　重力圏半径比率ιと喪失質量⊿m／ηの相関について
A・6　SST標準モデルのまとめ

補遺B　原子のSSTモデル、それにもとづく電子のエネルギー計算

B・1　核軌道モデルの幾何学的表記、および動力学特性
B・2　電子軌道（2次慣性構造）の幾何モデル
B・3　核軌道および電子軌道モデルの力学的製作に向けて
B・4　原子モデルの動力学的製作
B・5　原子の複合核軌道モデルにおける電子のエネルギー計算

補遺C　太陽系のSSTモデル

C・1　惑星の公転半径と公転速度に関する発見と、SSTモデルによる解釈
C・2　太陽の原子核モデル
C・3　惑星系モデル（太陽の2次慣性構造）製作の考え方
C・4　惑星系モデルのパラメータ最適化とモデルの改良
C・5　惑星系モデルの改良過程と最適化
C・6　拡大する時空のモデルによる記述
C・7　太陽系のSSTモデル・・・おわりに

【研究成果の要約】

スピン空間論はユニークな宇宙モデル（ＳＳＴモデル）を提供する。本論においては、次の３つの重要な理論的研究の成果を記述する。

第１（補遺Ａ）はＳＳＴ標準モデルである。現在は「標準模型」という粒子の一覧表が、複雑な数学理論とともにオーソライズされているが、ＳＳＴモデルは、ミクロ粒子からマクロな天体や天体系まで、順々に創生される過程を、「サイズ次元」という概念で整理して、標準模型とは体系的に異なり、ミクロ領域からマクロ領域まで一覧できるＳＳＴ標準モデルを完成した。ＳＳＴ標準モデルの体系は、これまで発見された６つのクォークの質量の対数値が正確な直線関係にある事実から、これを単純に拡張したものである。一見して幼稚なモデルだが、第２と第３の研究成果は、ＳＳＴ標準モデルが有効な体系であることに十分な根拠を与えると考えられる。

第２（補遺Ｂ）は、ＳＳＴモデルにもとづいて、原子の最外殻電子が原子から放出されるときのエネルギーを計算したところ、量子力学で計算されるエネルギー準位と完全に一致する値が得られるだけでなく、１１８種の主系列原子のすべてについて個別に計算できることを明らかにした。これにより、従来とはイメージの異なる、しかし有効な新規の原子モデルを確立することができた。

最後に第３（補遺Ｃ）は、この原子モデルを私たちの太陽系に適用したところ８個の主惑星の公転軌道の半径（軌道長半径）がなぜ現在のようになるのかの物理的メカニズムが明らかにされ、モデルの計算結果は完全に観測データと一致した。これにより、従来とは異なる太陽系創生の新しいメカニズムとプロセスが示され、太陽系探究のための有力なツールが提供された。

【結論】

スピン空間論（spinning space theory　ＳＳＴ）という宇宙創生論は、以下の宇宙創生メカニズムを提供する。

ミクロ粒子からマクロな天体や天体系にいたるまで、すべてがビッグバンの一瞬で創生された。その一瞬から138億年後の現在にいたる過程は、創生された「種粒子や種天体」を存在させていた「種空間と種時間」が三次元的に等方膨張する過程である。したがって宇宙は、はるかな過去から現在、そして未来に至るまで、ユークリッド空間を前提とするニュートン力学で記述することができる。

宇宙も、それを記述する物理学も単純で直感的に理解できるものなのだ。現在の物理学がそうではなく、難解な数学理論と化しているのは、たまたま入った入口（物理モデル）が複雑な迷路への入口であったことにこれまで気づかないで来た結果にすぎないのである。

【論文形式について】

序文、方法、結果、考察を分けて記述する形式はとらない。これらは逐次順不同で記述される読み物形式が採用されるが、事実と考察は分かるように記述される。扱われる分野の広さと内容の斬新さから、これがもっとも理解を助ける形式であると考えるからだ。

あとがき

この本は新規物理学説の紹介書として書いたものです。だからこれがノンフィクション作品と言えるのかどうかはだいぶ悩みました。まず考えられるのはサイエンスフィクションで、初めはそうだと思っていました。しかしフィクションにあたる文明論や社会国家論などは、過去や現在の歴史的事実を探す試みが大部分なので、奇想天外な未来像を想像力豊かに描いてない。だからちっとも面白くない。どうもこれはＳＦではなさそうだ。

新しい物理学説というのはまだサイエンスとして公認されたものではないので、どちらかといえばフィクションの部類に入ると思われます。この作品では、このフィクションを核として演繹される物理現象や、歴史・文明現象などの「事実」に関する記述が正確であるかどうかを検証しようとしたことになります。

ふつうのノンフィクションが「事実」をもとにして帰納的に著者の思想、つまりフィクションを導きだそうとするものだとすれば、これは、逆にフィクションから「事実」にアプローチしようとしている。

しかし、手法はちがっても、フィクションの依って立つ処が「事実」に求められる点はまったく同じだから、これも、ノンフィクションと呼んで差しつかえなかろうとしたものです。

ただ、オバＱ編集長が言うには、ぜったい縦書きでないといけません。日本人は目玉を上から下に動かすとき頭がよくなるのです。英語みたいに横書きにしたり、妙な数式などがあると目玉をキョロキョロと左右に動かさねばならず、特に著者名がカタカタだったりすると途端に自信を失うのが、わが民族の特性なのです。ということでした。

がしかし、著者にとってはこれが一番の難関でした・・・ははーん！　さては数式などは禁止するのだな、と大変困ってしまいました。英語の原稿を要求されたらもっと困ったはずですが、このとき生まれてはじめて西欧文化圏の人々を羨ましいと思ったものです。

またノンフィクションの読者の興味は、物理学の内容より生命や人間に重点があると勝手に考えたオバQ編集長が、第1章と第2章は大幅に圧縮してしまいました。しかし、ここがノンフィクションの心臓部であることは変わらないので、完全に削除するわけには行きません。「あぁこんな物理学説があるんだな」とぐらいには分かるようにしました。


このように、第1章と第2章の物理学部分を大幅に圧縮した理由は、いま述べたような、オバQ編集長の方針に従ったこともありますが、実は少しまともな理由もございます。


読者の皆さんは今の時代が「大変な危機の時代」だと、深刻にかあるいは薄々と、人により程度の違いはあっても、そのように感じておられるのではないでしょうか？

著者も例外ではなく、脳天気で若かった時分ですら薄々と感じることがありましたが、歳を取るにつれ、殊に二一世紀に入ってから、危機の程度は年々加速度的に増加していると感じるようになりました。本書の第3章は、「こいつは物理学どころじゃないな」と感じながら、実際のところネタ本の段階から物理学部分が未完成だったにもかかわらず物理学は放り出して執筆したものです。3・3章の時事問題に触れるところや第4章はネタ本にないところも多く、本書のために書いたものです。

人類の未来が素敵なものとなるかどうかは、「ローマ文明」と称する文明期1600年間の、最終段階に当たる「近代工業化社会」が産んだ、近代国家の概念を超克できるかどうかにかかっている。そして、近代国家概念を超克しうる概念は、日本古来の政策規範「富民美国」という概念であることが発見される。また、大戦後の日本が国防戦略として見出した「専守防衛」の概念から、アマゾーン第2条（3）号という、世界がこの危機の時代を克服できるかも知れないユニークなアイディアが提案される。

もちろん、このような提言は現実を完全に無視した、ナンセンスなだけでなく、人心を惑わすだけのたわ言だと斬り捨てられるのは十分に予想されるところです。

しかしこれらは、3・2章で詳述した「SSTモデルによる文明史の物理学」から論理的に導かれる一つの結論であることは確かです。論理的に飛躍するところはあるだろうし、また物理学的文明史論をどう解釈しどう料理するかについては、著者の主観的フィルターがかかっているのも事実です。しかしながら、数多くの人々がそれぞれの主観フィルターで評価し検討するに値いする文明史論を提供するのには成功したと信じています。ことに、文明の行く末に関しハッピーエンドに至る一つの道筋を示すことができたのは、この物理学的文明史論がはじめてではないかと思います。

ともすれば浅薄な楽観論に傾きがちな幸せな民族、アワシマ文明人と名づけた日本人の一人からのささやかなプレゼントとして、とくに西洋の人々に歓迎していただけることを願っています。・・・どう考えてみても、文明の終末は聖書の預言どおりだと結論するしかなく、近ごろの現実を見てもそう考えるしかないと、頭を抱えこんでいるかも知れない人々に、ファンタスティックな一夜の夢物語を提供できるだけでも、著者の喜びとするところでございます。

一休ス兵衛

二〇一七年八月十五日

あとがき　追記

３・３・６章の２段め（地方創生の妙案かも）では、ス兵衛の親友という人物の「人材リサイクルによる地方創生論」は長たらしくて困ったものだけど、捨てがたい味わいもあるのでここに掲載するということでございましたが、以下のとおりです。

さて彼のいわく・・・ワシも若い頃は巨大都市文明の中で暮らしたことがあった。農業問題には、その頃から興味があったので、兼業農家というのを今のようにサラリーマンとの兼業というのではなく、仕事に費やす時間は大部分が農業であり、本格的な農業を営めるような兼業農家のあり方はないだろうか?と考えた。兼業農家というのは、農業を営むかたわら、生活費の相当部分は、他産業から得ている営農形態だから、近代工業化社会の製造業や流通・サービス産業から生活費を稼ぐサラリーマンとの兼業というのは、たしかに効率的ではある。

だが本業ではなく兼業に費やす時間がべらぼうだ。多角経営だと言えば聞こえがよいが彼らを農業経営者と呼ぶことはできないだろう。

・・・何んとか兼業に費やす時間を大幅に減らすことはできないか?　すると、あった!!

たとえば観光農園。これは観光産業から生活費を稼げるのだが、兼業に費やす時間はわずかなものだ。それから、道の駅というところでは農家手作りの漬物や土産物工芸品などが陳列されている。これなどは観光事業の他に加工製造・卸販売事業で生活費を稼ごうという兼業農家だ。

また、市民農園というのもそうだ。お客さまには、種まきと収穫はやってもらえるので、その間の栽培管理というのが百姓の腕の見せ所だ。それも自分でやるというお客には適切なアドバイスをすればよいし、管理委託された区画は、自分で管理してお手本を示してやればよい。まるで、大勢の使用人を使っているfarmer専業農家のような仕事だ。

近ごろは、近所の若い農業後継者が、ゲーム遊びで培ったパソコン操作技術を操って、作ったみかんのネット販売というのをやって羽振りがよいと聞いたことがある。これなんかは、流通産業から多くの生活費を稼ぎながら普段はみかん園管理に専念できるわけだ。

・・・だが待てよ。かれらは「兼業農家」なのだろうか？

ジイさんは山へしば刈りに、バアさんは川へ洗濯に・・・というおとぎ話があったが、この老夫婦はどうやって生計を立ててきたのだろうか？　食べ物は田畑で作って、煮炊きや暖を取るエネルギーは、ジイさんが山で刈ったしばを燃やせばよい。威張り腐った権力者には米でも年貢に納めてやればよい。納められなくなったら、一揆じゃあ！

しかし着る物は隣村の麻織物の得意な人から。正月などには町で売ってる綿織物の晴れ着もほしい。子や孫にも新しい着物や下駄、凧や羽子板なども買ってやりたい。娘の嫁入りには桐の箪笥でも揃えてやりたい。やっぱり銭が要る。ジイさんとバアさんはせっせと夜なべしてわら草履やわらじ、わら縄、わら蓑、器用な人なら、傘や竹籠、独楽や木彫り物、やじろ兵衛などの工芸品もこしらえて、ジイさんが背中に背負って町の商家に卸しに行って銭を稼いでいたのだ。

するとジイさんとバアさんは食糧品だけ作って生計を立ててきたわけではないのだ。そのほかに、様々な製造事業も営み、卸販売の流通事業も営んできたのだ。・・・もともと百姓という言葉は、百とおりの仕事ができる人のことを意味するという。専門職ではなく総合職なのである。

兼業農家などというおかしな言葉ができたのは、近代工業化社会などというものがはびこって、百姓から、製造業や流通業の生業を奪い、食糧生産だけを専らとする農家などというあまり芳しくない職業名をかぶせたからだ。観光農園や市民農園、ネット販売を営んでいる若者は、兼業農家などというものではない。正真正銘の百姓なのだ。

彼らは、本物の百姓として日本の食糧自給をになない、製造業や流通業などの地域産業振興をになう存在である。温室ハウスの傍らで50㎾ぐらいのソーラー発電事業をやってるお百姓さんもよく見かけるぞ。

百姓は自由だ。百姓がもつ唯一の不自由は、その土地に根を生やしていなければならないということだけだ。ふつうの場合、儲からなければ他所に行ってやるという訳にはいかない。それができる大企業などが、田舎に進出して鉱山業や畜産業などを始め、大資本をばらまいて田舎を潤してくれるのもよかろう。だが、儲からないとなれば簡単に撤退し、後に荒れはてた土地だけを残してくれたのでは困るのだ。

大資本は、その地域に根付いた百姓たちに投資し、百姓たちがみずから、永続的な地域産業振興に貢献できるように、教育・支援・援助していくべきなのだ。

結果的に、大資本の現業は滅びてしまうかも知れない。だが百姓は親不孝者ぞろいの君らとは違って、けっして恩知らずではない。大資本の現業が抱えていた人材は必ず田舎で暮らせるように最大限の努力をする。社員たちも地域産業振興に多大の働きができる事だろう。当然ながら百姓と協力して社員たちが起業した、大資本の社名と百姓の名を冠した子会社・関連会社も数多くできることだろう。

それは、より多くの貨幣を稼ぐことではなく、より多くの人々を養えることに生きがいと誇りを見いだしてきた、アワシマ文明の伝統的産業人のあり方に戻ることでもある。

・・・オイ！　ス兵衛じいさんの親友とかいうじじいが大口たたいてた、田舎を提供してやる話はどうなったんだ。オレさまの一番上の兄貴は竜王さまの重臣だったが、失脚してそろそろ廃棄物になりそうなんだよ。生まれ育った田舎は、ビキニ水爆実験で吹っ飛ばされて、跡形もないからなあ。

ならば、ス兵衛の親友いわく、・・・とある山村に「ハイブリッドファームス」というＮＰＯ法人を設立する。思ってるだけで金がないから、まだ設立には至っていないそうだ。

まず、「キャンパーズハウス」というグループホームを建てる。そこに、巨大都市文明の廃棄物になろうとしている諸君の中から、オートキャンピングを趣味とする諸君だけを募集して住まわせる計画だ。もちろん夫婦連れで収容できるようにする。大きな駐車場も用意する。グループホームと言っても、ログハウスの一軒家の集合でもよく、集合住宅である必要はない。

キャンパーズハウスでは、快適な住空間と食事だけを提供するので、おそらく月５～10万円ぐらいの家賃をいただくことになる。１グループ10～20組ぐらいだとしてギリギリ維持する事はできるだろう。

この家賃はグループの自治運用に任せるので、たとえば料理好きな奥様がいたり料理人をやってた人があれば、賄いはその人に任せ、家賃収入から給料を払う運営もありうる。食事費、光熱上下水道料、火災保険、固定資産税などは家賃収入で支払って貰う。電球その他の少額備品・消耗品の類いは、グループ負担か個人負担だ。災害や事故で建物の補修や建て替えが必要となれば、保険等で不足する分はなるべくＮＰＯが負担する。財務状態が芳しくないときは、一部、グループ員に寄付をお願いするかも知れない。

なお、食事費を一括するのは、皆が「同じ釜の飯を食う」家族みたいな人間関係を結んでほしいからだ。むろん強制する訳ではないので、グループ自治で弾力運営すればよい。

以上が居住のための経済的基本条件。諸君は、老後は趣味のオートキャンピング三昧で過ごしたいと思っているのだから、思い思いに、あるいはグループでオートキャンピングの旅に出かけたり、駐車場でバーベキューパーティーを開くなどして、田舎の日常を楽しむことができるだろう。

ただし、グループ員となるには月々の家賃を支払う他に次の2つの条件がある。

(1)かならず、この地域の自治会員となり、地域の自治会活動や諸行事、伝統的お祭などを支える自称青年団の一員として働くこと。諸君はこの辺りでは五十六十は洟垂れ小僧の部類に入るのだからね。まずこれで、限界集落に近づきつつある地域住民は諸君を暖かく受容れてくれるだろう。

もしも、君がお喋り上手でお節介な性格だったりすると、たちまち自治会役員から自治会長に推されるかも知れないよ。いやいや、その内には村会議員から村長に推されて、嫌でもその職責を果たさなければならなくなるかも知れない。折角、ノンビリしたくて来たのに、それどころではなくなる。これだけは覚悟しておいてちょうだい。

(2)それから、NPOでは「農援隊」という組織も運営する予定だから、諸君は、農援隊の一員として協力してくれなくてはいけない。老後は畑仕事でもして過ごしたいと思っていた諸君なのだから異存はあるまい。ここの場合は、みかん作りか菊作り、わずかだが、梨作り、ブドウ作りの仕事もある。田んぼや野菜畑も少しだけある。

農援隊員は、NPOが紹介する農家に行き、果樹園だったら、除草、剪定、摘果、薬剤散布、収穫・出荷作業などを手伝ってもらいたい。原則的に無料奉仕だ。まあ、昼飯や三時のお茶ぐらいは御馳走して貰えるだろうし、収穫が済んだらみかん1箱ぐらいはもらえるだろう。裕福な農家ならお小遣い程度の賃金が貰えるかも知れない。が、これはけっして規則や慣行とはしない。あくまで無料奉仕が基本だ。報酬が出るか出ないかは、農家の懐具合と、君に対する好感度しだいなのだ。

農業の技術的なところは、農園主の親父が教育する。手伝い程度の事ならすぐ習得できるはずだよ。親父には田舎じじいが多くて取っつきにくいかも知れないが大抵は心の優しい人間ばかりだから大丈夫。・・・もし君が親父と意気投合するようなことがあれば、親父が「俺の養子になれ」と言うかも知れない。そして君に、農業の奥深い技まで伝授して、満足してあの世に旅立つことになるだろう。

すると今度は君が農園オーナーの田舎じじいになるわけだ。もちろん、君が年老いて農作業がきつくなったら、農援隊から洟垂れ小僧を派遣する。そいつが気に入ったら養子にするのもよかろう。その頃には、君の息子や娘が農援隊に入隊してくるかもしれない。君が、それらをエコひいきして、後継者とするのも格別禁止するわけではない。養父の子や孫が帰ってきてもただの親戚の農援隊員だ。格別エコひいきしなければならない義務はない。

・・・このようにして、山村の主要産業である果物や菊の生産事業は継承されていく。巨大都市文明の廃棄物をリサイクル活用して、まずは、滅びつつある日本の農林畜水産業の復活再生をはかるのだ。

諸君らが、そろそろ不要負担人材だと見なされる年代に達し退職した場合、退職金や年金だけで都会生活するのは大変だろう。しかし田舎なら、経済的にはギリギリでも豊かな生活ができる。都会に苦労して建てたマイホームを処分して田舎に帰れるなら、なおさら楽な暮らしができるだろう。

しかし、それだけではないこともお気づきであろう。廃棄物などとは失礼千万、諸君は、巨大都市文明の先端領域で豊富な経験を積んだ仕事人でもあるのだ。

とある山村の近くには、疲弊しきった地方都市もある。そこで諸君らが、割と安い報酬で比較的短時間の労働条件で働いてくれるだけで、この地方都市は新風を吹き込まれ、甦るに違いないのだ。サラリーマンや大都会の仕事人として培った企画立案能力や営業戦略立案能力、また技術力や品質管理改善能力など、諸君らは大したことないと思っているかも知れないが、田舎では結構斬新な能力であることが多いのである。

・・・もちろん、受容れる側にも田舎にありがちな偏狭さを克服する努力が必要だ。

都市産業地域では不要となった人材が、農林畜水産業地域でとりあえず安住できる施設を整え、農林畜水産業の永続のため、あるいは、地域産業振興のために活用される。

安住のためには、趣味毎のグループホームで運営はグループ自治に任せるというのが、手っ取り早い方法の一つであろう。キャンパーズハウスだけでなく、ハイカーズ、フィッシャマンズ、ゴルファーズ、パチンカーズ、バードウオッチャーズ、雀荘ジョーレンズ、ガーデナーズ、ダ・ヴィンチ村アントレプレナーズ・・・等々、金さえあれば、いくつでもグループホームの開設は可能だ。自然、農援隊組織も充実できる。

ちなみに、ダ・ヴィンチ村アントレプレナーズというのは、企業や大学などで技術や経営に関する研究・実務をやってた者のグループで、田舎で起業しようと考える者にアドバイスや技術支援を行うことを老後の楽しみにしようとしている者たちのグループ名称である。これは、ス兵衛のじじいから貰ったアイディアじゃよ。

・・・このモデルは、とある山村だけでなく日本全国、いや世界中で採用しうるモデルである。

このモデルが日本中で本格稼働するようになれば、貨幣を稼いで軍や国家権力機構を支えなければならない大資本の企業も、昔のように、定年50歳に戻せるかも知れない。それなら終身雇用制や年功序列の復活も可能になり、今のような非正規雇用などの、社員の働く意欲を削ぎ日本社会を毒するだけの有害無益な制度に企業の存続を委ねる必要もなくなるだろう。自然、社員の士気は高まり企業の収益性は向上するはずだ。

こうやって都市人口を減少させれば、今のように空家ばかりのスラム街で虫食い状態になろうとしている広大な領域を、バリバリ働く若者や壮年者ばかりが住む、コンパクトな高級住宅街に改造するための税金も、自治体は確保できるだろう。

コンパクトな都市となれば、都市機能や美観を向上させ維持するコストだって安くなるのだ。その近郊には昔のような美しい田園風景も蘇り、ヒートアイランドなどとは無縁の、暮らしやすい都市が出現することとなろう。

50歳定年退職者には、現在の60歳定年退職者と同じ額、あるいはそれを上回る退職金や年金を支給しても、コストはむしろ少なくて済むだろう。不要な人材を、けっこう高い報酬で10年以上も雇用し、その後の老人福祉まで見なければならないのに比べれば安いものだ。退職金と年金さえ与えて追いだせば、あとの面倒は、地方の百姓たちや、百姓から身を起こした産業人たちが見てくれるのだ。

・・・ウーム！　ちいっとばかし壮大な構想だということは分かった。だが、グループホームで安住の地が与えられるグループ員も年をとる。年取ったら介護も必要だ。それにＮＰＯ法人の運営費用のことも考えてないじゃないか。イカのウン玉！

親友じじいの答えていわく、・・・グループホーム内に要介護認定者がでたら、介護保険を利用してホームヘルパーに来てもらったり、デイサービス施設などのお世話になる。が、グループ内の老老介護が基本だ。グループ員は家族として弱った者の面倒を見る。トイレや入浴も自分でできなくなり、老老介護が不可能なぐらいになれば、外の老人福祉施設に預けるしかないだろう。その場合もグループ員は家族として見舞ったり、施設への支払いなどの事務作業を行ったりして最期まで面倒見る。ただし施設費用などは基本的に本人負担だ。葬儀やお墓などは、本人の宗旨や残す遺産に応じて臨機応変に用意するが、本人の親族が来ないのであれば喪主も相務めることとなるだろう。本人の希望や事情によっては、遺産はグループ自治会に寄付してもらうこともありうる。老人福祉施設に預けた段階で一応グループ員から外し、新たな洟垂れ小僧を募集することになる。

このように、養子になって出ていく者や、再就職など事情があって引越ししたり、熟年離婚で離れる者など、欠員が出たらすぐ補充できるよう、魅力あるグループであるように、グループ自治会、ＮＰＯともに、経営努力が必要なわけだ。

社会福祉法人でやったらどうかということは考えられるが、現行の社会福祉法人法では、このような介護認定前の洟垂れ小僧を収容できるような老人福祉施設は営む事ができない。まあ、地方創生の国家戦略特区に指定してもらうか、現行法を改正しないとできることではない。それに、国家予算を使ってやる事になると、色々と硬直した予算執行しかできなくなり、地域の実情に即した運営ができなくなるからまずいだろう。国家や自治体がお金だしてくれるなら、ＮＰＯに使途無条件の寄付行為としてくれるほうがよい。当然決算報告はするのだから。

当面のところは、右のとおり大企業にも利するところ大だから、大資本からの寄付行為で何とかなると考えている。金がかかるのは、グループホームやＮＰＯ事務所の施設建設・修繕などの費用が一番大変。あとは僅かな数の職員の給与支払い、事務経費だけだと言ってもよいのだからね。農援隊員の中には自分で起業し大儲けして、寄付してくれるような洟垂れ小僧も出るかもしれない。

ＮＰＯの定款を改正して、さっきの若者百姓などの協力を得て、地域農林畜水産物のネット販売事業に乗りだすことも考えられる。その収益でＮＰＯの運営費用を稼ぐわけだ。

うちの山村だったら、選別特大のみかん（ふつうは安い）でも大味薄味にならないみかんを作れる農家を知っている。こういうみかんを市場出荷の倍ぐらいの価格で卸してもらって、諸外国の富裕層に1個2万円ぐらいで売れれば大儲けできるだろうよ。

もし、広域的か全国的なＮＰＯ連合を結成できるなら、農林畜水産品に「ハイブリッドファーム」とか「百姓万歳」とかの商標をつけてブランド化することもできるだろう。

まるで農協か全農がやるような事業になるが、彼らには実行できないようなニッチ狙いだから、睨まれることはあるまいよ。

一休ス兵衛（ひとやすみすべえ）

1947年鹿児島県大隅半島の片田舎に農家の次男として出生、70歳。県立甲南高校で物理学大好き少年はアインシュタインに憧れる。東京大学に進んだが、青春の挫折やらで早々と夢は破れたところに、学園紛争の煽りで（お陰で？）、ようやく1972年理学部生物化学科を卒業後日本鉱業に入社し、バイオ研究部門で勤務。1999年にリストラ早期退職し、転職先の畜産資材のセキネ子会社で4年間ほど研究職。その後7年間、発明協会から鹿児島TLOに派遣され特許関係の仕事に携わる。2011年に定年退職後、にわかに少年の夢が再発し物理学の勉強に没頭し本書を著した。現在、熊本市内の社会福祉法人専務理事として理事長細君の女房役を務める。

アッ！とおどろく宇宙論
・・・文明はどこに行こうとしているのか・・・

2018年1月22日　第1刷発行

著　者　一休ス兵衛
発行人　大杉　剛
発行所　株式会社 風詠社
〒553-0001　大阪市福島区海老江5-2-7
ニュー野田阪神ビル4階
TEL 06（6136）8657　http://fueisha.com/
発売元　株式会社 星雲社
〒112-0005 東京都文京区水道1-3-30
TEL 03（3868）3275
印刷・製本　シナノ印刷株式会社

ISBN978-4-434-23986-1 C0095

乱丁・落丁本は風詠社宛にお送りください。お取り替えいたします。